"十三五"湖北省消费发展报告

顾　　　　问：杨　颖　杨灿明

编委会主任：朱世宏　邹进文　黄　伟

主　　　编：游　勇　李小平

编写小组成员：（按拼音排序）

陈光耀　胡雪萍　林相森　王韶华　吴　强

谢　靖　杨文亮　叶　琴　张鸿武　周　强

吉林大学出版社

·长春·

图书在版编目（CIP）数据

"十三五"湖北省消费发展报告 / 游勇，李小平主编． -- 长春：吉林大学出版社，2022.7
ISBN 978-7-5768-0031-9

Ⅰ．①十… Ⅱ．①游…②李… Ⅲ．①消费—研究报告—湖北— 2016-2020 Ⅳ．① F126.1

中国版本图书馆 CIP 数据核字（2022）第 140775 号

书　　名：	"十三五"湖北省消费发展报告
	"SHISAN-WU" HUBEI SHENG XIAOFEI FAZHAN BAOGAO
作　　者：	游　勇　李小平　主编
策划编辑：	卢　婵
责任编辑：	卢　婵
责任校对：	刘守秀
装帧设计：	叶杨杨
出版发行：	吉林大学出版社
社　　址：	长春市人民大街 4059 号
邮政编码：	130021
发行电话：	0431-89580028/29/21
网　　址：	http://www.jlup.com.cn
电子邮箱：	jldxcbs@sina.com
印　　刷：	武汉鑫佳捷印务有限公司
开　　本：	787mm×1092mm　　1/16
印　　张：	17.75
字　　数：	230 千字
版　　次：	2022 年 7 月　第 1 版
印　　次：	2022 年 7 月　第 1 次
书　　号：	ISBN 978-7-5768-0031-9
定　　价：	88.00 元

版权所有　翻印必究

序　言

消费是生产的最终目的。近年来，随着我国步入新发展阶段，城乡居民消费水平不断提高，流通与消费领域发生着积极变化，传统流通渠道和流通方式正在加快转型升级，新型消费全面快速增长。"十四五"规划建议提出，要全面促进消费，培育新型消费，明确了进一步培育壮大各类消费新业态、新模式，促进线上线下消费深度融合发展。消费作为一切生产活动的最终目的，对经济增长发挥着基础性和决定性作用，也是人们对美好生活向往的直接体现。"十三五"以来，我国开始进入消费新时代，尽管我国居民消费率有所提升，消费对经济增长的贡献率平均超过了60%，但与欧美、日本、新加坡等相比，居民消费率仍然偏低。

扩大消费，释放消费潜力，不仅仅是短期宏观政策相机决策的一个工具，更是中长期实现我国经济可持续发展的重要战略途径。从拉动经济"三架马车"中的消费、出口和投资来看，消费已经成为当前我国拉动经济增长的主要动力，也是拉动全球经济增长的"主引擎"。根据《经济学人》和波士顿咨询公司预测，到2021年，中国消费市场的规模为6.1万亿美元。

并且，2016—2021年中国消费增长量高达1.8万亿美元，这5年期间的消费增长量相当于英国2021年全年消费市场规模。其中，湖北省作为我国长江经济带发展的重要省份，经济增长速度明显高于全国平均水平，且经济总量占长江经济带GDP总量的10%左右，显然已成为我国的"强大中部消费市场"。全省消费市场的发展不仅会增强我国经济内生动力，而且也对世界经济和消费产生重要的影响。

党的十八大以来，习近平总书记曾多次考察湖北并发表重要讲话和指示，赋予湖北重要历史使命，"建成支点、走在前列、谱写新篇"。全省深入贯彻落实以习近平同志为核心的党中央和省委省政府的各项决策部署，加快转变经济发展方式，推动湖北向高质量方向发展，将湖北建设成为中部地区崛起的重要战略支点。加快构建以国内大循环为主体、国内国际双循环相互促进的新发展格局，关键在于消费。消费既是拉动经济增长的主要动力，也是满足人民群众美好生活需要的手段之一，更是湖北省经济工作"人民性"的重要体现。为推动经济高质量发展，湖北省委省政府高度重视扩大消费工作，省政府实施降税减负等各项措施，不断提升全省居民的消费能力。

"十三五"时期，湖北省实现由温饱型社会向全面小康社会转变，由物质型消费为主向服务型消费为主升级，不断完善市场体系，优化消费环境，推动城乡区域协调发展。近年来，湖北省消费总体上呈现稳步增长态势，2018年社会消费品零售总额首次突破2万亿元大关，全省消费支出水平不断提高。在疫情影响下，消费在全省经济增长中发挥着"压舱石"的作用。2020年，全省社会消费品零售总额下降到了17 984.87亿元，但疫情并没有改变消费稳中增长、持续升级的总体趋势。从2016年到2019年，湖北省社会消费品零售总额从16 601.88亿元增长到22 722.31亿元，且城镇居

序　言

民与农村居民呈现出同步增长，年均增长率均保持在11%的高位水平。随着疫情得到有效控制，2021年的社会消费品零售总额增速大幅回升。

"十三五"期间，湖北省采取促进消费的政策取得了卓越效果，居民消费规模不断扩大，消费结构不断优化升级，新兴消费引领经济增长。从消费形态来看，电商加快推动产业数字化发展，新兴电商平台依托技术、商业模式创新，实现了促创新、降成本、补短板等全新发展形态。由技术创新应用引发及支撑形成的新消费模式，正在畅通国内大循环、促进形成国内国际双循环新格局中发挥着重要作用。从消费模式来看，在线消费新热点不断涌现，健康消费、绿色消费成为网络消费新趋势。互联网技术的快速发展促进电子商务、移动支付和共享经济等互联网产业蓬勃兴起，消费模式实现了线上线下融合发展，直播电商、社交电商等娱乐和消费相结合的新模式受到消费者喜爱，高性价比消费正在持续回归，推动湖北消费不断提质升级。在新冠肺炎疫情的影响下，2020年湖北省网上零售额仍然高达2 866.6亿元（2019年全省网上零售额高达2 860亿元），同比增长了1.6%（比上年增长10.1%），其中实物商品网上零售额2 448.9亿元，增长4.6%，占社会消费品零售总额的比重为13.6%，比上年提高了1.8个百分点。从生活方式来看，人们逐渐追求生活品质、绿色和健康、教育和文化品位型消费，国内品牌日益突出，大规模定制化品牌消费快速增长。消费群体主要聚焦到"90后""00后"新生代群体，新生代群体消费理念鲜明，对本土品牌的接受程度高，消费者关注点从产品垂直差异化向水平差异化转变，呈现出个性化、多样化和定制化消费特征。

2020年新冠肺炎疫情给我国消费带来了严重冲击。在这一背景下，实现"十四五"时期湖北省消费的稳步增长，进一步巩固消费在经济增长中的"压舱石"作用，要高举中国特色社会主义伟大旗帜，全面贯彻党的十九大和十九届一中、二中、三中、四中、五中、六中全会精神，在马克思列宁主义、毛泽东思想、邓小平理论、"三个代表"重要思想、科学发展观、习近平新时代中国特色社会主义指引下，坚持新发展理念，客观把握我国进入消费新时代的大趋势，牢牢把握推进高质量发展的根本要求。实践中，湖北省需从供需两端同时发力，大力实施各项就业促进政策和乡村振兴战略，通过各种渠道同步增加城乡居民可支配收入，完善市场监管体制，营造良好消费环境，引导投资流向绿色消费、智能消费和信息消费等新兴消费领域，使市场供给结构与消费结构相匹配，加快形成消费推动经济高质量发展的内生动力。

《"十三五"湖北省消费发展报告》反映了湖北省在"十三五"期间的消费发展情况、总体趋势与主要措施，全面梳理了2016—2020年期间湖北省在绿色、信息、旅游、体育、文化、家政服务和养老等领域的消费状况及消费政策实施效果，分析和分享促进消费发展的成功经验，总结了湖北省在促进消费发展方面的主要举措和工作成效。与此同时，本报告立足全球视野，把握我国消费市场发展动向，深入分析了湖北省消费增长率和消费对GDP的贡献等诸多因素，探讨了下一步扩大居民消费规模和提质升级的工作重点、主要措施与对策等，为加快培育湖北省新的消费增长点、科学决策和制定"十四五"期间的消费政策提供理论支撑和现实依据。

从谋篇布局来看，本报告由十个章节和附录组成，可分为三个主要部分。第一部分由第一章组成，概要介绍了"十三五"时期湖北省居民在绿色消费、信息消费、旅游消费、体育消费、文化消费、家政服务消费、养老消费和健康消费等领域的总体发展现状，以及制约湖北省消费升级的痛点与难点，剖析了湖北省消费升级对全国乃至全球经济的重要作用。第二部分由第二章至第十章组成，为本报告的主要内容部分，详细论述了湖北

序 言

省绿色消费、信息消费、旅游消费、体育消费、文化消费、家政服务消费、养老消费和健康消费等领域在"十三五"期间的发展历程、取得的成绩及面临的挑战，提炼总结了促进湖北省消费发展的重点与对策。并且，在梳理、归纳与提炼的基础上，对湖北省消费环境、消费发展阶段与面临的问题进行了剖析。第三部分主要为报告的附录部分，主要是湖北省"十三五"时期的消费发展数据。

由于本报告是首次编写，书中难免有疏忽和不当之处，敬请读者批评指正。

编 者

2021 年 10 月 30 日

目 录

第一章 湖北消费发展现状、总体趋势与消费升级方向…………… 1

  一、湖北消费：全国乃至全球经济增长的重要推动力 ………… 2

  二、"十三五"：湖北居民消费发展总体情况 ………………… 8

  三、"十三五"：湖北居民消费潜力释放与升级的制约因素 … 22

  四、"十四五"：湖北居民消费升级的工作重点与方向 ……… 31

第二章 "十三五"时期湖北绿色消费发展情况………………… 40

  一、绿色消费与生态文明建设 ………………………………… 40

  二、湖北绿色消费发展现状及制约 …………………………… 42

  三、湖北绿色消费发展的新趋势 ……………………………… 64

  四、促进湖北居民绿色消费发展重点与对策 ………………… 69

第三章 "十三五"时期湖北信息消费发展情况………………… 78

  一、湖北信息消费发展现状 …………………………………… 79

二、湖北信息消费发展的新特征与新趋势 …………………… 91

三、湖北信息消费发展面临的新机遇与挑战 ………………… 98

四、促进湖北信息消费发展的重点与对策 …………………… 105

第四章 "十三五"时期湖北旅游消费发展情况 ……………… 112

一、湖北旅游消费发展现状 …………………………………… 112

二、湖北旅游业的供给能力和发展新趋势 …………………… 120

三、湖北旅游业发展面临的挑战 ……………………………… 127

四、促进湖北居民旅游消费发展重点与对策 ………………… 131

第五章 "十三五"时期湖北体育消费发展情况 ……………… 136

一、湖北体育消费发展现状 …………………………………… 136

二、湖北体育产业的供给能力和新趋势 ……………………… 141

三、湖北体育消费发展面临的挑战 …………………………… 148

四、促进湖北居民体育消费发展重点与对策 ………………… 154

第六章 "十三五"时期湖北文化消费发展情况 ……………… 160

一、文化消费的内涵与发展现状 ……………………………… 161

二、湖北文化消费的当前形势及发展趋势 …………………… 167

三、湖北文化消费的发展方向 ………………………………… 170

四、湖北文化消费面临的挑战 ………………………………… 175

五、促进湖北居民文化消费发展重点与对策 ………………… 178

目 录

第七章 "十三五"时期湖北家政服务消费发展情况 …… 183
　一、家政服务消费发展现状 …… 184
　二、湖北家政服务业发展特点与发展环境 …… 188
　三、湖北家政服务业发展面临的新形势和新挑战 …… 197
　四、促进湖北居民家政服务消费发展重点与对策 …… 200

第八章 "十三五"时期湖北养老消费发展情况 …… 204
　一、湖北养老消费面临的机遇 …… 204
　二、湖北养老消费发展的新趋势 …… 208
　三、湖北养老消费发展面临的挑战 …… 216
　四、促进湖北居民养老消费发展重点与对策 …… 219

第九章 "十三五"时期湖北健康消费发展情况 …… 222
　一、湖北健康消费发展趋势与特点 …… 223
　二、湖北健康消费发展的重要领域与现状 …… 228
　三、湖北健康消费发展面临的挑战 …… 236
　四、促进湖北居民健康消费发展重点与对策 …… 238

第十章 "十三五"时期湖北消费环境建设情况 …… 242
　一、湖北消费环境建设现状与发展趋势 …… 243
　二、湖北构建和谐健康消费环境面临的挑战 …… 252
　三、促进湖北消费环境发展的重点与对策 …… 256

附　录　"十三五"时期湖北消费统计数据资料 …… 262

第一章　湖北消费发展现状、总体趋势与消费升级方向

进入消费新时代，湖北省仍是中部地区、长江中游城市群建设重点省份，也是全国最具成长潜力的新兴消费市场。党的十八大以来，以习近平同志为核心的党中央高度重视消费的提质扩容工作，各地区各部门深入贯彻落实党中央、国务院决策部署，坚持以供给侧结构性改革为主线，在"六大消费工程""十大扩消费行动"等政策措施的协调推动下，湖北省在"十三五"时期居民消费持续扩大升级，已进入消费需求持续增长、消费结构加快升级、消费拉动经济作用明显增强的重要阶段。其间，随着城乡居民收入的不断增长，湖北省各地区、各行业呈现出注重消费数量向追求消费质量的提升，从线下消费向线上消费的深度融合转变，从注重物质消费向健康娱乐旅游等幸福消费转变，从有形物质消费向更多服务消费转变，从模仿、跟随的非理性消费向个性多样化消费等系列转变，消费结构升级加快，消费规模快速扩张，成为推动经济高质量发展的主要动力来源。

一、湖北消费：全国乃至全球经济增长的重要推动力

（一）湖北消费潜力释放不仅是疫情后推动全国经济恢复并增长的重要动力，而且对全国消费规模持续扩大具有重要作用

在消费升级引领供给体系升级的大趋势下，湖北消费将为全国经济增长做出重大贡献。湖北省2020年完成生产总值43 443.5亿元，受到疫情影响而下降5%，但在2016—2019年间，湖北省地区生产总值增长率长期保持在7%~8%高速增长区间，实现了稳定增长的发展目标。并且，湖北省在2018年地区生产总值突破4万亿元，继广东、江苏、山东、浙江、河南和四川等地突破4万亿大关，成为第七个正式进入"GDP 4万亿俱乐部"的省份（表1-1）。"十三五"期间，湖北省主要经济指标领先全国平均水平，且在消费领域的主要指标均高于和好于全国平均水平，增速在全国位次前移。从反映居民消费意愿与消费增长潜力的平均消费倾向来看（图1-1），"十三五"期间，湖北省居民平均消费倾向显著高于全国平均水平，且明显领先于中部的湖南省、安徽省、河南省、江西省和山西省，并在2018年超过了湖南省（受疫情影响2020年有所下降），排在了中部第一的位置。总体上，"十三五"期间，湖北省居民平均消费倾向保持在0.7附近，高于全国平均水平。在与中部六省的横向对比中，湖北省平均消费倾向处于领先地位。在全国经济普遍放缓的大环境下，湖北省居民消费意愿与消费能力持续提升，居民消费增长潜力大，延续了"高于全国、中部领先"的良好发展势头，成为推动全国经济恢复与增长的重要动力，且表现出了"强大中部消费市场"的重要地位。

第一章 湖北消费发展现状、总体趋势与消费升级方向

表1-1 2016—2020年全国及中部六省GDP（单位：亿元）

地区	2016	2017	2018	2019	2020
全国	742 694.1	830 945.7	915 243.5	983 751.2	1 008 782.5
湖北	33 353.0	37 235.0	42 022.0	45 429.0	43 443.5
山西	11 946.4	14 484.3	15 958.1	16 961.6	17 651.9
安徽	26 307.7	29 676.2	34 010.9	36 845.5	38 680.6
江西	18 388.6	20 210.8	22 716.5	24 667.3	25 691.5
河南	40 249.3	44 824.9	49 935.9	53 717.8	54 997.1
湖南	30 853.5	33 828.1	36 329.7	39 894.1	41 781.5

数据来源：国家统计局。

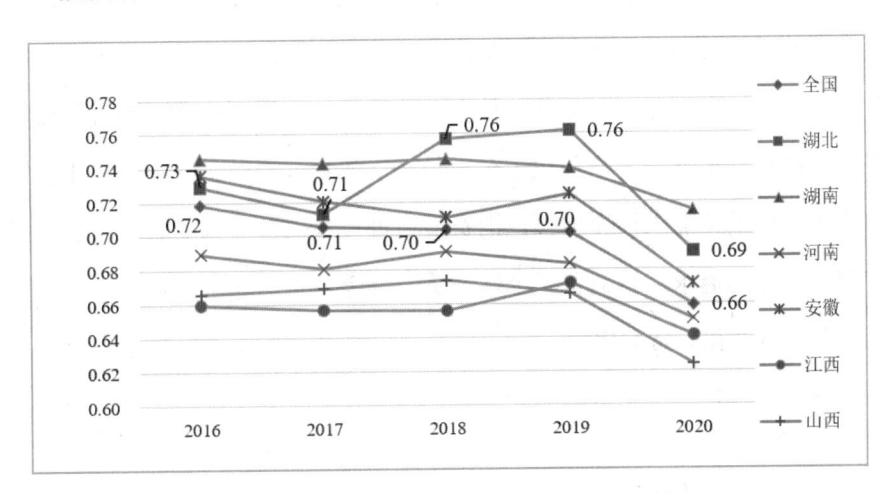

图1-1 2016—2020年全国及中部六省居民平均消费倾向

数据来源：国家统计局。

（二）湖北消费结构升级，是我国步入服务型消费社会的重要推动力量

"十三五"时期，在外部环境明显变化的情况下，湖北省经济增长前景越来越取决于内需市场的潜力释放，取决于城乡居民消费需求的不断释放。这期间，湖北省消费发展的一个基本趋势是，消费结构呈现出稳步升级的态势。一方面，城乡居民食物支出占家庭消费总支出的恩格尔系数不

断下降（图1-2）。2018年湖北省城乡居民恩格尔系数为28.11，首次低于全国平均水平，进入了30%以下的富裕标准。这表明，湖北省居民平均支出中用于购买食物的费用占比越来越小，改善型消费占比相应增加，消费结构呈现出稳步升级趋势。另一方面，湖北省消费结构有待进一步提升。2019年湖北省反映食品消费占比的恩格尔系数为27.57%，低于全国28.22%的水平，这表明湖北省居民生活水平与消费结构优于全国平均水平，但与美国、英国、新加坡等发达国家10%左右的水平相比，仍存在一定差距，消费结构升级还蕴藏着较大空间。"十三五"期间，湖北省居民消费行为多样化、个性化、服务化的特点趋势明显，物质型消费得到满足后，服务型消费需求潜力不断释放。全省信息、教育、养老、健康、文化、体育等服务型消费需求快速增长，消费潜力进一步提升。城乡居民从追求温饱型消费，到追求品质消费、个性消费、健康消费、绿色消费等，新消费理念不断普及化、常态化。

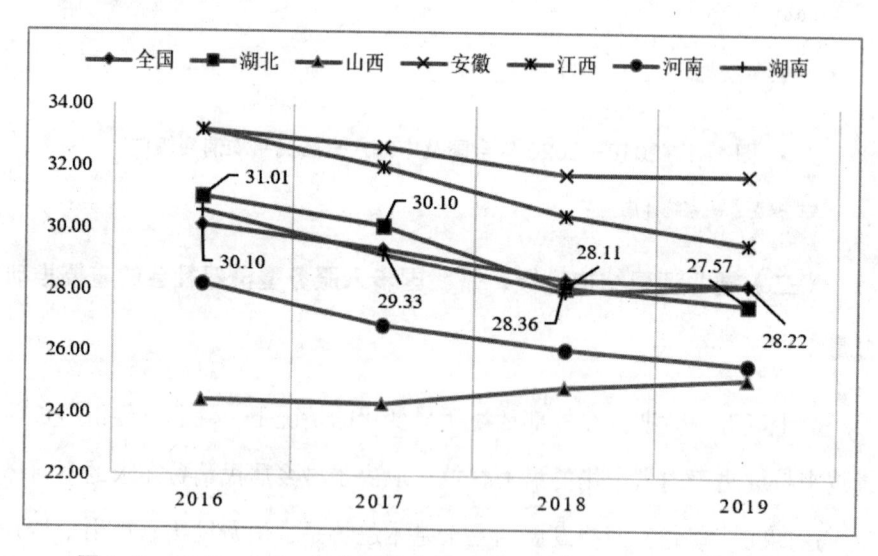

图1-2　2016—2019年全国及中部六省的恩格尔系数（单位：%）

数据来源：国家统计局。

第一章　湖北消费发展现状、总体趋势与消费升级方向

2020年湖北省社会消费品零售总额比上年有大幅下降，整体下降了20.8%，限额以上企业（单位）实现消费品零售额下降14.2%。相比中部六省，湖北省社会消费品零售总额下降幅度最大，下降幅度占全国降幅的14%（表1-2）。在新冠疫情影响下，社会消费品零售总额下降，尤其是线下接触式消费，然而全省网上消费反而呈小幅上涨趋势。2020年，全省网上零售额高达2 866.6亿元，比上年增长了1.6%。其中，实物商品网上零售额增长了4.6%，占社会消费品零售总额的比重为13.6%，比上年提高了1.8个百分点。并且，在2016—2019年间，湖北省网上零售额呈现出快速增长趋势，从2016年的1 121.2亿元，增加到2019年的2 860亿元，年均增长率为23.4%，促使消费结构逐渐发生新的转变。湖北省消费规模在稳步增长的同时，网络销售占比不断提升，网络购物消费、社交电商规模进一步扩大，消费载体不断创新，线上消费、社交消费、直播带货、无人零售、定制消费、社区团购等新消费场景不断更新，消费结构的升级和新消费理念的普及，成为推动全省经济高质量增长的重要动力来源。

表1-2　2016—2020年全国及中部六省社会消费品零售总额（单位：亿元）

地区	2016	2017	2018	2019	2020
全国	315 806.2	347 326.7	377 783.1	408 017.2	391 980.6
湖北	16 601.9	18 519.7	20 598.2	22 722.3	17 984.9
山西	5 699.2	6 058.5	6 523.3	7 030.5	6 746.3
安徽	12 662.5	14 328.8	16 156.2	17 862.1	18 334.0
江西	7 198.5	8 118.0	9 045.7	10 068.1	10 371.8
河南	17 274.5	19 289.1	21 268.0	23 476.1	22 502.8
湖南	12 500.0	13 793.7	15 134.3	16 683.9	16 258.1

数据来源：国家统计局。

（三）湖北消费潜力释放和消费能力增强，将助推全球消费市场的复苏

"十三五"时期，尽管我国人均GDP呈中速增长，且2016—2019年间保持着6%左右新常态增长趋势（2020年受疫情影响大幅下滑），但我国居民消费率的提升与欧美、日本、新加坡等相比仍然偏低。由表1-3可知，我国人均GDP增长率远高于美国、德国、法国、英国、瑞典等发达国家或地区。在疫情冲击下，其他发达国家基本处在负增长区间，而我国仍然保持了1.98%的正向增长率。随着疫情逐步得到有效控制，消费需求的动力进一步恢复，消费成为经济增长重要驱动力的阶段性作用正在逐步强化。

表1-3　2016—2020年我国与部分发达国家人均GDP增长率（单位：%）

国家	2016	2017	2018	2019	2020
中国	6.27	6.35	6.26	5.57	1.98
德国	1.41	2.22	0.96	0.33	−5.07
新加坡	2.00	4.43	3.01	0.19	−5.10
日本	0.64	2.34	0.53	0.48	—
法国	0.83	1.99	1.51	1.29	−8.31
英国	0.95	1.05	0.64	0.80	−10.30
瑞典	0.80	1.20	0.77	0.35	−3.52
意大利	1.47	1.82	1.13	1.45	−8.60
加拿大	−0.14	1.81	0.99	0.43	−6.43
美国	0.98	1.69	2.46	1.70	−3.82

数据来源：世界银行，https://databank.shihang.org/savedreports#。

从表1-4中可知，"十三五"期间，我国居民人均消费支出增长率远高于其他发达国家水平，大约是美国的3~4倍，且远超其他国家或地区，显示出强劲的消费驱动型增长趋势。也就是说，消费已成为我国经济增长的突出亮点。为此，湖北省作为我国经济增长的重要组成部分，是我国长江经济带城市群中的"强大中部消费市场"，加快推进消费导向转型，着

第一章 湖北消费发展现状、总体趋势与消费升级方向

力破解制约消费潜力释放、消费结构升级的突出问题，能够助力我国经济中长期可持续增长，也是推动世界经济稳定增长的推动力。

表 1-4 2016—2020 年我国与部分发达国家人均消费支出增长率（单位：%）

国家	2016	2017	2018	2019	2020
中国	8.35	8.92	7.83	6.05	—
德国	1.62	1.14	1.22	1.33	−6.24
新加坡	1.93	3.04	3.49	2.08	−13.85
日本	−0.15	1.48	0.19	−0.09	—
法国	1.51	1.18	0.63	1.29	−7.42
英国	2.62	0.45	0.81	0.53	−11.43
瑞典	1.02	1.23	0.67	0.16	−5.37
意大利	1.42	1.69	1.12	1.46	−10.46
加拿大	0.95	2.44	1.10	0.23	−7.09
美国	2.03	1.98	2.17	1.95	

数据来源：世界银行，https://databank.shihang.org/savedreports#。

消费是生产的最终目的，也是拉动经济增长的重要动力。湖北省消费潜力和消费能力还有进一步提升的巨大空间。湖北省最终消费支出对经济增长的贡献率偏低。2017 年湖北省最终消费支出对经济增长的贡献率为 48.4%，低于全国 55.1% 的水平，与发达国家 70%~80% 左右的比例相比仍存在不小的差距（图 1-3）。并且，湖北省消费率仍处于中部六省的较低水平，且低于全国平均水平 6.7 个百分点，全省生产和消费的比例关系仍有较大优化和提升空间，消费潜力释放蕴藏巨大空间。为此，湖北省在推动消费转型过程中，需要更加注重消费在引导和推动经济发展中的重要作用。城乡居民消费潜力释放和消费规模的提升，将逐渐成为湖北经济支持全国乃至全球经济复苏的重要推动力。

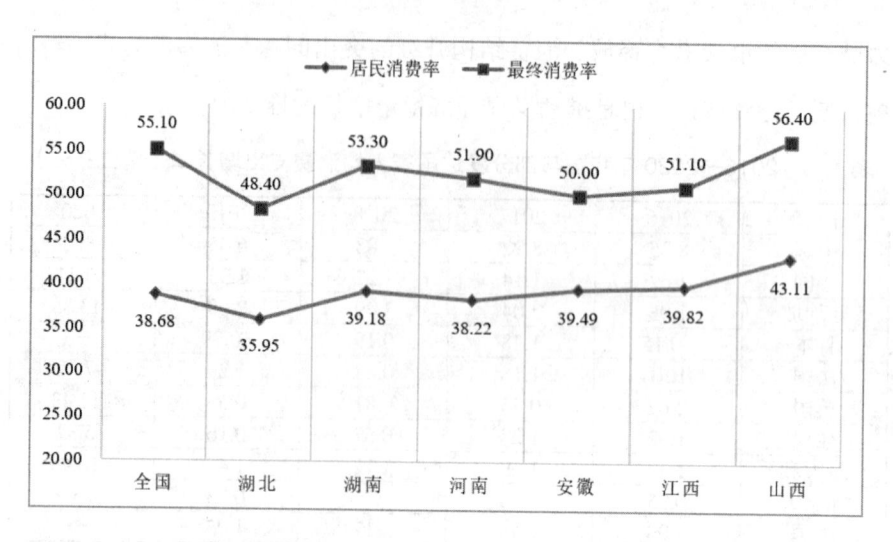

图 1-3 2017 年全国及中部六省的居民消费率分布（单位：%）

数据来源：国家统计局。

二、"十三五"：湖北居民消费发展总体情况

党的十八大以来，以消费升级促进经济高质量发展成为宏观政策的重要导向。消费是我国经济增长的重要引擎。经济学理论表明，消费是国民经济循环中的重要组成部分，消费既是生产的最终目的和动力，也是人民对美好生活需求的直接体现。消费能拉动经济增长，促进经济发展，消费形成的新需求对生产的调整和升级具有重要的导向作用。一方面，消费数量的增加和消费需求的扩大可带动相关企业生产的发展，增强企业活力；另一方面，消费结构的升级可引导企业生产结构升级，带动产业结构转型升级，优化经济发展结构。同时消费需求增加能促进投资的增加，两者相互联动，共同拉动经济增长。

"十三五"期间，湖北省城乡居民对教育、医疗、养老、文化、信息、旅游等服务型需求快速提升。服务消费的快速增长，助推湖北省进入服务型

第一章　湖北消费发展现状、总体趋势与消费升级方向

消费社会，消费结构升级将促使全省生活方式、生产方式、商业模式等发生深刻变化。"十三五"期间，服务型消费领域的产业发展不仅高于GDP增长速度，而且高于传统工业发展速度，消费成为湖北省经济增长的第一动力，服务型消费升级成为湖北省经济增长的新引擎，促进经济高质量发展。

（一）政策引导加速湖北步入消费新时代

习近平总书记在省部级领导干部学习贯彻党的十九届五中全会精神专题研讨班开班式上发表重要讲话时强调："要建立起扩大内需的有效制度，释放内需潜力，加快培育完整内需体系，加强需求侧管理，扩大居民消费，提升消费层次，使建设超大规模的国内市场成为一个可持续的历史过程。"为推动经济高质量发展，"十三五"期间湖北省委省政府高度重视扩大消费工作，实施降税减负等各项措施，不断提升全省居民的消费能力。省发改委通过完善相关消费政策，推动消费市场稳步升级，以有效需求推动供给侧结构性改革，增强消费对湖北经济发展的基础性作用。

此外，为顺应居民生活方式转变和消费升级趋势，满足居民个性化、多样化的消费需求，湖北省委省政府印发并实施了扩大信息、文化、旅游、体育、健康、养老、家政服务等新兴服务领域消费的意见与指导，通过优化空间发展布局、支持产业融合创新、完善消费支持政策、增强发展驱动力等措施，进一步推动湖北省消费结构升级，扩大居民服务消费、数字消费，不断提升居民生活质量，满足居民个性化、多样化的消费需求（表1-5）。总体而言，"十三五"时期，湖北省各地区、各行业呈现出注重消费数量向追求消费质量的提升，全省立足发展中高端消费需求，实现从实物消费向服务消费转变，从生活物资消费向健康娱乐旅游等幸福消费转变。全省居民消费发展总体呈现传统实物消费持续提档升级、新兴服务消

费不断扩容提质、消费模式加速转型发展及消费环境进一步优化提升的特点，已经迈入消费规模不断扩大、消费升级步伐加快、消费能力持续提升、消费拉动经济作用明显增强的重要阶段。

表1-5 "十三五"时期湖北省出台的促进消费政策

时间	政策名称	简要内容
2016	省人民政府关于积极发挥新消费引领作用加快培育形成新供给新动力的实施意见（鄂政发〔2016〕74号）	发挥新消费引领作用，加快培育形成经济发展新供给新动力
2017	省人民政府关于加快转变发展方式推进体育强省建设的意见（鄂政发〔2017〕63号）	创新竞技体育体制机制，实施竞技体育人才战略，强化竞技体育科技支撑等重要举措
2017	省人民政府发布关于全面放开养老服务市场，提升养老服务质量的实施意见（鄂政办发〔2017〕44号）	从简化养老机构审批手续、放宽准入条件、优化市场环境等方面激发各类市场主体活力
2018	省人民政府办公厅关于印发湖北省进一步扩大和升级信息消费持续释放内需潜力实施方案的通知（鄂政办发〔2018〕85号）	提高湖北省信息消费有效供给能力，释放内需潜力，培育经济增长新动能
2018	省人民政府办公厅关于进一步扩大和升级信息消费持续释放内需潜力实施方案（鄂政办发〔2018〕5号）	提升湖北省信息消费有效供给能力，引导居民扩大信息相关产业消费，释放信息消费和数字消费潜力
2019	省人民政府办公厅关于湖北省推进数字政府建设实施方案（鄂政办发〔2019〕6号）	提出政务服务一体化建设，协同办公智能化融合，政府治理科学化决策、工作机制系统化保障等"五化"工作措施
2020	省人民政府关于印发提振消费促进经济稳定增长若干措施的通知（鄂政发〔2020〕9号）	释放消费需求，促进消费回升，对冲疫情影响，促进全省经济稳定增长
2020	省人民政府办公厅关于深入开展消费扶贫助力打赢脱贫攻坚战的实施意见（鄂政办发〔2020〕2号）	动员社会各界扩大贫困地区产品和服务消费，促进我省贫困地区和贫困人口稳定脱贫增收
2020	省人民政府办公厅关于印发应对疫情影响进一步促进商业消费若干措施的通知（鄂政办发〔2020〕31号）	积极应对疫情对商贸流通行业的不利影响，推动商业消费提质扩容
2020	省人民政府办公厅关于促进全民健身和体育消费推动体育产业高质量发展的实施意见（鄂政办发〔2020〕36号）	满足人民群众快速增长的体育消费需求，推动体育产业高质量发展
2020	省人民政府办公厅关于印发稳定和扩大汽车消费若干措施的通知（鄂政办发〔2020〕51号）	做好我省稳定和扩大汽车消费工作，促进全省汽车产业持续、健康发展

注：根据湖北省发展和改革委员会提供材料整理。

（二）城乡居民收入水平和消费水平快速提升，助推消费规模持续扩大

城乡居民收入水平持续提升，人均消费支出稳步增长。据统计，2016—2019 年，全省居民人均可支配收入从 21 787 元增加到 28 319 元，增长了近 30%，长期保持年均 9% 的增速。其中，城镇居民人均可支配收入从 29 386 元增加到 37 601 元，增长了近 28%，年均增长 8.6%。农村居民人均可支配收入从 12 725 元增加到 16 391 元，增长了近 29%，年均增长 8.5%。城乡居民收入的倍差从 2.31 缩小到 2.29。受新冠肺炎疫情影响，2020 年全省居民人均可支配收入降至 27 881 元，下降了 1.55%。全省城镇居民人均可支配收入 36 706 元，下降 2.4%，农村居民人均可支配收入 16 306 元，下降 0.5% 表（1-6）。

表 1-6 2016—2020 年湖北省居民人均可支配收入及增长率

年份	全省 人均可支配收入（元）	增速（%）	城镇 人均可支配收入（元）	增速（%）	农村 人均可支配收入（元）	增速（%）
2016	21 787	8.79	29 386	8.63	12 725	7.44
2017	23 757	9.04	31 889	8.52	13 812	8.54
2018	25 815	8.66	34 455	8.05	14 978	8.44
2019	28 319	9.70	37 601	9.13	16 391	9.43
2020	27 881	−1.55	36 706	−2.38	16 306	−0.52

数据来源：根据国家统计局数据整理。

城乡居民消费能力持续提升。全省居民人均消费支出从 2016 年的 15 889 元增加到 2019 年的 21 567 元，增长 35.7%，年增长率达 7.9%。其中全省城镇居民人均消费支出从 20 040 元增长至 26 422 元，实现增长 31.9%，年均增长 9.8%。全省农村居民人均消费支出从 10 938 元增长至 15 328 元，实现增长 40.1%，年均增长 11.9%。受新冠肺炎疫情冲击，

2020年湖北省居民人均消费支出下降到19 246元，同比下降10.8%，其中，全省城镇居民人均消费支出降至22 885元，全省农村居民人均消费支出降至14 472元，分别下降了13.4%和5.6%（表1-7）。

表1-7 2016—2020年湖北省居民人均消费支出及增长率

年份	全省 人均消费支出（元）	增速（%）	城镇 人均消费支出（元）	增速（%）	农村 人均消费支出（元）	增速（%）
2016	15 889	10.99	20 040	10.16	10 938	11.58
2017	16 938	6.60	21 276	6.17	11 633	6.35
2018	19 538	15.35	23 996	12.78	13 946	19.88
2019	21 567	10.38	26 422	10.11	15 328	9.91
2020	19 246	-10.76	22 885	-13.39	14 472	-5.58

数据来源：根据国家统计局数据整理。

城乡居民人均可支配收入持续快速增长，2018年社会消费品零售总额突破2万亿元。2016—2019年间，湖北省社会消费品零售总额从16 601.88亿元增长到22 722.31亿元，年均增长11.03%。分城乡居民来看，城镇居民与农村居民的社会消费品零售总额呈现出同步增长，且年均增长率均保持在11%的高位水平。2020年，全省社会消费品零售总额虽然受到新冠肺炎疫情的影响有所下滑，降到了17 984.9亿元，但疫情并没有改变消费稳中增长、持续升级的总体趋势。虽然2020年全年社会消费品零售总额较2019年下降20.8%（表1-8），但是居民网上零售额在疫情期间呈逆势增长势头，从2019年的2860亿元增加到了2020年的2866.6亿元。

第一章 湖北消费发展现状、总体趋势与消费升级方向

表1-8 2016—2020年湖北省居民社会消费品零售总额及增长率

年份	全省 社会消费品零售总额（亿元）	增速（%）	城镇 社会消费品零售总额（亿元）	增速（%）	农村 社会消费品零售总额（亿元）	增速（%）
2016	16 601.9	11.80	13 149.6	11.70	2 513.4	11.26
2017	18 519.7	11.10	14 063.9	11.10	2 790.6	11.03
2018	20 598.2	10.90	15 373.4	10.80	3 096.5	10.96
2019	22 722.3	10.30	16 934.0	10.20	3 411.3	10.17
2020	17 984.9	-20.80	15 284.7	-20.90	2 700.2	-20.85

数据来源：根据国家统计局数据整理。

（三）信息消费不断壮大，数字经济产业蓬勃发展

2018年，湖北省制定出台《湖北省进一步扩大和升级信息消费持续释放内需潜力实施方案》（鄂政办发〔2018〕5号），开展信息消费试点示范工作，提升湖北省信息消费有效供给能力，引导居民扩大信息相关产业消费，发展壮大数字经济，释放信息消费和数字消费潜力。2020年湖北省数字经济规模超10 000亿元，占GDP比重超40%，超过全国平均水平。地级市基本建成光网城市，实现全光纤网络覆盖，具备百兆以上接入能力。据统计，2016—2020年，湖北省固定互联网宽带接入用户从1 131.88万户增加至1 870.16万户，年均增长率达13.4%，移动互联网接入流量从3.03亿G增长至50.67亿G，年均增速达到102.2%（图1-4）。2020年末，全省4G用户规模达到4 615.4万户，较2016年末增加1 845.4万户，年均增速达13.6%。在互联网、大数据、人工智能等新技术推动下，新旧业态加速融合，消费品供给方式与消费方式趋向多样化、便利化、高效化，网络销售额逐步提高。2016—2020年，全省共实现实物商品网上零售额从1 121.2亿元增加到2 866.6亿元，增加了1 745.4亿元，增长了近1.6倍。

2020年，全省快递业务量达到17.9亿件，与2016年的7.7亿件相比，增长132.5%。

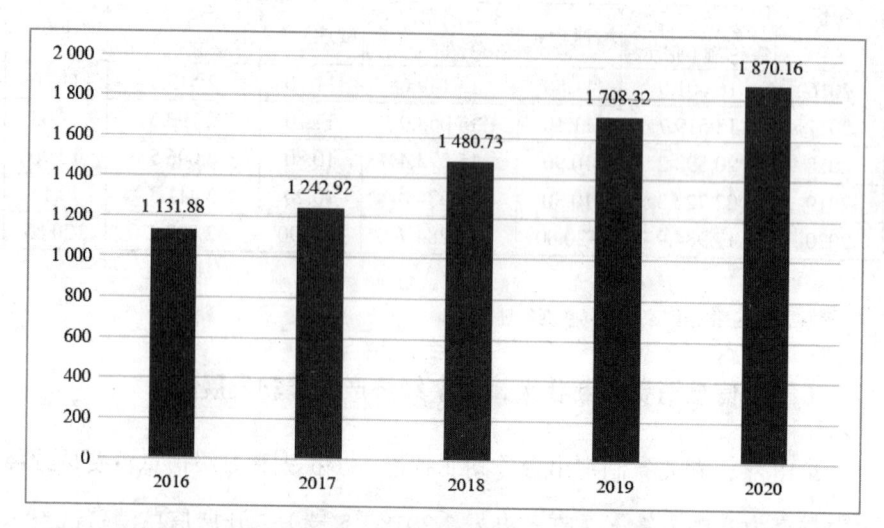

图 1-4　2016—2020 年湖北省年末固定互联网宽带接入用户数（单位：万户）

数据来源：湖北省国民经济和社会发展统计公报（2020）。

（四）品质消费理念形成，绿色消费理念全面强化

随着城乡居民收入水平提高，消费水平进一步提升，城乡居民消费不再仅限于满足最基本的生活需要，而且更加注重品质和绿色商品及其服务质量，逐渐从满足基本的衣食住行需求，升级为日益重视健康消费，健康消费理念基本在全省全面普及。尤其是 2020 年暴发的新冠肺炎疫情，湖北省作为抗疫主战场，抗疫经历使全省居民对健康的关注全面增强，对绿色消费的需求格外重视。

"十三五"时期，全省城乡居民对健康、品质等方面的需求大幅提升，公众对绿色食品、绿色家装、绿色出行等关注持续提升，城乡居民不仅愿意购买绿色食品、选择绿色出行方式，同时也关注生产方式对生态环境的影响。一方面，政府加大对建立绿色产品多元化供给体系的建设，丰富节能节水产品、绿色建材、新能源汽车等绿色消费品生产及配套设施建设等。"十三五"期间，湖北省大力推进装配式建筑发展，实现节能环保、绿色发展。全省累计新增建筑节能能力 420.66 万吨标准煤，新增节能建筑面积 3.17 亿平方米，全省获得绿色建筑评价标识项目建筑面积 6 273.26 万平方米，累计完成既有建筑节能改造 1 493.58 万平方米，均超额完成"十三五"目标任务；另一方面，不断加大对公共交通的投资和建设力度，形成以轨道交通、公交为主体的一体化公共交通体系，提倡公民选择公共交通等方式绿色出行。全省公共汽电车运营长度从 2016 年的 1.86 万公里增加到 2019 年的 2.35 万公里，2016 年到 2019 年，全省轨道交通客运量由 7.17 亿人次增长至 12.24 亿人次。2016—2019 年，全省新能源汽车产量从 2.4 万辆增加到 6.1 万辆，新能源汽车充电桩累计达 1.1 万个。截至 2019 年底，全省电动汽车保有量突破 10 万辆，达 117 791 台；全年电动汽车充电电量 2 598.03 万千瓦时。

（五）物质消费需求占比下降，文化消费需求快速提升

随着居民收入水平的快速提升，物质型消费需求逐步得以满足，城乡居民物质型消费增长明显放缓。"十三五"期间，湖北省积极挖掘全省优势文化资源，发掘荆楚文化精髓，创建具有湖北特色的文化品牌，推动湖北文化品质和服务质量的提高。湖北居民文化服务类消费占比继续扩大，文化消费基础设施建设逐渐完善，城乡文化消费差距逐步缩小，文化消费对经济的拉动作用逐渐增强。2016—2019 年，湖北省人均文化消费从 589.7 元增长至 734.1 元，人均绝对值增量 144.4 元，年均增长率 7.57%。其中，湖北省城镇人均文化消费从 897.3 元增长至 1 045.5 元，人均绝对值增量148.2元，年均增长率5.23%；湖北省农村人均文化消费从222.9元增加至333.8元，人均绝对值增量110.9元，年均增长率14.41%（图1-5）。2016—2018年，湖北省文化及相关产业增加值从954.5亿元增长到1 779.7亿元，年增长率达36.5%，同时，湖北省文化及相关产业增加值占GDP的比重也在逐年增加，从2016年的2.9%至2018年的4.2%，全省文化及相关产业占GDP比重提升1.34个百分点。2020年末，全省共有公共图书馆115个，博物馆230个，电影放映单位1 797个，有线电视用户1 203万户。广播节目综合人口覆盖率为99.86%，电视节目综合人口覆盖率为99.82%。全年规模以上文化及相关产业企业营业收入达3 930.7亿元。

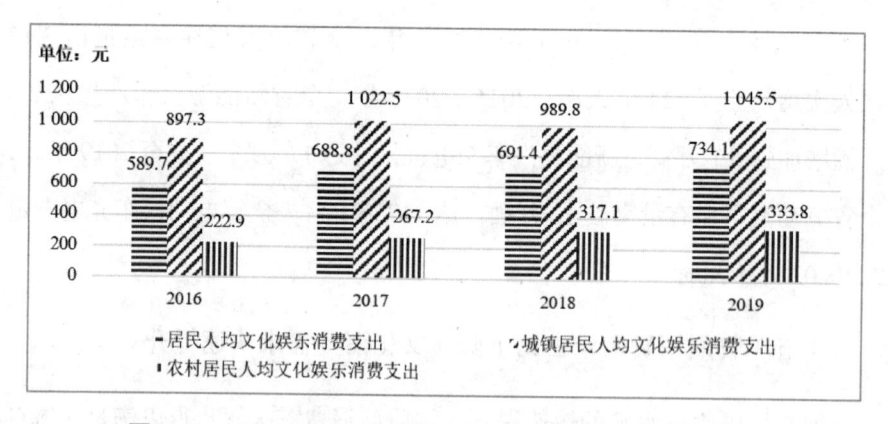

图1-5 2016—2019年湖北省居民人均文化娱乐消费支出

数据来源：中国社会统计年鉴。

（六）旅游收入规模不断攀升，旅游消费实现跨越式发展

"十三五"期间，湖北省旅游业实现了跨越式发展，全省旅游业呈现多样化开发趋势，"旅游+"新消费模式发展迅速，同时旅游基础设施不断完善，到省游客的体验感、获得感和幸福感不断提升。不断提升的旅游消费质量，使旅游收入规模和旅游接待人次不断攀升，且增速均高于全

国整体水平。2016—2019 年，湖北省实现旅游总收入从 4 879.2 亿元增长至 6 927.4 亿元，年均增速达到了 12.4%。2019 年湖北省旅游总收入占全国旅游总收入的比重高达 10.45%。2016—2019 年，湖北省接待游客总数由 5.73 亿人次增长至 6.06 亿人次，增加 5.76 个百分点。受新冠肺炎疫情冲击，2020 年全省旅游总收入为 4 379.49 亿元，同比下降 36.8%，全省共接待游客 4.37 亿人次，同比下降 27.8%。"十三五"期间，国内旅游市场逐渐发展成熟，2019 年湖北省实现国内旅游收入 6 743.99 亿元，同比增长 12.3%，较 2016 年增长 41.6%；2016—2019 年，全省国内旅游人均花费由 830 元增加到 1 121.3 元，涨幅达 44.97%。

（七）体育产业规模明显扩大，体育消费提质扩容

"十三五"时期，全省积极构建现代体育产业体系，加强体育消费的信息服务，推动体育产业融合发展，推动体育消费提质扩容。2016 年湖北省体育产业规模显著扩大，全省体育产业总产出 877.24 亿元，同比增长 22%，增长速度相当于全国同年水平的两倍。2016—2019 年，湖北省平均每年举办省级体育赛事活动 120 项，与各地联合主办马拉松、自行车、滑雪、冬泳等大型赛事活动十余项，带动居民体育消费与体育产业发展。2019 年全省体育产业总规模超 1 500 亿元，同比增长超过 15%，体育消费总规模达 1 200 亿元，提前完成湖北省"十三五"体育产业发展目标。受到新冠肺炎疫情冲击，2020 年湖北省体育产业发展放缓，全省实现体育产业总产值 1 530 亿元，全年销售体育彩票 82.8 亿元，同比降低 21.86%。湖北省体育产业结构不断优化，体育产业和消费规模不断扩大，体育产业对国民经济和社会就业的综合贡献逐渐提高，已成为拉动经济增长、增加社会就业的重要途径。

（八）医疗消费市场潜力巨大，医疗、健康消费规模全面提升

2020年，全省共有医疗卫生机构35 447家，其中医院1 048家，基层医疗卫生机构33 853家，专业公共卫生机构479家。全省共有卫生计生人员53.81万人，其中执业（助理）医师15.97万人，注册护士20.01万人。全省共有医疗卫生机构床位41.18万张，其中医院床位29.65万张，社区卫生服务机构床位1.63万张，卫生院床位8.16万张。全年总诊疗人次29 457.34万人次，出院人数1 027.45万人。2016—2019年，湖北省居民人均医疗保健消费支出从1 528.3元增加到2 230.9元，人均绝对值增量702.6元，年均增长率达13.4%，全省人均医疗保健消费支出占居民消费支出总额比重从9.6%增加到10.34%，增长0.74个百分点。其中，城镇人均医疗保健消费支出从1 792元增加到2 471.4元，人均绝对值增量679.4元，年均增长率为11.3%，城镇人均医疗保健消费支出占城镇居民消费支出总额比重从8.9%增加到9.4%，增长0.45个百分点；农村人均医疗保健消费支出从1 213.5元增加到1 921.8元，人均绝对值增量708.3元，年均增长率为16.6%，农村人均医疗保健消费支出占农村居民消费支出总额比重从11.1%增加到12.5%，增长1.44个百分点。湖北省商业健康保险保费收入从2016年的128.4亿元增加到2019年的312亿元，增长143%，年平均增长37.5%。

（九）养老消费市场快速发展，养老服务消费质量明显提升

截至2020年底，湖北省各类养老机构有1 831家，比2016年增加4.1%，全省养老床位42万张，每千名老年人拥有35张，城乡社区居家养老服务设施覆盖率达96%和67%。2019年湖北省65岁以上老年人口数占总人口比例达18.3%，比2016年提升2.4个百分点。2016—2019年，湖北省基本

养老保险参保人数从 1 355 万人增加至 4 029.7 万人，全省居民基本养老保险基金收入从 112.5 亿元增长至 198.0 亿元，年均增速达 20.74%，显著提高了全省老年人消费水平和质量。

（十）家政服务信息化水平提升，家政服务消费市场稳步扩大

"十三五"时期，全省推进家政服务业规范化、职业化、信息化、产业化发展，提升家政服务人员职业化水平，满足城乡居民不断提升的家政服务消费需求。结合新型城镇化与新农村建设，积极推动新技术、新流程和新项目进入家政服务业，不断延伸家政服务产业链，实施家政服务业从业人员和管理人才专项培训计划，推进家政服务业智慧化平台建设，加快构建全省统一的信息平台。截至 2020 年，全省家政服务业企业 3.6 万家，家政服务业从业人员 120 万人。2016—2019 年，家政服务类居民消费价格指数上涨 20.6%。其中，家政服务类城镇居民消费价格指数上涨 18.76%，家政服务类农村居民消费价格指数 30.67%。全省城镇人均家政服务消费支出也由 2016 年的 48.43 元增加至 2019 年的 65.59 元，涨幅达 35.42%，年均增速达 10.64%。

（十一）农村居民耐用品消费提档升级，农村消费市场潜力进一步释放

"十三五"时期，随着农村居民收入的不断提高，湖北省农村居民消费结构进一步提档升级，并呈现出新的时代特征。第一，教育、医疗健康、养老等消费需求全面快速增长，推动农村居民向服务型消费需求转变。第二，耐用品消费进入农村寻常百姓家，例如，彩色电视每百户主要拥有量超过 120 台，即每户平均彩电拥有量为 1.2 台。摩托车、移动电话、空调、洗衣机等耐用品基本实现全覆盖。第三，接近三分之一的农村家庭拥有家用计算机，这意味着以数字消费为主要特征的新消费形式逐渐在农村普及与发展。事实上，农村居民耐用品百户保有量与城镇居民的保有量差距呈快速缩小趋势，日常家电耐用品消费加快向农村居民普及。2020年，湖北省农村居民洗衣机、空调、电冰箱、摩托车和移动电话百户保有量依次为86.91台、93.75台、106.74台、82.74辆和274.90部，与此对应的城市居民为百户保有量分别为99.32台、169.89台、104.90台、32.11辆和263.87部（表1-9）。

表1-9 湖北省城乡家庭每百户主要耐用消费品拥有量

耐用品	农村					城市	
	2016	2017	2018	2019	2020	2019	2020
彩电（台）	120.09	121.73	121.00	121.26	121.93	122.88	120.85
照相机（架）	2.97	3.72	2.57	2.65	2.59	15.75	14.94
洗衣机（台）	73.13	75.52	84.52	86.52	86.91	98.61	99.32
电冰箱（台）	93.01	95.81	102.11	104.93	106.74	106.32	104.90
摩托车（辆）	78.47	80.16	82.24	83.19	82.74	37.18	32.11
空调机（台）	56.47	62.65	86.25	88.14	93.75	168.39	169.89
热水器（台）	68.63	71.21	84.74	87.17	91.39	103.22	104.72
固定电话（部）	20.71	19.49	9.79	7.62	5.79	10.07	9.25

数据来源：湖北省统计年鉴（2021）。

农村居民耐用品消费市场快速增长。"十三五"期间，湖北省全力推进实施农村消费升级行动，支持电商、快递进村等系列电商下乡工程，畅通城乡双向联动销售渠道，深入挖掘农村消费市场潜力，促进农村消费新模式的发展。湖北省积极推进农村新型基础设施建设，进一步改善农村信息消费基础条件。2016年以来，湖北省新增34个国家级电子商务进农村综合示范县，实现国家扶贫开发工作重点县的全覆盖，但以计算机为代表

第一章　湖北消费发展现状、总体趋势与消费升级方向

的网络化发展仍有进一步提升空间。2019年，全省累计建成县级电商公共服务中心39个、物流配送中心32个、镇级服务站350个、村级服务点5 786个，全省行政村快递覆盖率达81%。投资20余亿元推进全省电信普遍服务试点工作，惠及全省9 179个行政村。截至2020年底，全省行政村光纤通达率、贫困村宽带通达率均达到100%，全省范围内实现4G网络全覆盖。2016—2019年，湖北省农村居民消费品零售总额从2 513.4亿元增加到3 411.3亿元，增长了35.7%。受到疫情影响，到2020年下降到2 700.2亿元。"十三五"期间，湖北农村居民消费基础设施建设加快，激发了农村消费的新潜力，使农村消费市场规模进一步扩大。

（十二）消费环境优化提升，消费者满意度不断增加

"十三五"期间，湖北省围绕社会和民生需求，聚焦消费者对省内消费市场信用及产品质量所关注的问题，通过提高健全质量标准、完善质量监管体系、加强市场监管力度、健全消费者权益保护机制等手段改善市场信用环境。一方面，全省不断深入开展放心消费创建活动，着力为消费者营造安全放心的消费环境，增强居民对省内消费环境的信心，激发居民消费潜力；另一方面，全省实施消费品和服务业质量提升行动，持续开展"万千百"企业质量提升工程，建立缺陷消费品召回工作网络体系，改善了消费者消费满意度。"十三五"期间，湖北产品质量国家监督抽查合格率均保持在90%以上。2019年，湖北产品质量国家监督抽查合格率达91.7%，高于全国平均水平2.4个百分点，连续5年高于全国平均水平。2016—2020年，湖北省市场监管部门12315平台处理消费者咨询、投诉、举报诉求共计365.92万件，为消费者挽回经济损失超7.5亿元。2020年，受疫情影响，人们消费方式的转变，使城乡居民消费问题呈现出多样化、

且短期内消费投诉数量大增，与2019年同比投诉增长高达124%。从投诉问题来看，主要集中在生活社会服务类、文化娱乐体育服务类和医药及医疗服务等领域。为此，全省加强市场监管力度，加快社会信用体系建设进度，全力推行"双随机、一公开"监督执法检查制度等。全省充分发挥12315消费者维权平台作用，强化与12358价格监管平台的信息对接，加大不合格企业曝光力度，畅通消费者诉求渠道，推进实施"红盾质量维权行动"，从而进一步优化了消费环境，明显提升了消费者满意度。

三、"十三五"：湖北居民消费潜力释放与升级的制约因素

"十三五"期间，湖北省经济和社会发展水平都得到了较大提升，消费品市场、居民消费水平、消费行为等发生了新的变化。消费品市场潜力不断释放、消费规模稳步增长，居民消费结构不断升级、新消费理念不断普及，消费行为趋于理性，"不从众""小众化"越来越明显。随着人口结构变化，新消费人群不断涌现，新中等收入群体逐步扩大，新支付场景快速发展，共享消费逐渐成势等新消费热点和新兴消费业态不断更替，但同时消费矛盾也不断变化，对应的支出消费环境和政策相对滞后，成为制约湖北居民消费潜力释放和消费升级的主要因素。此外，突如其来的新冠肺炎疫情对湖北省居民消费发展造成严重冲击，削弱了居民的消费能力，减缓了湖北省居民消费高质量的进程。如何进一步优化消费结构、推动消费升级，不断满足湖北城乡居民个性化、多元化、差异化、绿色化的消费需求，实现经济高质量发展，是一个十分重要的议题。

第一章 湖北消费发展现状、总体趋势与消费升级方向

（一）居民负债率高、增长快阻碍消费潜力释放，消费能力偏低制约消费升级

居民负债率主要由个人住房贷款、消费贷款和经营贷款组成，即居民贷款余额与名义GDP之比。我国城镇居民家庭资产主要以实物资产为主，占到了家庭总资产的八成。2019年我国居民住房资产占家庭总资产的比重为59.1%，高出美国28.5%。相比而言，湖北省金融机构人民币各项贷款余额59 872.1亿元，增长14.6%，比年初增加7 629.53亿元。其中，住户贷款18 706.4亿元，增加2 121.43亿元，增长12.8%。非金融企业及机关团体贷款40 165.08亿元，增加5 613.34亿元。并且，"十三五"时期，湖北省房地产发展迅速，房价上涨直接影响居民负债，房贷的出现，促使居民资产负债率的快速上升。2016—2020年间，全省居民住户贷款总额从9 339.5亿元增加到18 706.4亿元，年平均增长率高达19.6%，且在疫情冲击下也保持了12.8%的两位数高增长率。此外，湖北省城镇家庭资产分布呈现出向少数家庭集中、区域间家庭资产分布差异大、工薪阶层债务比重高的特征。其中，总收入最高的20%家庭所拥有的总资产占比总数据的50%以上。统计显示，2019年末，全省住户部门贷款余额16 584.11亿元，其中个人购房贷款余额为11 745.2亿元，占住户部门贷款的比重达70.8%，高于全国平均水平，同比增长13.9%，增速明显快于经济增长，居高不下的住房支出对居民消费有明显的挤出效应，显著阻碍了居民消费潜力释放（表1-10）。

表 1-10 2016—2020 年湖北金融机构人民币贷款年末余额

指标	2016 总额（亿元）	增长率（%）	2017 总额（亿元）	增长率（%）	2018 总额（亿元）	增长率（%）	2019 总额（亿元）	增长率（%）	2020 总额（亿元）	增长率（%）
各项贷款	34 530.7	17.00	38 155.0	9.50	44 340.5	16.21	50 664.0	14.26	59 872.1	14.60
住户贷款	9 339.5	26.83	11 670.9	19.98	13 879.3	18.92	16 584.1	19.49	18 706.4	12.80

注：本表采用数据为新口径数据。

数据来源：湖北省统计年鉴。

"十三五"期间，湖北城镇与农村居民人均收入同步快速上升，但城乡居民收入差距仍较大。数据显示，2016 年城镇与农村居民收入差距为 16 661 元，到 2019 年增长到了 21 210 元，城乡差距呈明显快速增长趋势。受疫情影响，到 2020 年城乡居民人均可支配收入差距为 20 400 元，虽与 2019 年比有下降趋势，但仍高于 2018 年及以前，表明城乡居民人均收入差距扩大趋势并未因疫情影响而发生实质性改变（图 1-6）。收入水平是居民消费最直接的影响因素，更是推动消费升级的基础与动力。但从"十三五"期间居民收支数据来看，湖北省收入增长慢于支出、平均可支配收入小于全国的问题较为突出。2020 年，全省居民人均可支配收入 27 881 元，低于全国平均水平 32 189 元。2016—2019 年，湖北省居民人均生活消费支出年均增长 10.83%，2020 年受疫情影响下降了 10.76%。比较而言，2016—2019 年全省居民人均收入年增长率为 9.05%，2020 年受疫情影响下降 1.55%。2016—2019 年间，湖北省居民人均收入增长率明显低于支出增长率 1.78 个百分点，收支不平衡导致的消费能力偏低制约湖北消费升级的后劲。

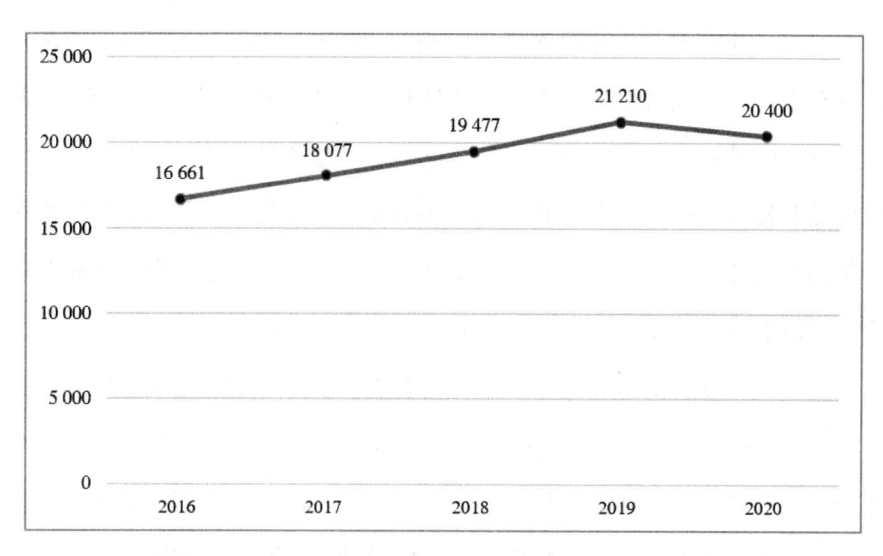

第一章　湖北消费发展现状、总体趋势与消费升级方向

图 1-6　2016—2020 年湖北省城乡居民人均可支配收入差距（单位：元）

数据来源：湖北省统计年鉴。

（二）高质量产品与服务供给不足阻碍消费潜力释放，供需结构性矛盾制约消费升级

近年来，在迈向消费新时代过程中，国内消费需求发生了翻天覆地的变化。"十三五"时期的消费需求正处于新一轮消费结构升级的力量积蓄和释放期。湖北省正好处于迈向全面小康消费与服务型消费升级过程中，基本步入富裕型消费阶段，居民消费需求逐渐释放与扩大。然而，此期间，湖北省的文化、旅游产品结构发展相对单一，产业发展存在同质化趋势，缺乏特色化与个性化；全省的乡村旅游、康养度假等特色产品规模较小，产品结构失衡，这与新消费时代居民对发展型、享受型消费需求不匹配。从 2019 年限额以上批发和零售业单位实现的商品零售数据看，反映消费升级方向的商品需求大幅增长，但相应商品供给的产值产量增长较慢，与日益增长的需求有较大差距。如代表绿色、智能消费升级方向的智能家电、

· 25 ·

智能手机、新能源汽车零售额增速分别为70.0%、38.0%、97.7%；但从供给端来看，对应的规模以上工业企业实现的智能手机产量下降11.0%，新能源汽车产量下降8.9%。此外，代表文娱、健康消费升级方向的文化、体育用品及器材专门零售业零售额增长16.4%，医药及医疗器材专门零售业零售额增长26.4%，而对应的规模以上文教、工美、体育和娱乐用品制造业增加值下降7.7%，医药制造业增加值仅增长8.6%。

此外，湖北省的体育健身、体育竞赛表演、体育中介培训等体育服务产业发展尚处于初级阶段，"参与型"与"观赏型"体育供给不足。健康、养老、家政服务机构普遍规模小，专业水平不高。进入新消费时代，与以前物质文化生活简单划一、物质短期阶段消费需求相比，当前居民的消费选择空间更大、消费形式多样，居民对衣食住行、文娱、医疗、教育等诸多领域的消费提出了更高的要求。与物质型消费需求相比，服务型消费更加追求高雅、高层、个性、品位、风格等，个性化消费更加突出。面对日益丰富的新消费需求，湖北省消费产品的供给质量还有待进一步提升，产品供给质量并不能与新增的消费需求完好匹配。数据显示，2016—2020年，湖北省市场监管部门12315平台处理消费者咨询、投诉、举报诉求共计365.92万件。2020年，受疫情影响，人们消费方式转变，短期内消费投诉数量大增，与2019年同比投诉增长高达124%。2019年，全省12315平台举报量比上年增长28.3%，增幅远高于咨询和投诉件。并且，根据2019年中消协《全国100个城市消费者满意度测评报告》，全部100个城市中襄阳排名72位、武汉73位、宜昌79位，在19个副省级及以上城市中，武汉居于末位。产品供需结构矛盾、产品供给结构不优、产品供给质量不高，成为制约湖北消费升级的关键因素。

（三）农村消费发展滞后阻碍消费潜力释放，区域发展不平衡制约消费升级

从城市分布来看，湖北省内地区经济发展不平衡，各城市人均GDP差距相对较大。"十三五"期间，武汉经济一枝独秀，襄阳、宜昌相对较强，但其余地级市经济动能较弱。2020年，武汉市全年GDP为15 616.06亿元，占全省GDP比重的36%。襄阳市全年GDP为4 601.97亿元，占全省GDP比重的10.6%，宜昌全年GDP为4 261.42亿元，占全省GDP比重的9.8%，恩施全年GDP最低，为1 117.7亿元，占全省GDP比重的2.6%。除武汉、宜昌、襄阳外，其余城市人均GDP均低于全国平均水平，区域经济发展不平衡十分明显。从城乡分布来看，"十三五"时期，城乡居民收入水平虽呈现出同步上升趋势，但城乡居民收入差距仍在扩大。2020年，全省居民人均可支配收入达27 881元，比上一年下降1.55%。其中，城镇居民人均可支配收入36 706元，农村居民人均可支配收入为16 306元，城镇居民收入是农村居民的2倍以上，收入差距为20 400元，城乡收入差距较2016年进一步增加了3 739元。此外，城乡居民的财富积累也存在不均衡现象。近年来，全省城镇居民的收支差总体呈现扩大趋势，但农村居民的收支差则无太大变化。农村居民的财富积累显著慢于城镇居民。2019年，全省城镇居民人均收支差为11 179.6元，较上年提高720.9元；农村居民人均收支差1 062.8元，较上年仅提高31.3元。可见，全省城乡居民收入差距扩大的原因很大程度上在于农村发展滞后。

"十三五"期间，湖北省消费需求旺盛，消费市场保持良好的发展势头，2016—2020年间，湖北省社会消费品零售总额从16 601.88亿元增长到17 984.87亿元（2020年受疫情影响下降了近20.8%），且城镇居民与农村居

民呈现出同步增长。社会消费品零售总额是反映最终消费的重要指标，高水平的社会消费品零售总额意味着消费需求增加，从而刺激投资，增加产出，提高居民收入，促进经济增长。据统计（图1-7），在中部六省的横向比较中，湖北居民消费水平明显高于湖南、河南、安徽、江西与山西，在中部六省中位居前列，表明湖北省居民消费需求在中部地区中处于领先地位，在经济发展中存在明显优势。然而，与广东、江苏等沿海发达省份相比，湖北省居民消费总额远低于广东和江苏，仍具有较大发展空间。并且，湖北省居民消费水平虽然略低于全国平均水平，但在中部六省中居于首位，表明湖北居民消费需求潜力很大，并在中部地区消费发展中呈现出显著优势。但是，在与北京、上海、广东和江苏等发达省份（市）相比，湖北省居民消费水平明显偏低，表明全省居民消费发展水平与发达省市之间还存在较大差距，新时期消费市场潜力还需进一步挖掘。

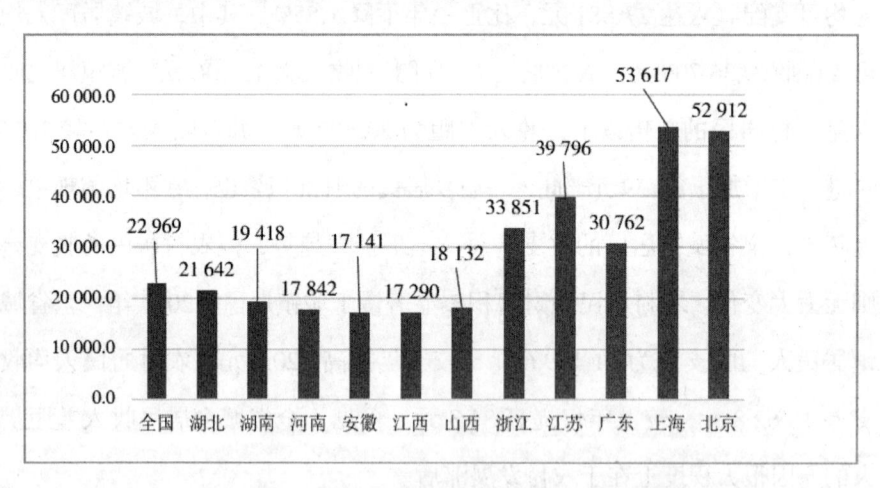

图1-7 2017年全国及部分省市居民消费水平（单位：元）

数据来源：国家统计局。

第一章　湖北消费发展现状、总体趋势与消费升级方向

（四）新冠肺炎疫情冲击阻碍消费潜力释放，发展的不确定性增加制约消费升级

2020年初，新冠肺炎疫情的突然暴发中断了我国经济的正常运转轨迹，对居民消费产生了阶段性短期冲击。湖北省作为疫情重灾区，为遏制疫情蔓延势头，确保人民群众生命安全和身体健康，省内多城先后限制人员聚集和流动，这对生产、投资、进出口和服务消费等造成重大影响。疫情防控导致经济下滑，居民收入下降，增加了居民消费避险偏好，显著阻碍了消费潜力的有效释放。统计显示，2020年，全省完成财政总收入4 580.89亿元，下降20.8%，以及地方一般公共预算收入2 511.52亿元，下降25.9%。2020年全省第一季度居民人均消费支出同比下降16.1%，全年居民人均消费支出同比下降10.8%，出现2016年以来的首次负增长。2020年湖北省第一季度社会消费品零售总额同比下降44.9%，2020年全年同比下降20.8%，下降幅度远远高于全国平均水平。此外，全省交通运输仓储和邮政业、批发和零售业、住宿和餐饮业、房地产业增加值分别下降16.5%、12.1%、23.7%、8.7%。可见，疫情对全省经济产生了重大影响，削弱了居民的消费能力，导致消费支出大幅下降，线下消费陷入低迷，同时未来经济发展的不确定性增加。

第一，居民人均可支配收入增长的不确定性。受新冠肺炎疫情冲击，2020年，全省完成生产总值比上年下降5%。其中，第一产业增加值与上年基本持平，第二产业增加值下降7.4%，第三产业增加值下降3.8%。经济增长不升反降，导致2020年第一季度居民人均可支配收入大幅减少，同比下降11.2%，2020年湖北省居民人均可支配收入同比减少1.55%，出现了自2016年以来的首次负增长。第二，疫情导致国内外供应链的部分

节点中断，市场供给短期供给不足，增加了国内外消费、投资环境的不确定性。全年实际使用外资103.52亿美元，下降19.8%，全年高技术产业（制造业）实际使用外资1.07亿美元（商务部口径），下降16.9%。第三，物价水平变动导致居民实际购买力不确定性增加。湖北省2020年第一季度CPI指数同比大幅增长，涨幅达6.1%，达到2016年以来的最高水平，严重削弱了居民实际购买力（图1-8）。第四，消费结构调整导致消费发展趋势的不确定性增加。从行业来看，餐饮业、旅游业受到疫情的影响最为严重，2020年第一季度湖北省餐饮业收入同比下降57.6%，下降幅度显著大于同期商品零售额降幅。旅游消费方面，全年共接待游客43 729.64万人次，下降27.8%，旅游总收入4 379.49亿元，下降36.8%。并且，2020年湖北省居民交通通信、教育文化娱乐等主要线下消费支出均有明显下降，其降幅明显高于往年因季节因素造成的支出降低幅度。第五，宏观经济的下滑，显著增加了居民对未来风险的规避偏好。2020年一季度我国住户存款较去年同期增加11.6%，居民对储蓄的倾向大于消费。并且，2020年城镇居民消费意愿对教育、医疗保健、保险类的消费意愿明显增加，而对旅游、大额商品、购房的消费意愿显著降低，避险性消费支出趋势明显。

总之，2020年的新冠肺炎疫情给湖北省城乡居民消费带来了严重冲击，在这个背景下，未来5~10年湖北居民消费的增长趋势都增加了诸多不确定性，很大程度上阻碍了消费潜力的有效释放，制约了"十四五"时期湖北居民的消费升级。

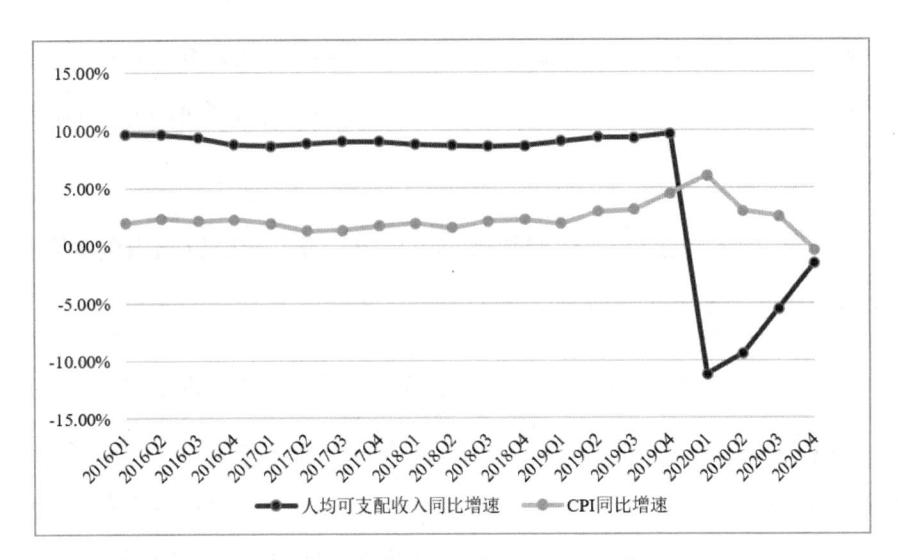

第一章 湖北消费发展现状、总体趋势与消费升级方向

图 1-8 2016—2020 年湖北省人均可支配收入及 CPI 同比增速

数据来源：根据国家统计局数据整理。

四、"十四五"：湖北居民消费升级的工作重点与方向

"十四五"是我国步入消费新时代的发展的重要阶段，消费结构已从以物质型消费为主向服务型消费为主加速转变，这意味着全社会生活方式、生产方式、商业模式的深刻变革。进入消费新时代，消费在经济增长中的作用明显增强，消费对产业变革的牵引力作用和对投资结构的引领作用也日益提升。"十四五"期间，要实现湖北消费市场稳步升级，进一步发挥消费在经济增长中的拉动作用，一方面，需要以习近平新时代中国特色社会主义思想为指导，全面贯彻落实党中央、国务院和省委、省政府决策部署，贯彻《湖北省国民经济和社会发展第十四个五年规划和二〇三五年远景目标纲要》精神，务实推进消费导向型下的结构改革，破除制约消费潜力释放、消费结构升级的结构性矛盾；另一方面，要适应消费结构的新变化，形成

产业结构升级的新动力。同时，还需要从供给侧、需求侧和消费环境等多维度出发，打造以新消费引领新供给、以新供给创造新需求的良性循环发展格局。

（一）加快创新补齐消费领域突出短板，努力构建以国内国际双循环为战略基点的新发展格局

"十四五"是我国迈向现代化新征程的第一个五年，也是我国步入双循环新发展格局时代的重要五年。面对国际国内日益复杂多变的新形势，赢得中部地区发展新的战略机遇期，需要客观把握湖北省进入消费新时代的大趋势。进入消费新时代，湖北省作为中部地区的大省，坚持扩大内需，以消费结构升级推动高质量发展，进一步做实超大规模市场，是湖北省中长期可持续发展的战略选择。消费升级拉动的经济增长，体现了高质量发展的时代要求，是构建国内国际双循环新发展格局的内在要求。消费作为经济活动的起点和落脚点，反映的是最终需求对经济增长具有导向和拉动作用，宏观上体现为消费支出总量对经济发展的贡献程度。在高投资率、消费倾向与收入分配差距等因素的作用下，湖北最终消费支出对经济增长的贡献率偏低，不论是在与北京、上海等发达省市的比较中，还是在中部六省的横向对比中，湖北的最终消费率与居民消费率均处于较低水平，表明湖北居民消费拉动经济增长的动力不足，这已成为制约全省经济持续健康发展的重要障碍因素。为了将湖北省培育为"强大中部消费市场"，建成立足国内、辐射周边、面向世界的具有全球影响力、吸引力的综合性国际消费中心，需加快创新补齐消费领域的突出短板，聚焦公共卫生体系、交通、水利、新型基础设施、生态环境等领域，实施一批打基础、补短板、强功能、利长远、惠民生的重大项目，充分发挥有效投资对稳增长的关键

第一章　湖北消费发展现状、总体趋势与消费升级方向

作用，推动湖北疫后重振和高质量发展。为满足居民日益增长的美好生活需要，创新补齐消费短板正成为消费高质量发展的"助推器"，有助于推动经济增长动力转换和消费结构升级。

第一，补齐公共卫生体系供给能力短板。加强疾病预防体系、医疗救治体系、院前救急体系、基础防控体系和重大疫情信息平台建设。充分运用5G、区块链等技术，建设中部地区健康医疗大数据中心，通过规范发展互联网医院、加快建设远程医疗服务网等措施，力争实现群众不出家门就能够享受到优质的医疗卫生服务的目标。第二，补齐交通短板，统筹综合交通运输网络一体化建设，畅通双循环主动脉。持续推进物流产业降成本、增效率，积极发展多式联运，进一步优化长江、汉江运输，推动建立汉江口或运河口过驳基地，着力实现铁、水、公、空多种运输方式的无缝衔接，打造"布局完善、安全高效、智慧绿色"的综合性交通运输网络。第三，补齐新基建工程短板，推动新型基础设施规模进入全国第一方阵。加快推进主要是以工业互联网、物联网为代表的通信网络基础设施，以数据中心、智能计算中心为代表的算力基础设施，以深度应用互联网、大数据、人工智能等技术的融合基础设施，以科学研究、技术开发、产品研制等为基础的创新基础设施，以及完善交通新基建、智慧城市等建设。着力解决传统基础设施比重过高、信息化技术应用不足、城市管理智能化水平不高，以及投资主体多元、建设周期较长造成的地下基础设施底数不清等问题。第四，补齐民间投资后劲不足的短板。有序放宽行业准入条件，引导扩大投融资渠道，推动民间投资参与全要素、全产业链、全地域发展。加大力度推进民间投资深入教育、卫生、文化、体育等多个与民生相关的服务消费领域，推进湖北居民中高端消费发展。第五，补齐消费者权益保护机制不完善的短板。要从消费者权益保护的角度，增强消费者的维权意识，畅通

消费者的维权通道，纾解居民消费的售后维权难点，以化解新时代消费风险，使居民在具备消费需求和消费能力的基础上"敢消费""愿消费"，充分释放居民的消费潜力。

（二）从需求侧发力助推消费升级，充分释放新消费时代居民消费潜力

在需求侧，需要解决消费结构升级的意愿和能力问题，最根本的还是要增加居民收入，稳固消费源动力。一方面调节居民收入分配水平，促进中间阶层发展。全省需要大力实施各项促进就业的政策措施，不断开发城镇就业岗位，根据湖北省经济社会发展情况不断提升城镇工资收入增长水平，提升中低收入者的收入水平，提高大众消费能力。另一方面需要增加农村居民人均纯收入，缩小城乡之间以及农村居民内部的收入差距和消费差距，调整城乡间收入分配机制，缩小城乡差距。为此，湖北省需要大力实施乡村振兴，多渠道促进农民增收，充分释放农村居民消费潜力。当前，湖北省农村居民货币收入比重偏小，阻碍农民消费升级。全省农村居民的收入中还存在一定的实物收入，而这些实物收入主要是用来满足低层次需要的农业产品。由于市场体系不完善，农产品的价格偏低，许多农民不愿意将自己的实物收入转化为货币收入。为此，需要加快构建打通城乡消费市场的渠道，着力加大农村基础设施建设投资力度，增加农村地区的有效需求、增加居民就业机会，特别是改善交通、通信、供水、供电、供气和居住等各方面条件，从而改善和提高农村居民的生活环境，提高农村市场的开发程度，充分释放农村消费市场。

"十四五"时期，湖北经济由高速度增长转向高质量发展，居民消费正处在从相对富裕向富裕水平升级过程，城乡居民的消费需求正由低层次

第一章 湖北消费发展现状、总体趋势与消费升级方向

的生存型消费向发展型、享受型等高层次消费升级。为了充分释放居民消费潜力,需要提高社会保障水平,完善社保体系,加快医疗、教育改革,减轻居民后顾之忧,增强居民消费信心。从多个角度促进建立更加公平、可持续的社会保障制度,完善个人账户制度;健全多缴多得激励机制,确保参保人权益。

(三)深化供给侧改革助推消费升级,促进消费潜力释放与经济高质量发展

2020年中央经济工作会议强调,"要紧紧扭住供给侧结构性改革这条主线,注重需求侧管理,打通堵点,补齐短板,贯通生产、分配、流通、消费各个环节,形成需求牵引供给、供给创造需求的更高水平动态平衡"。湖北省居民消费作为全国的消费大市场,也是世界的市场、共享的市场,湖北省居民消费潜力进一步释放,不仅为我国实现高质量发展提供了有力支持,也将为促进世界经济恢复并持续发展提供重要利好。"十四五"时期消费升级的一个重点是服务型消费升级,与物质消费不同,服务型消费升级过程中蕴藏着巨大潜力,服务型消费包括了信息消费、文旅消费、健康养老消费、家政服务消费、教育培训消费、托幼消费等,如果这些服务型消费潜力能尽快有效地释放出来,必将成为我国经济增长的重要推动力。服务型消费供给是制约服务型消费需求释放的重要原因。"十四五"期间,为了能有效地释放服务型消费潜力,推动消费升级,湖北省应及时破解服务型消费中"有需求、缺供给"的供需矛盾,打破服务型消费供给短缺的现状,扩大服务业的有效供给,确保服务型消费供给能与城乡居民需求相适应。

随着湖北省居民消费结构升级,需求结构与供给结构不相适应的矛盾

突出。在"十四五"阶段，要以深化供给侧结构性改革为主线，打破长期制约全省居民消费潜力释放的体制机制壁垒。"十四五"时期，在供给侧仍面临过剩与短缺并存的结构性矛盾。湖北省需要重点改善市场供给结构与消费结构不匹配的问题，这需要深化以服务业市场全面开放为重点的供给侧结构性改革，以供给侧结构性改革解决长期制约消费潜力释放的体制机制掣肘。一方面政府要抓新消费热点培育和新基建投资力度，把提高各个领域产品供给质量作为主攻方面，以实施"增品种、提品质、创品牌"为重要内容，积极实施创新驱动，构建市场导向型绿色技术创新体系，通过个性化定制、多样化发展、供需精准对接，实现各领域产品与服务质量的持续提升。为此，需引导投资转向健康、教育、养老等服务行业和信息消费、绿色消费、智能消费、时尚消费等新兴领域，加大5G、人工智能、物联网等为代表的新基建投资力度，完善消费领域基础设施建设，增强市场潜力。另一方面要合理增加公共消费，增加如行政管理支出、教科文卫事业支出、社会救济和劳动保险支出等，提升消费率。为此，需要加快完善消费市场准入机制，鼓励支持社会力量进入市场，增加医疗、养老、文化、体育等相关产品服务供给，催生高品质产品市场。加快提升"互联网＋"环境下的综合集成服务能力，发展"平台＋生态""线上＋线下""产品＋应用"的服务模式，推动信息、旅游、教育、文化等产业健康发展。

（四）营造良好的消费环境助推消费升级，有效解决消费后顾之忧

2021年《政府工作报告》提出，要"稳步提高消费能力，改善消费环境，让居民能消费、愿消费，以促进民生改善和经济发展"。随着新消费环境的形成，完善各领域产品服务质量标准体系，提升产品和服务水平，推动包括市场监管在内的消费环境建设，成为"十四五"期间消费导向转型的重大任务。湖北省在以服务型消费快速增长的背景下，市场监管的对象和标准需要尽快由以商品为主向以服务为主转变，全面加强教育、文化、医疗、绿色消费和信用等市场体系建设，推动市场监管对象由商品为主向以服务为主转变。

"十四五"时期，针对湖北消费环境，需要解决市场竞争秩序不规范、消费环境不完善、市场主体活力不足的问题。一要为培育优质市场主体打造更好的市场环境，持续深化"放管服"改革，坚持包容审慎监管理念。提升服务企业水平，在证照办理、审批流程、资金扶持、创新监管等方面提高效率、提升质量。二要在强化市场主体地位的同时完善监管体制，加大联合监督执法力度，严肃查处各种假冒伪劣行为，提升消费者信心，从而使居民的消费需求得到更好的激发。深入开展"放心舒心消费在湖北"行动，规范和引导共享单车、电商、旅游等消费新业态有序发展，加强和改进事中事后监管，为新业态、新消费发展营造良好消费环境。三要全面规范市场经营秩序，完善市场准入机制，打造公平竞争环境，加快破除服务业领域的市场垄断和行政垄断，加大生活性服务领域有效有序开放力度，尽快推进服务价格机制改革，形成市场决定服务价格的新机制。四是减少教育、医疗、养老等消费领域的准入管制，使民间资本更顺利地进入市场，有效激发市场主体的活力和创造力，从而推动商品和服务供给质量的提高；五是不断改善营商环境，优化人文环境，为来鄂就业创业、求学、养老提供良好的消费条件，确保居民在湖北生活更有"归属感"，全方面解决居民消费的后顾之忧。

（五）加快疫后消费重振工作，打通制约消费潜力释放的堵点

在全球疫情持续蔓延，世界经济下行风险加剧，不稳定不确定因素显著增多，外需受到明显抑制的形势下，提振居民消费市场信心、激活蛰伏的消费潜能，对于促进经济社会健康发展，更加具有重要性和紧迫性。疫情冲击下，湖北市场的消费环境还不完善，社会信用体系、产品质量体系以及市场监管条例等体制机制的缺位，使得居民"不敢消费""不愿消费"，对消费潜力的释放产生了一定的消极影响。此外，湖北消费市场面临发展瓶颈，无法有效对接居民消费过程中多层次、多样化、高质量的物质和文化服务的需要，一定程度上消减了居民的消费意愿，在很大程度上"堵"住了居民消费潜力的释放。

为了加快疫后消费重振工作，打通制约消费潜力释放的堵点。第一，引入市场竞争机制，顺应市场需求，开拓服务消费领域，以市场机制的优越性激活湖北省内的文化旅游、养老服务以及医疗教育等服务行业，培育新的消费增长点。例如，推动文化和旅游融合发展，打造文旅融合发展示范城市。建设一批富有文化底蕴的世界级旅游景区和度假区，打造一批文化特色鲜明的国家级旅游休闲城市和街区，发展红色旅游和乡村旅游；以讲好中国故事为着力点，创新推进国际传播，加强对外文化交流和多层次文明对话。第二，满足居民期待，培育消费热点。这需要不断优化居民消费结构，对接居民在旅游文化、养老康复以及医疗教育等服务项目消费的差异化、多样化需求。深入贯彻落实新发展理念，顺应居民消费需求变化的新形势，挖掘绿色消费、共享消费、中高端消费、定制化消费等新型消费方式，填补服务领域市场的空白，使居民"想消费"，形成新的消费增长点，以消费"引擎"带动新时代经济的高质量发展。第三，对接消费需求，提升产品质量。消费产品质量的提升是保证消费潜力持续释放的关键。在鼓励市场企业加快产品创新、服务升级的同时，推进相关质检部门、行业协会建立健全产品服务的统一标准，保证产品服务供给的高质量化、高标准化，对接新时代居民消费的高质量需要。第四，加大专项资金扶持力度，为受疫情影响严重的文旅企业、旅游景区、星级酒店、旅行社提供信贷支持，帮助市场服务主体缓解流动资金压力，有效增加科技、教育、文化、医疗等各类高质量服务的有效供给。

第二章 "十三五"时期 湖北绿色消费发展情况

绿色消费是生态文明的具体实现。近年来国家出台了一系列促进绿色消费的政策和规定，湖北省认真贯彻落实中央精神，根据《国务院关于积极发挥新消费引领作用加快培育形成新供给新动力的指导意见》（国发〔2015〕66号）和《国家发展改革委印发〈关于推动积极发挥新消费引领作用加快培育形成新供给新动力重点任务落实的分工方案〉》的通知（发改规划〔2016〕1553号）精神，结合湖北省实际，制定《省人民政府关于积极发挥新消费引领作用加快培育形成新供给新动力的实施意见》（鄂政发〔2016〕74号），鼓励使用再生产品、绿色产品，扩大绿色消费规模。绿色产品供给不断扩大，绿色消费市场潜力持续释放。

一、绿色消费与生态文明建设

党的十八大把生态文明建设提升到前所未有的高度，将生态文明建设纳入中国特色社会主义"五位一体"总布局，强调要把生态文明建设放在突出地位，融入经济建设、政治建设、文化建设、社会建设各方面和全过程。党的十九大对生态文明建设提出了具体要求，将生态文明建设与新时代我国社会主要矛盾相结合，使生态文明建设符合"人民日益增长的美好生活需要和不平衡不充分的发展之间的矛盾"的变化，满足人们对高质量生态环境发展的需要。

（一）绿色消费是生态文明建设的内涵体现

建设生态文明，要求人与自然和谐相处，意味着生产和生活方式的根本改变，具体到消费行为上就是实现绿色消费。绿色消费起源于20世纪40年代的欧洲，1944年，卡尔·波兰尼在《大转型》中提出了"生态消费观"的理念，将现代西方社会出现生态危机的主要根源视为人类的消费异化。此后，绿色消费理念在欧洲大陆开始盛行。本报告认为，绿色消费是以节约资源和保护环境为特征、针对传统消费不可持续而提出的，具有生态保护意识、理性科学的消费行为和过程，主要表现为节约资源、减少浪费，选择低碳环保的产品和服务，降低消费过程中的资源损耗和污染排放。其含义包括四个方面：一是消费者在消费时所消费的产品应是对公众健康有益的或是未被污染过的；二是消费者在消费过程中所产生的污染废弃物尽可能最少，不能给环境造成污染困扰；三是在消费结束后注重对垃圾的分类回收利用，促进资源的循环利用，注重周围环境的保护；四是倡导公众转变消费理念，追求健康、崇尚纯朴自然，在追求自身生活舒适、方便的同时，要尽力节约能源和资源，注重环境的保护。绿色消费从消费端出发，引导消费者自觉选择环境友好型产品和服务，尽量减少消费过程带来的污染，能够推动形成绿色生活方式，助推我国经济可持续发展与生态文明建设。

（二）绿色消费是生态文明建设的内在要求

党的十八大报告强调要着力推进绿色发展、循环发展、低碳发展，建设生态文明。生态文明是人类文明的一种形式，以尊重和保护生态环境为主旨，以未来人类的可持续发展为着眼点。生态文明突出生态的重要性，强调人类在改造自然的同时要尊重和爱护自然，这与我们所倡导的绿色消费一脉相承。绿色消费有利于引导绿色生产。当消费者对绿色产品的需求增加时，产品的均衡价格将会上涨，从而促使厂商增加绿色产品的供给，供给与需求的相互促进，形成良性循环，吸引更多企业加入"绿色"产业，推进绿色产品的创新与发展，这将促进企业采购绿色化、生产技术应用绿色化、企业决策绿色化。引导企业在生产以及决策过程中更加注重对自然环境以及资源的保护，践行生态文明。

二、湖北绿色消费发展现状及制约

我国为促进绿色消费发展，出台了一系列政策和法律法规，规范了我国绿色消费市场，为全国范围内绿色消费的推广提供了行动指南。湖北省绿色消费的发展是在贯彻落实党中央一系列促进绿色消费的政策背景下逐渐发展起来的，绿色消费品种与规模不断壮大。

（一）绿色消费发展历程

湖北省根据中央的精神，在"十三五"时期，出台了多项政策措施，在绿色交通、资源回收利用、绿色产品推广方面，促进绿色消费发展。湖北省在《湖北生态省建设规划纲要》的基础上，提出到2030年的生态建设规划，要发展城乡绿色交通，加快城市公共交通基础设施建设。落实公

第二章 "十三五"时期湖北绿色消费发展情况

交优先战略,构建方便快捷的公共交通网络体系。

2016年湖北省公布《湖北省资源综合利用条例》,对列入国家《资源综合利用目录》内的产品要进行回收、循环利用。条例要求在矿产资源开采过程中对共生、伴生矿进行综合开发与合理利用,对生产过程中产生的废渣、废水（液）、废气、余热、余压等进行回收和合理利用,对社会生产和消费过程中产生的各种废旧物资进行回收和再生利用。

2017年,湖北省发改委、省统计局、省环境保护厅、省委组织部制定了《湖北省绿色发展指标体系》和《湖北省生态文明建设考核目标体系》,作为生态文明建设评价考核的依据。绿色发展指标体系包括7个分类指数、48个指标个体指数。该体系采用综合指数法进行测算,以2015年为基期,结合省"十三五"规划纲要和相关部门规划目标,测算全省及各地绿色发展指数,以及资源利用指数、环境治理指数、环境质量指数、生态保护指数、增长质量指数、绿色生活指数等6个分类指数。另一个分类指数——公众满意程度为主观调查指标,通过省统计局组织的抽样调查来反映。其中绿色生活指数部分涉及公共交通、新能源汽车、绿色建筑、资源消耗量等指标,以衡量居民绿色消费状况,形成了完整的绿色发展指南。

2018年省环保厅公告开展"湖北省绿色社区、绿色家庭创建行动"活动,积极鼓励居民的绿色生活、绿色行为。同年发布《湖北省气候资源保护和利用条例》,号召使用太阳能、热量、风、云水、大气成分等自然物质和能量,以有效保护和合理利用资源,满足公众对优美生态环境的需要。2018年8月,湖北省发布湖北长江经济带绿色发展十大战略性举措实施方案,方案指出要加快发展绿色产业、构建综合立体绿色交通走廊、推进绿色宜居城镇建设、实施园区循环发展引领行动、开展绿色发展示范、大力发展绿色金融、倡导绿色生活方式和消费模式等。

2020年，为了加强餐厨垃圾管理，保障食品安全，促进餐厨垃圾资源化利用和无害化处理，根据《中华人民共和国固体废物污染环境防治法》《中华人民共和国循环经济促进法》《推动重点消费品更新升级畅通资源循环利用实施方案（2019—2020）》等法律法规，结合湖北省实际制定了《湖北省餐厨垃圾管理办法》，推动餐厨垃圾减量化、资源化、无害化，对在餐厨垃圾无害化处理、资源化利用方面做出显著成绩的单位和个人给予奖励。同年发布的《湖北省乡村振兴促进条例》中指出，应当支持开展绿色食品、有机农产品认证，鼓励发展生态循环农业，支持采用先进种植养殖技术、设备和模式，推动投入品减量化、生产清洁化、废弃物资源化、产业模式生态化。

"十三五"时期，湖北省加大对绿色环保的重视度，着重强调生态文明，在节能环保方面的财政支出逐年增加，从2016年的1 528 366万元增加到了2019年的2 832 771万元。受疫情的影响，2020年较上年有所下降，小幅下降到了2 189 041万元的水平（图2-1）。总体而言，湖北省"十三五"期间对节能环保财政投入力度呈稳步增长态势，已经把绿色发展、绿色消费提升到战略高度。虽然目前绿色产品市场机制还没有完全成熟，但促进绿色消费的总体政策体系已基本形成，并将逐步发展和完善。

第二章 "十三五"时期湖北绿色消费发展情况

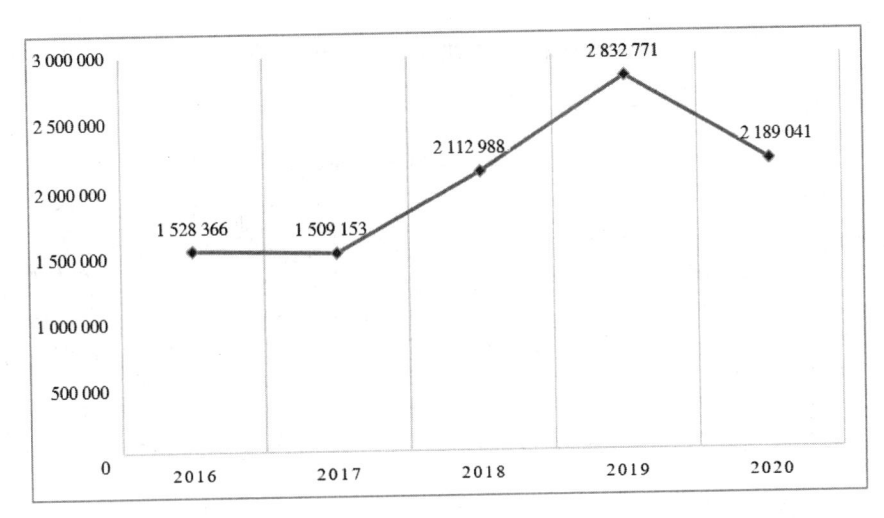

图 2-1 "十三五"时期湖北省节能环保财政支出（单位：万元）

数据来源：公开资料整理。

（二）湖北省绿色消费现状

目前，湖北省资源节约型、环境友好型社会建设已经取得重要进展，产业结构轻型化、生产方式绿色化，低碳水平持续提升。低碳产业比重不断提高，高耗能工业比重持续下降，全面完成了国家下达的节能减排目标任务，水、大气、土壤污染等环境问题得到有效遏制。在消费方面，居民绿色消费意识已经有所提高，绿色产业发展良好，绿色产品使用和绿色消费行为逐渐普及。

1. 绿色出行

第一，绿色出行设施齐备。近年来，湖北省不断加大对公共交通的投资和建设力度，已逐步形成以轨道交通、公交为主体，轮渡、出租车为补充，公共自行车（共享单车）等慢行交通工具为衔接的一体化公共交通体系。目前，湖北省已拥有常规公交、无轨电车、地铁、城铁、轮渡、公共自行车（共享单车）、有轨电车和 BRT 快速公交等 8 种公共交通工具，基本囊括了国内所有公共交通方式。

表 2-1　湖北省公共交通情况

年份	公共汽电车 运营车数/辆	公共汽电车 运营长度/公里	公共汽电车 客运量/万人	轨道交通 配属车数/辆	轨道交通 运营里程/公里	轨道交通 客运量/万人	出租汽车数/辆
2016	19 809	18 646	318 564	1 106	180	71 659	36 415
2017	20 453	21 762	320 652	1 356	234	92 683	36 748
2018	21 075	22 549	306 967	2 068	300	103 710	37 072
2019	21 307	23 517	298 214	2 416	335	122 373	37 253
2020	21 919	27 088	152 054	2 578	384	62 059	37 626

数据来源：中国统计年鉴，http://www.stats.gov.cn/tjsj/ndsj/2020/indexch.htm。

由表 2-1 中 2016 年以来的公共交通数据可以发现，湖北省公共汽电车运营车数与运营里程不断增加，覆盖范围越来越广，客运量变动幅度不大，略有减少，原因可能在于轨道交通越来越便捷。"十三五"期间轨道交通发展迅速，2019 年配属车辆和运营里程比 2016 年翻了一番，客运量大幅增加。期间，出租汽车数也保持稳步增长，保障了居民绿色出行的便利。受疫情影响，2020 年武汉市轨道交通客运量 62 160.1 万人次，减少 49.4%，公共交通分担率下降，目前正逐步恢复。此外，湖北省提倡公民选择公共交通、自行车、步行等方式绿色出行，降低非公交类机动车使用强度，机动车停车三分钟以上熄灭发动机，举办"无车日"号召公民关注生态问题，通过自身的绿色行为保护共同的蓝天。武汉市低碳示范项目碳宝包 App 利用"碳积分激励机制"，倡导市民搭乘公共交通、使用共享单车或新能源汽车、以步代车，并为市民发放碳积分，作为可消费的个人绿色权益，形成促进低碳生活的价值闭环。

第二，绿色出行态势良好。随着人们对生态环境的重视，自行车、公交、地铁、步行等绿色出行方式也逐渐受到青睐。高德地图联合国家信息中

第二章 "十三五"时期湖北绿色消费发展情况

心大数据发展部等机构发布的《2019年Q2中国主要城市交通分析报告》中,首次对全国50个城市进行统计,依据公交、地铁、骑行、步行路线规划总次数占比,归一化处理后得出各城市的"绿色出行意愿指数",指数越高表明城市绿色出行需求强度越大,反之绿色出行需求强度越小。在绿色出行意愿排行中,武汉位列全国第六,而在公交和地铁出行意愿排行中,武汉位列全国第二,表明湖北省绿色出行发展态势良好。武汉市2020年公共交通客运总量达14.1亿人次,日均客运量为384.4万人次,其中轨道交通客流量占比44.2%,首次超过常规公交。2020年武汉市共享单车总量为58万辆,累计骑行36 840.5万次[①],成为常规公交、地铁接驳的重要方式。

2. 塑料制品

塑料制品回收价值较低,结构稳定,能在自然环境中长期存在,不断积累,会影响植物吸收养分和水分,导致农作物减产,对生态环境造成极大危害。近年来,湖北省认真贯彻"限塑令",逐渐减少塑料制品的生产和使用,侧面反映出民众对绿色消费行为的支持。根据前瞻产业研究院数据显示,"十三五"期间,湖北省塑料制品产品从2016年的594.68万吨,减少到了2020年的431.01万吨,减少了163.67万吨,下降了近27.5%(图2-2)。

---

① 数据来源:《2021武汉市交通发展年度报告》。

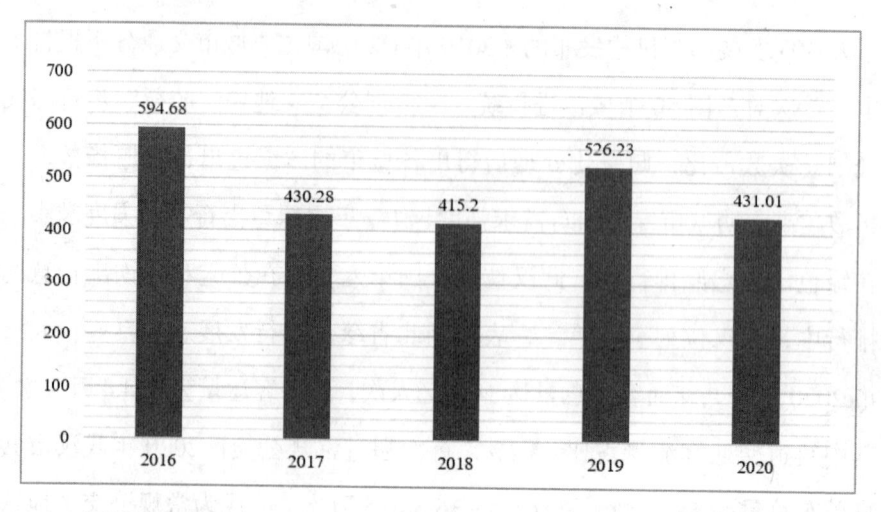

图 2-2　2016—2020 年湖北省塑料制品产量情况（单位：万吨）

数据来源：根据前瞻产业研究院数据整理。

3. 健康环保产品

随着绿色消费理念的普及，人们对高质量生态环境的需求不断增加，反映在对空气质量的要求也越来越高，健康环保产品需求增加。2016 年空气净化器产量为 1 206.37 万台，2017 年增加到 1 746.04 万台，2018 年为 1 842.86 万台，2019 年突破 2 000 万台，增加到了 2 110.93 万台。受疫情影响，2020 年产量较 2019 年下降 16.61%，但也达到 1 760.3 万台（表 2-2）。同时，节能产品也得到良好发展，如宜昌市 2019 年节能电器、新能源汽车等绿色环保产品零售额分别增长 53.7%、33.9%。宜昌农村节能技术和节能产品的推广也契合了农民的"新要求"，全市推广节能炉 31.79 万个，省柴节煤灶 81.03 万座；推广太阳能热水器 24.2 万台，利用面积达 44.6 万平方米[①]。节能技术和节能产品的普及，在节约能源的同时，也适应了新

---

① 数据来源：湖北省发展和改革委员会官网。

第二章 "十三五"时期湖北绿色消费发展情况

时代广大农民对美丽宜居乡村建设的新要求。

表2-2 湖北省近五年空气净化器产量情况

年份	2016	2017	2018	2019	2020
产量（万台）	1 206.37	1 746.04	1 842.86	2 110.93	1 760.30
增长率(%)	–0.55%	44.73%	5.54%	14.55%	–16.61%

数据来源：国家统计局官网分省年度数据（工业产品产量）。

4. 清洁能源使用

"十三五"期间，湖北省大力开展煤电超低排放和节能改造，积极推进煤电绿色发展。通过煤电超低排放和节能改造、电能替代、生物质资源和太阳能资源使用，推动绿色发展。2017年全省有3台机组（总装机130万千瓦）将原计划2018年改造的任务提前完成。2018年底，湖北省符合改造条件的45台30万千瓦及以上煤电机组完成超低排放和节能改造，全省煤电机组煤耗将进一步降低，污染物排放均可接近燃机排放水平。电能替代是终端能源适应供给侧结构性改革的绿色方案，湖北省正大力推进电能替代工程，工程实施后湖北电网可实现转移高峰负荷170万千瓦，每年可减排162.57万吨碳粉尘、595.88万吨二氧化碳、17.92万吨二氧化硫和8.96万吨氮氧化物，净化空气，留住绿水青山。

湖北省生物质资源比较丰富，全省生物质资源年理论储量约5 180万吨，其中，农作物秸秆约3 680万吨（可收集利用约3 300万吨），林业三剩物约1 500万吨，生物质发电理论可开发量240万千瓦，全省理论上每年可产生约36亿立方米的沼气。湖北省太阳能资源在我国属于Ⅲ类资源区，多年平均实际日照时数为1 100～2 100小时，多年平均辐射量每平方米为3 450～4 800兆焦。"十三五"期间，湖北省利用太阳能发电从2016年的41 672万千瓦时增加到2020年的434 150万千瓦时（表2-3）。

表2-3 湖北省2016—2020年太阳能发电情况

年份	2016	2017	2018	2019	2020
产量(万千瓦时)	41 672	67 140	319 190	403 422	434 150
增长率（%）	548.1	46.3	71.9	12.7	3.9

数据来源：华经产业研究院整理。

近年来湖北省太阳能发电规模不断扩大，维持较高增长。同时，全省54.16%的发电量来自水力发电，太阳能发电量约占1.49%，还需进一步发展。"十三五"以来，湖北省能源科技装备产业总规模达1 401亿元，在油气开采装备、输变电、新能源、氢能等方面拥有一批领先企业。2016—2020年间，全省共淘汰钢铁产能569万吨，水泥产能304.5万吨，电解铝产能16.5万吨，关闭退出煤矿285处，化解煤炭产能1 935万吨。

截至2019年12月底，湖北省新能源发电累计装机1 118.69万千瓦，同比增长22.11%。其中风电装机405.28万千瓦，同比增长22.37%；光伏发电装机621.43万千瓦，同比增长21.77%；生物质发电装机91.98万千瓦，同比增长23.33%。新能源装机容量占全省发电总装机容量（7 862.06万千瓦）的14.23%，同比增加1.85个百分点。湖北省新能源发电量160.38亿千瓦时，同比增长15.97%。其中，风电73.83亿千瓦时，同比增长14.64%；光伏发电56.76亿千瓦时，同比增长16.07%；生物质发电29.79亿千瓦时，同比增长19.16%。全省风电平均利用小时1 960小时，同比减少199小时；光伏发电平均利用小时1 026小时，同比减少5小时；生物质发电平均利用小时3 464小时，同比增加92小时。到2020年底，全省通天然气乡镇约320个，使用天然气乡镇比例达到35%。

"十三五"前四年，湖北GDP年均增速7%以上，而全省能源消费总量年均增速2.8%，这说明能源利用率相当高。湖北单位地区生产总值能耗

第二章 "十三五"时期湖北绿色消费发展情况

累计降低17.2%,提前一年达到国家规划目标。从能源消费总量看,天然气消费增长幅度最大,从2015年的42.5亿立方米升至2020年的61.4亿立方米,年均增长7.6%。从能源结构看,清洁能源消费比重逐年上升。"十三五"期间,湖北非化石能源消费比重达16.4%,天然气消费比重为5.3%,新能源发电机装机1 200万千瓦,是2015年的5.4倍,全省煤炭消费占比小于54%,低于"十三五"目标控制范围。从农村能源情况看,光伏扶贫落地生效,建成5 648个总装机130万千瓦的光伏扶贫项目,不仅使农村生产生活用电可靠率达到99.8%,更充分利用了太阳能资源,助推绿色能源的快速发展[①]。

5. 低碳行为

武汉市政府在2019年推出"低碳军运"活动,对乘坐公共交通出行,参与光盘行动、自带购物袋等低碳行为的减排贡献进行量化汇总,"低碳军运"小程序与武汉城市一卡通等平台进行对接,读取用户的低碳行为、计算碳减排量,将绿色行为产生的二氧化碳减排量捐赠给军运会,用于抵消举办赛事产生的二氧化碳排放。居民参与骑行、新能源汽车、购买绿色家电等活动后可以获得积分,积攒规定数额积分后可以兑换礼品。"低碳军运"小程序上线共201天,总访问量达2 633 712次,授权用户达80 426人,累计产生二氧化碳减排量达170.25吨。其中,绿色消费类低碳行为完成次数达215 393次,共产生二氧化碳减排量47.21吨。据测算,赛事期间运动员乘坐大巴往返军运村及赛区产生的二氧化碳排放量约为80吨至100吨,该中和目标顺利达成,预示着武汉市民的环保意识和节约意识正在快步提升。

---

① 数据来源:湖北省发展和改革委员会官网。

6. 绿色建筑

传统建筑及建材资源消耗高，污染排放大，为应对生态环境恶化带来的挑战，湖北省倡导绿色发展、低碳生活，大力推动绿色建筑的发展。绿色建筑能够节约资源和能源、减少污染，实现人与自然和谐共生。"十三五"以来，湖北深入践行绿色发展理念，印发《湖北省城市建设绿色发展三年行动方案》（鄂政发〔2017〕67号），大力推进装配式建筑发展，实现节能环保、绿色发展。湖北省装配式建筑生产基地从无到有、发展到76家，企业发展到80余家，应用面积达到2 335万平方米，超额完成"到2020年不少于1 000万平方米"的目标，创建全国示范城市3个、示范基地13个。

"十三五"期间，湖北省累计新增建筑节能能力420.66万吨标准煤，新增节能建筑面积3.17亿平方米，全省获得绿色建筑评价标识项目建筑面积6 273.26万平方米，累计完成既有建筑节能改造1 493.58万平方米，均超额完成"十三五"目标任务。县以上中心城区新建建筑严格执行国家新修订的《绿色建筑评价标准》，其施工图审查执行率达到80%以上。2020年当年新建装配式建筑项目面积1 400余万平方米；新增节能建筑面积7 800多万平方米，评审通过132个总计1 800多万平方米绿色建筑项目、37家绿建评价标识企业，均超额完成全年既定任务[1]。

7. 绿色有机食品

绿色食品是遵循可持续发展原则，在生产、加工、销售过程中都符合专门机构认证要求，无污染、安全、绿色、优质的食品。随着居民收入水平以及对健康环保的要求提高，绿色食品的需求量也不断增加，绿色食品

---

[1] 数据来源：湖北省发展和改革委员会官网。

第二章 "十三五"时期湖北绿色消费发展情况

的生产单位和品种数量不断增加。

表2-4反映出湖北省有效用标绿色食品单位与产品数逐年稳步增加，绿色产品标准生产基地与面积基本保持稳定，但随着技术进步，标准生产基地产量有一定的提升，绿色食品生产资料获证企业基本保持稳定，产品个数总体上有所增加。说明湖北省绿色有机食品发展态势良好，绿色食品认证领域进一步扩宽，绿色标准体系也进一步完善，绿色食品标准水平有效提高。

表2-4 2016—2020年湖北绿色有机食品的生产基地与生产企业

年份	有效用标绿色食品单位与产品		绿色产品标准生产基地数与面积		绿色食品生产资料获证企业与产品数	
	单位数（家）	产品数（个）	基地数（个）	面积（万亩）	企业数（家）	产品数（个）
2016	536	1 591	22	290.9	3	4
2017	569	1 601	21	288.1	4	5
2018	628	1 706	21	288.1	2	3
2019	693	1 786	23	303.3	3	9
2020	777	1 937	23	303.3	5	15

数据来源：中国绿色食品发展中心官网（2016—2020年绿色食品统计年报数据）。

表2-5和表2-6显示，湖北省有机食品、无公害食品也呈现出较好的发展态势。有机食品是指来自有机农业生产体系，根据有机农业生产要求和相应的标准生产加工的，并且通过有机食品认证机构认证的农副产品。无公害食品，是指产地环境、生产过程、产品质量符合国家有关标准和规范的要求，无污染、无毒害、安全优质的食品。"十三五"时期，湖北省有机食品生产单位从2016年66家增加到了2020年的80家。无公害农产品获证单位数从2016年的1 023家增加到2019年的1 323家，产品数也相应增加了162个，总销售额从2016年的323.59万元，大幅提高到2019年的4 216.97万元。总体来看，近几年湖北省绿色有机食品产业规模有所增加，但发展进程还较为缓慢，还需对生产、加工、流通等过程做出调整，进一

步加强绿色食品产业的发展。

表 2-5　湖北省有机食品发展情况

年份	2016	2017	2018	2019	2020
单位数（家）	66	67	67	69	80
产品数（个）	203	204	225	226	203
认证面积（万亩）	131.38	20.92	69.84	60.09	36.87

表 2-6　湖北省有效用标无公害农产品情况

年份	2016	2017	2018	2019
获证单位数（家）	1 023	1 122	1 267	1 323
产品数（个）	2 368	2 256	2 505	2 530
总面积（万公顷）	87.54	60.25	47.10	35.41
总产量（万吨）	533.25	484.89	382.92	359.54
总销售额（万元）	323.59	4 292.31	4 225.01	4 216.97

数据来源：中国绿色食品发展中心官网（2016—2020 年有机食品、无公害农产品统计年报数据）。

（三）绿色消费横向比较分析

2021 年 7 月 22 日，《中共中央国务院关于新时代推动中部地区高质量发展的意见》公布，作为中部六省之一，湖北在中部地区高质量发展格局中定位为：加快"建成支点、走在前列、谱写新篇"，打造全国重要增长极，建设美丽湖北、实现绿色崛起，其中，绿色崛起将成为湖北高质量发展的重要底色。作为绿色发展的重点领域，绿色消费的推进具有重大意义，在此将湖北省绿色消费现状与中部六省及沿海省份对比，可为"十四五"期间推动绿色消费，建设美丽湖北提供有益的参考。

1. 节能环保财政支出

湖北省把生态环保作为重要发展领域，而节能环保财政支出是政府改善环境质量、推动绿色消费的重要手段，除 2020 年受疫情影响外，投入每年都在增加。图 2-3 和图 2-4 展示了中部六省及沿海地区相应对比。在

第二章 "十三五"时期湖北绿色消费发展情况

中部六省中，湖北省节能环保财政支出处于相对较高水平，与沿海地区相比，低于广东、河北、江苏、山东等省。"十三五"期间，湖北省已与上海、浙江接近，可见湖北对改善生态质量问题越来越重视。从横向对比来看，湖北省节能环保支出的规模仍需扩大，连续性及稳定性也需加强，投入结构有待继续优化，可加大绿色技术改造、能源节约利用等领域的投入比例，有助于推动绿色消费。

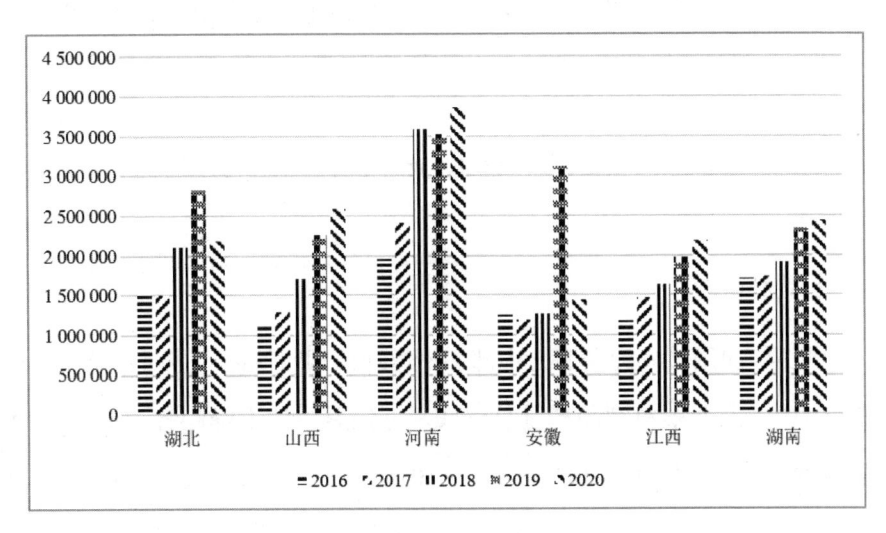

图 2-3 中部六省节能环保财政支出（单位：万元）

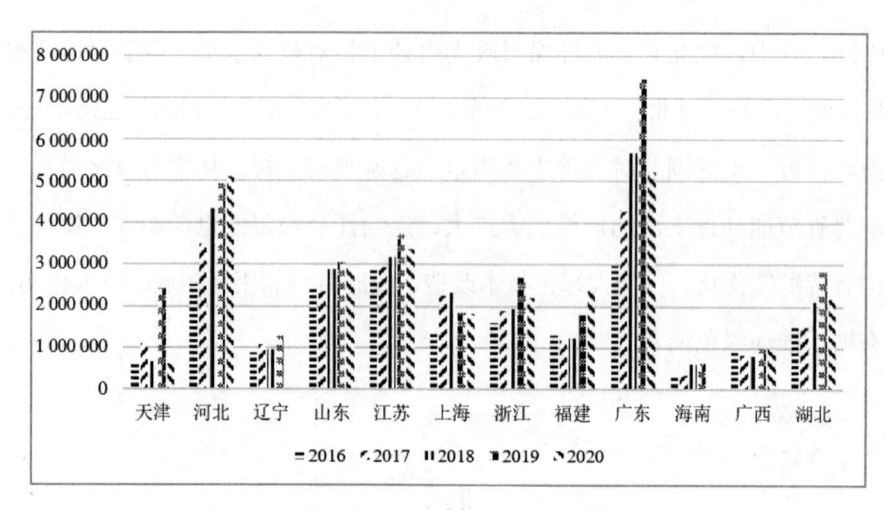

图 2-4 沿海省份节能环保财政支出（单位：万元）

数据来源：公开资料整理。

2. 塑料制品

图 2-5 和图 2-6 为湖北与中部和沿海地区塑料制品产量对比分布。中部六省中，湖北塑料制品产量总体较高，但呈总体下降趋势，从 2016 年的 594.68 万吨减少到了 2020 年的 431.01 万吨。从塑料产量总体来看，湖北与沿海地区相比属于中等水平，这与各省产业侧重有关。总体而言，湖北省塑料产量在逐年下降但总量仍然较高，存在较大的下降空间，侧面反映出民众的绿色消费意识需进一步加强。

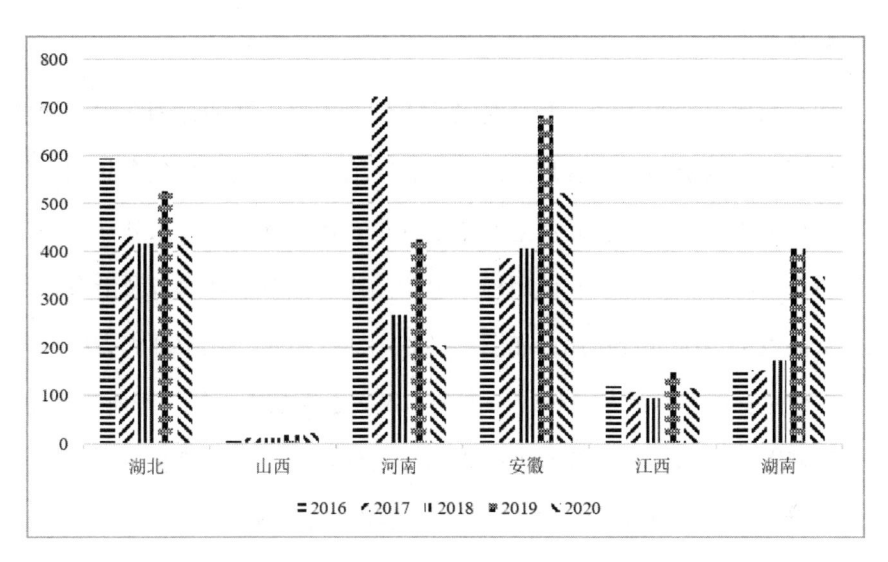

图 2-5 中部六省塑料产量（单位：万吨）

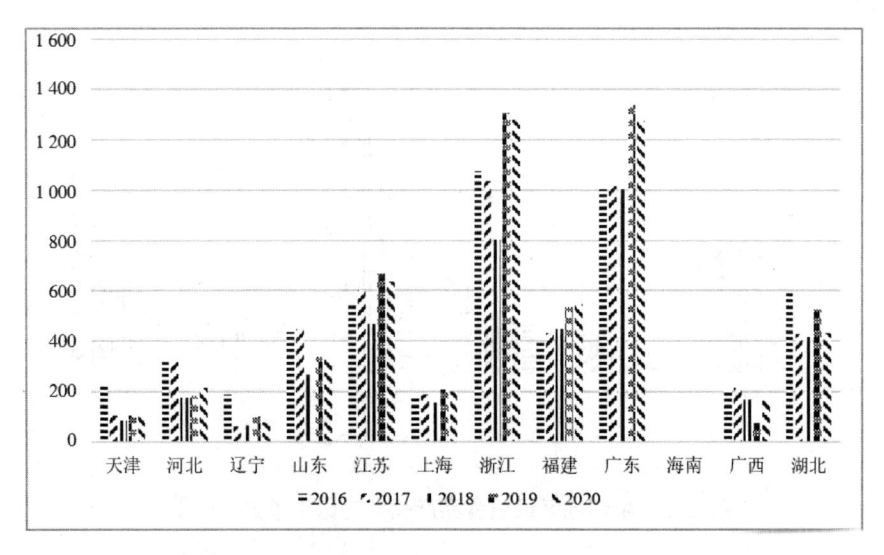

图 2-6 沿海地区塑料产量对比（单位：万吨）

注：海南省塑料产量非常低，从 2016 年的 2.09 万吨到 2020 年的 2.19 万吨，保持了较低的增长率，且在总量上相比其他地区低很多，所以在直方图中几乎没有显示。

数据来源：根据前瞻产业研究院数据整理。

3. 绿色食品

随着居民消费需求的不断升级以及人们对美好生活的强烈向往，加上人民生活水平的提高和消费理念的转变，无污染、安全的绿色食品越来越受到人们的青睐，绿色食品从生产技术到包装运输都符合一系列标准并带有绿色食品标志，在此以有效用标绿色食品产品数对中部六省及沿海地区绿色食品发展情况进行对比，如图2-7和图2-8所示。在中部六省中，湖北省有效用标绿色食品数总体位于前列，仅次于安徽省，与沿海地区相较，除低于江苏、山东外，整体水平高于沿海其他省份，发展势头良好，但增速有待提升，标准规范、生产运输等相关建设仍需加强。

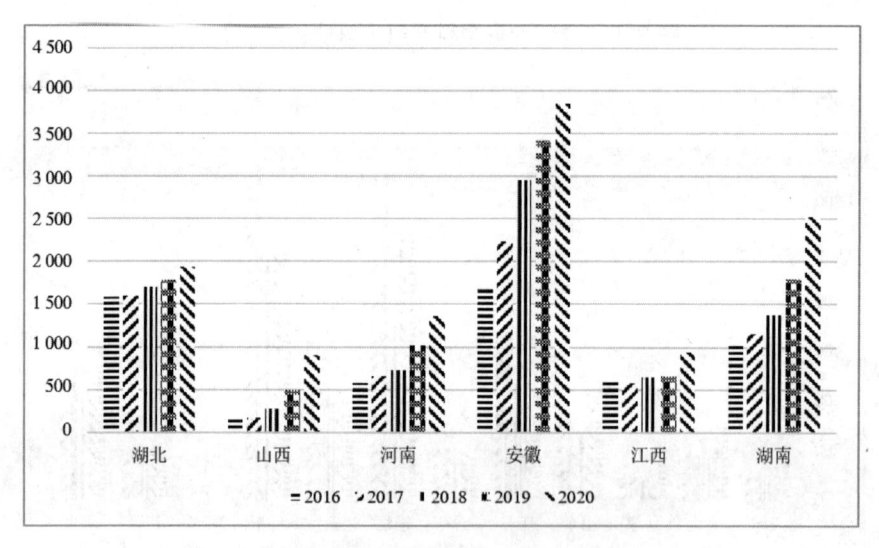

图2-7 中部地区绿色食品产品数对比（单位：个）

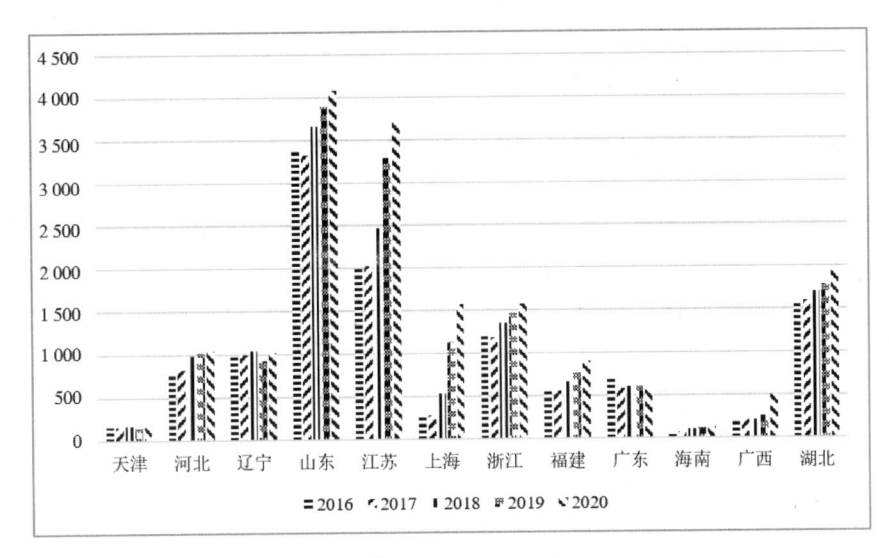

图 2-8 沿海地区绿色食品产品数对比（单位：个）

数据来源：中国绿色食品发展中心官网（2016—2020年绿色食品统计年报数据）。

4. 新能源汽车

汽车已成为居民生活的重要组成部分，近年来需求持续高涨，在资源与环境的压力下，发展节能与新能源汽车已成为政府工作的重大任务。"十三五"期间，新能源汽车产销量占汽车总产销量比例逐渐增加，由2015年的1.84%逐步增加到2020年的约5.4%。

图 2-9 统计了2016—2020年我国新能源汽车产量及销量变化。汽车产业是中部地区产业支柱之一，2020年中部六省汽车产量493.66万辆，占全国汽车产量的比重为19.5%。其中，湖北汽车产量最高达209.4万辆，安徽紧随其后，汽车产量116.1万辆，湖南、河南汽车产量超50万辆，分别为63.5万辆、54.66万辆。江西汽车产量45.1万辆，山西汽车产量4.9万辆。

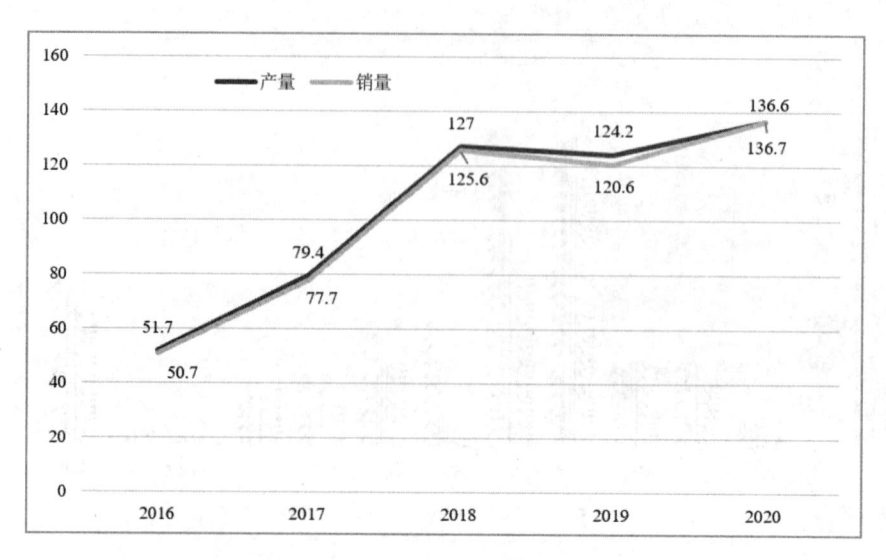

图 2-9　全国新能源汽车产销量（单位：万辆）

数据来源：根据中商产业研究院数据整理。

图 2-10 显示，2020 年湖北省新能源汽车产量为 3.2 万辆，相对处于较低水平，远低于安徽省的 10.5 万辆。与之相对应，2020 年湖北省汽车产量达 209.4 万辆，是安徽的 1.8 倍。实际上，湖北新能源汽车企业共 16 家，居全国第四，安徽为 10 家，全国第十，2020 年各省市新能源汽车产能排名中，陕西排名第一、安徽第二，其次为河北、广东、山东、湖北。可见，湖北省培育新能源汽车产业仍需加大力度，释放产能，要提升产业技术能力，构建新兴产业生态，完善基础设施体系，优化产业发展环境，推动新能源汽车产业高质量发展。

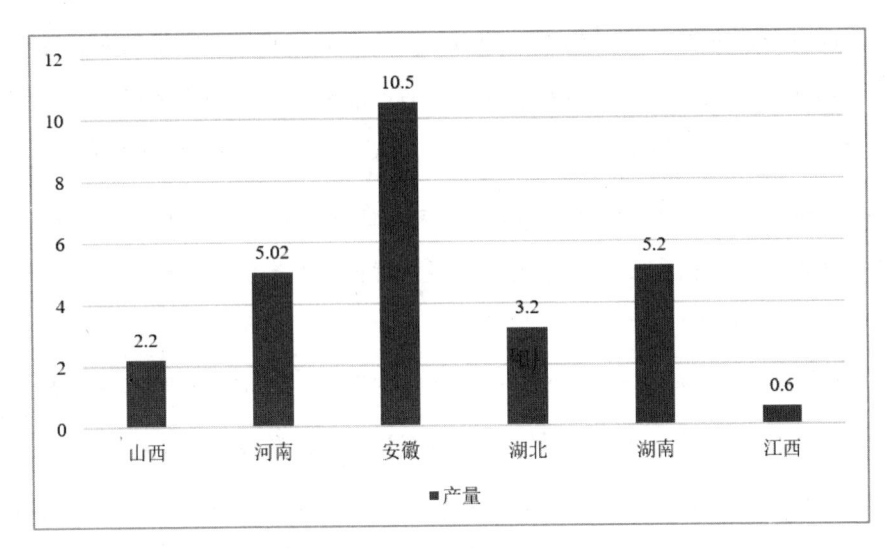

图 2-10　2020 年中部地区新能源汽车产量（单位：万辆）

数据来源：根据中商产业研究院数据整理。

（四）绿色消费面临的困境

湖北省绿色消费的推进已经取得了一定的成效，但目前相关产业的发展还并不完善，全省绿色产品和服务面临的供需匹配问题不容忽视，绿色消费意识的提升、相关政策法规的完善等方面还需要进一步加强。

1. 绿色消费品供给约束

绿色生产相关技术水平不足。湖北省企业的绿色技术创新基础目前还较为薄弱，专业人才缺乏，绿色工艺应用较少，绿色产品科研与生产结合不紧密，绿色技术转移转化市场交易体系不健全，小规模环保企业无力自行进行研发，多数企业缺乏应用性强、绿色化水平高的技术。以绿色有机食品为例，从全国范围来看，湖北省有机食品生产企业的数量较多，但总体上规模不大，企业技术还不够成熟，主要集中于产品的简单加工，对有机食品的精加工和深加工还比较欠缺，产业的发展潜力还有待发掘。

企业缺乏对绿色产品投入的动力。绿色产品的研发通常难度大、成本高。绿色产品的消费范围相对于其他一般产品要窄，为拓宽市场，企业的宣传投入更大，无疑增加了相应产品的成本。当前，由于各方面的限制，湖北省绿色产品的需求以及消费还不稳定，企业无法确定当期投入回报率，因此不愿将资金投入获利不稳定，只能等待长期回报的绿色产品的开发与生产中。

绿色产品市场发展不完善。目前湖北省绿色产品市场发展还不完善，绿色食品生产经营分散，缺乏统一的协调和组织，还没有建立起绿色产品的销售体系，如绿色产品专营商店等，绿色产品在销售过程中没有单独划分，多是与一般商品一同归类，对消费者选购绿色产品带来了一定的障碍。同时，绿色产品的流通渠道还不够通畅，导致相应的运输、保鲜等程序加长，绿色产品价格抬高，抑制消费者的绿色产品购买。

2. 绿色消费市场还不规范

绿色消费市场需要政策法规标准来规范。目前，湖北省绿色消费相关政策比较分散，缺乏协调，还没有系统完整的专门法规，相关质量标准体系还不健全，影响消费者对绿色产品的识别和购买，阻碍绿色消费的发展。其一，标准不统一。绿色产品必须是环境标志产品认证委员会审查合格的产品，这是消费者判断某种产品是否属于绿色产品的依据，但现有的绿色产品标准并不完全一样，除绿色食品和中国环境标志认证产品两类绿色产品之外，还有诸如无公害农产品、安全食品、中国环保产品、森林认证产品等多种绿色产品标识，极易误导消费者，降低绿色产品接受度。其二，宣传不到位。当前对"绿色食品"标志等绿色标志宣传不力，消费者对相关标志和各类标准的识别度不高，无法对绿色产品做出准确判断，影响其

第二章 "十三五"时期湖北绿色消费发展情况

购买。其三,绿色标志覆盖不广。目前还只有部分绿色产品适用绿色标志制度,其他产品没有这样的识别方式,一些产品实际上属于绿色产品但没有绿色标志,难以进入绿色市场,导致绿色产品的种类、数量难以满足消费者需求。以上这些问题都会影响消费者购买绿色产品的信心,进而挫伤相关企业的积极性,抑制企业的生产供给,严重限制绿色消费市场的扩大。

3. 居民绿色消费意识较薄弱

近年来,湖北省推出了一系列促进绿色环保、建立循环经济的政策措施,推动了全省经济的可持续发展,也使得居民的环境保护、绿色消费意识有所加强,越来越能够认识到生态的重要性,在生活中全面推广绿色消费行为,如购买节能灯、节能冰箱,装修时选择绿色产品等。但仍有部分居民认为环境保护是群体与政府的事情。对武汉居民的环保相关调查发现,七成以上的被试者将政府视为环保主体第一位,远超其他主体,其后的环保主体重要性排序为企业、居民个人、公益团体,居民对环境保护缺乏一定的主体意识。其他日常环保行为如拒绝一次性用品、垃圾分类等参与频率还不够高。目前,全省受教育水平较高的青年群体绿色消费行为的比例较高,愿意支付较高一些的价格购买绿色产品。但省内部分经济相对不发达的地区中,居民的受教育水平还不够高,对绿色消费理论的传播与应用接受度有限,制约了绿色市场的扩大。

4. 绿色产品的价格约束

绿色产品较高的价格影响消费者购买。绿色产品的"绿色"对生产技术水平、原材料的选取、产品的设计与包装、运输过程、使用过程以及用后的回收处理等方面都有一定的要求,必须考虑生产、流通、消费的过程是环境友好,安全无公害的。这些不同于一般产品的要求将会增加绿色产品的成本,导致绿色产品比同类一般产品的价格更高。而湖北省居民收入水平还不能完全支撑绿色消费需求。2019 年湖北省人均可支配收入为 28 319.5 元,低于全国人均可支配收入 30 732.8 元,其中湖北省城镇居民人均可支配收入为 37 601.4 元,农村居民人均可支配收入为 16 390.9 元,收入水平还有待提高。

三、湖北绿色消费发展的新趋势

绿色消费倡导居民消费过程绿色化、生态化、减少资源损耗与环境污染,在消费方面践行绿色发展理念。"十三五"期间,湖北省绿色发展向着"绿色+共享经济"发展转变。共享经济遵循绿色消费理念,本身就是绿色消费行为的一部分,扩大共享经济将十分有助于推进绿色消费。共享经济是一种新的经济模式,借助互联网平台,以信息技术为基础,能够将各类分散的、闲置的资源进行整合,对标相应的需求,使供求双方能够快速匹配,从而孕育出新的绿色消费模式。绿色+共享的消费模式不仅为居民生活带来了极大的便利,而且还能充分利用既定资源,防止浪费,形成一种更有利于节约资源和保护环境的可持续商业模式,形成了新时代湖北绿色消费发展的新方向。

(一)共享经济下绿色消费发展的现状

近年来,共享经济在全世界范围内取得了巨大的发展,涉及各个行业、各个领域并不断扩展,如交通出行、共享住宿、共享办公、生活服务等。其中,共享交通是我国共享经济的领先领域,2010 年滴滴打车、快的打车成立,在此后的几年里获得长足发展,此间,摩拜、哈啰等共享单车企业的出现为共享交通注入了新的血液,共享单车丰富了人们绿色出行的方式,为短途出游带来了极大的便利。在共享交通的引领下，共享经济融入居民生活的方方面面，形成一种新的绿色消费模式。表2-7反映了我国2017年以来共享经济发展状况。

表2-7 我国共享经济发展情况（单位：亿元）

领域	2017（亿元）	2018（亿元）	2019（亿元）	2020（亿元）	2019年增速（％）	2020年增速（％）
交通出行	2 010	2 478	2 700	2 276	9	−15.7
共享住宿	120	165	225	158	36.4	−29.8
知识技能	1 382	2 353	3 063	4 010	30.2	30.9
生活服务	12 924	15 894	17 300	16 175	8.8	−6.5
共享医疗	56	88	108	138	22.7	27.8
共享办公	110	206	227	168	10.2	−26.0
生产服务	4 170	8 236	9 205	10 848	11.8	17.8
总计	20 772	29 420	32 828	33 773	11.6	2.9

数据来源：中国共享经济发展报告（2020）。

图2-11显示，共享经济中，生活服务、生产能力、知识技能三个领域的交易规模处于前三位，生活服务占比达47.89%，生产能力占比32.12%，远超其他领域交易。2019年共享住宿、知识技能、共享医疗三个领域交易增速较快，分别为36.4%，30.2%，22.7%，其他领域增速比较平稳，基本保持在10%左右。受疫情冲击，2020年，交通出行、住宿等与线下活动相关的共享领域交易规模下滑，而线上医疗、知识技能分别增长27.8%和30.9%。在武汉市场，共享经济下的绿色消费以共享办公、共享汽车、共享单车为主。

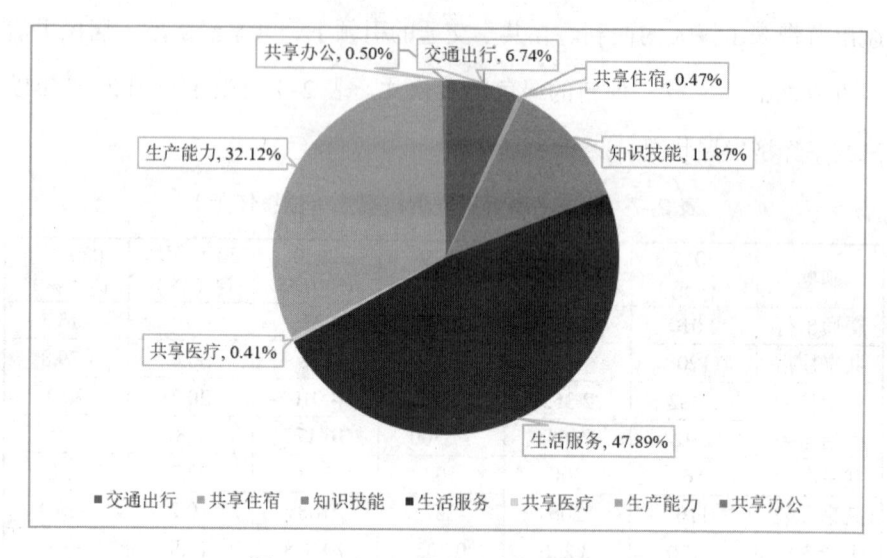

图 2-11　2020 年共享经济市场结构

（二）"绿色+共享"已成为湖北消费发展新趋势

湖北地区共享办公逐渐兴起。2017年以来,"共享办公空间"逐渐兴起,国际品牌WeWork,国内品牌优客工场、氪空间、励业公社、腾讯众创空间、3WCoffice,本地的慕金文案等共享办公企业进驻武汉,仅江汉区就有上百家大大小小的共享办公社区。这些共享办公空间面积约在1 000平方米至3 000平方米不等,分别可提供150至350个工位,工位主流租金在每月600元左右。不少空间的入驻率已超过90%,进驻企业多为小规模创业企业,湖北省科技创业大厦的氪空间,面积近3 500平方米,入驻率达98%,相比其他城市,武汉的工位出租率名列前茅,在全国城市中排名第六。

共享汽车在武汉的需求较大。武汉作为我国中部的中心城市,全国重要的工业基地、科教基地和综合交通枢纽,对共享汽车的需求相对来说较大。目前在武汉较常见的共享汽车有EVCARD、GoFun出行车、绿驰出行、立刻出行、蜂鸟、神州icar等共享汽车。共享汽车将移动互联网、新能源

第二章 "十三五"时期湖北绿色消费发展情况

汽车与汽车分时租赁相结合，打破传统汽车出行模式，缓解城市发展带来的交通和环境压力，服务于城市内短途出行需求。武汉"畅的租车"用作分时租赁业务的汽车数量占企业车量的四分之一，还打造了开放式的共享汽车平台，用户的新能源汽车都能加入平台，共享赚取的收益归个人所有。如今，江城的车流中，共享汽车时常可见，已有十多家共享汽车品牌，约一万多辆车，Gofun 在武汉有 1 500 个停车位，1 000 台新能源车，停车网点主要分布于大型基础设施以及公共充电桩附近，遍布武汉主要干道。与此同时，交通事故、押金难退、车况不佳、存在安全隐患、用户体验差等问题也制约着湖北省共享汽车的发展。

共享单车成为湖北省居民一种健康、环保、低碳的出行方式。2017 年武汉市共享单车日均骑行 200 万~300 万人次，约占居民全方式出行总量的 8%~12%，年度客运总量仅次于常规公交和地铁，全年累计骑行 2.9 亿人次，累计行程 4.8 亿公里，日最高骑行总量 172 万人次。在 9·27 世界骑行日、9·22 世界无车日中，在绿色出行、低碳生活理念的倡导下，9 月也成为全年日均骑行量最高的月份。2019 年武汉共享单车全年累计骑行总里程 4.1 亿公里，日均骑行量约为 87 万人次，2020 年武汉共享单车共计 58 万辆，骑行约 36 804 万次。

目前武汉市"轨道交通+共享单车"已经成为市民流行的出行模式，轨道站点中，共享单车接驳比例达到 10% 以上，不少站点接驳比例超 20%，成为轨道交通重要的接驳方式之一。同时，"常规公交+共享单车"的模式也获得了良好发展。省内其他城市共享单车的发展状况与武汉市相比还有很大差距，日骑行量与武汉市有近 20 倍的量级落差，省内其他城市骑行总量排名前三的分别是黄冈、黄石、仙桃。此外，其他共享模式如共享健身、共享菜园、共享充电宝、共享按摩椅、共享车位、二手交易等生活领域的共享服务在湖北省也取得了良好发展，同时也面临着市场需求被过度放大，挤占公共资源、隐私泄露等问题，对此，还需要进一步完善监管，共同探索共享经济下绿色消费的可持续发展道路。

（三）共享经济助推湖北绿色消费发展

共享经济强调商品的使用价值而不是完全的占有，多人共同拥有某一项资源，能够使闲置的资源重新得到利用，减少生产投入与环境污染，具备绿色消费的特点，有利于可持续发展。

首先，共享经济可以减少资源损耗。共享经济通过多人共同使用资源，延长了产品的使用时间，扩大了产品的使用范围，增加了产品的使用次数，实现了产品的重复利用，充分发挥了资源的价值。如果没有共享行为，有需求的消费者将会各自单独购买所需产品，个人使用一段时间或者一定次数后就闲置或废弃了，增加的购买行为将会消耗几倍的资源，无疑带来了资源浪费。据世邦魏理仕报告显示，2017年上半年武汉优质写字楼新增15.8万平方米，总存量面积达328万平方米，但空置率首次突破30%预警线，达到32.8%。武昌、汉口多家写字楼空置率超过50%。以10人规模公司来算，整租80平方米左右写字楼的租金、装修、物业等各项成本，每个月大概在8 300至8 500元，而在共享办公空间租用工位则只需要6 000元左右。随着共享经济模式的延伸，传统写字楼从原来的整层出租、整体转让向共享办公空间转变，企业入驻、撤离都相对自由，并且能够有效降低写字楼空置率，同时减少空置写字楼建筑、装修带来的资源浪费，能在一定程度上解决过度投资、低水平重复建设等问题。

其次，共享经济能减少污染物排放。研究指出，每一辆共享出来的小轿车可以减少9~13辆道路上行驶的车，拼车服务能够减少55%的道路拥堵以及40%的出租车数量。《2017年共享单车与城市发展白皮书》显示，共享单车的投放能够使城市小汽车出行量减少55%。共享出行方式减少了私家车的购买数量，进而减少生产过程的资源损耗以及生产造成的污染、行驶过程所带来的污染物排放以及私家车停放占用的土地。《2017武汉共享单车碳减排报告》显示，"轨道交通＋共享单车"的出行组合方式已成为武汉市民日常选择，工作日早晚高峰租车人数多达10万余次，轨道交通站点自行车接驳比例超过10%，通过骑行直接替代和间接拉动地铁出行，半年共享单车碳减排3 000多吨。2018年摩拜单车发布的《全球城市骑行减碳榜》显示，在国内城市年人均减少碳排放量排名方面，武汉紧随天津之后位居第二，年人均减少碳排放量10.51公斤。

四、促进湖北居民绿色消费发展重点与对策

湖北省绿色消费目前已取得积极成效，在"十四五"时期还要加大绿色消费推广力度。根据《关于促进绿色消费的指导意见》（发改环资〔2016〕353号）、《2020年促进消费工作重点任务》（发改办就业〔2020〕475号）的通知，湖北省应着重采取以下措施，进一步确定未来绿色消费的发展重点。

（一）加强绿色消费宣传教育

当前湖北省绿色文明理念已经获得了较为广泛的传播，但要推动全民践行绿色生活、绿色消费，还需要在宣传教育方面加大力度，积极引导居民节约资源、适度消费，提高人们的生态文明意识。

1. 增强全民绿色消费意识

倡导绿色生活，树立绿色消费理念。建设生态文明，推动绿色消费，从根本上还是要靠绿色意识的提升，要引导全民尊重自然，敬畏自然，认识到与自然和谐共生、共同发展的必要性，坚持绿色发展理念，倡导适度消费，节约资源，推广绿色生产方式，倡导绿色生活方式，树立绿色消费理念，全面提升公民的生态意识。

"十四五"时期，湖北省将加快构建以产业生态化和生态产业化为主体的生态经济体系，全面提高资源利用效率，加快形成简约适度、绿色低碳的生活方式。加快推动武汉绿色发展示范、三峡地区绿色发展，支持鄂州等地开展生态产品价值实现机制试点。建设低碳超市，实施"碳揭露和碳积分计划"，建立居民减碳减排的信誉体系与低碳生活引导机制，探索低碳商业模式；出台更多鼓励公众参与应对气候变化的激励机制，拓展公众参与渠道，创新参与形式；鼓励居民把消费环保化，积极引导居民践行绿色消费，鼓励使用节能节水节材产品和可再生产品；全面普及家庭照明节能灯，支持家庭光伏发电项目建设；制定家庭绿色装修规范和标准，指导公众选用绿色环保材料，形成健康文明、节约资源的生产和生活方式。

2. 开展全面的绿色教育宣传

进行全方位的绿色教育宣传。一是把生态文明教育融入国民教育体系，开展形式多样的生态文明教育活动，把绿色发展、生态环境保护列为学校教育的重要内容。二是开展行政机关和企业的生态文明教育。通过举办专题培训班、研讨会等方式进行生态文明理论宣讲、培训，培养企业员工的生态文明意识，强化企业的社会责任意识。三是加快建设生态文明宣传教育示范基地。大力开展绿色学校、绿色医院、绿色商场、绿色酒店、绿色社区和绿色家庭等绿色创建活动。举办绿色消费品博览会，突出绿色消费品特色，通过对绿色住建、绿色金融、绿色交通、绿色通信的展示，推广绿色发展方式和生活方式。四是开展形式多样的宣传教育活动。举办节能宣传周、科普活动周、生态文明巡展等宣传教育活动，开展如"荆楚添绿""我家住在长江边""无车日""每周少开一天车"等全民生态环保教育活动，推行世界环境日、地球日、湿地日、水日等主题活动。组织、鼓励社会组织、志愿者和广大群众积极参与绿色发展的公益活动。

创新宣传方式，提升宣传效果。除电视台、报纸、电台等传统媒体之外，湖北省还将加强数字报纸、数字电视、公众号、短视频等新媒体在生态文明宣传方面的使用，利用博客、微博、微信、抖音等新兴媒介，推出短视频、H5、动漫、长图等新媒体作品，深入开展绿色低碳消费宣传，普及绿色低碳消费知识，针对不同的消费群体有区别地采用通俗易懂的方式进行绿色低碳消费专题宣讲。开设绿色消费直播区以直播表演结合场景代入，呈现不一样的消费体验。制作印发《生态文明建设公民行为手册》，规范引导公众行为，多层次、多领域强化生态文明建设，夯实生态文明建设基础。广泛开展宣讲解读、采访报道、咨询服务等专题宣传贯彻活动。

（二）扩大绿色产品有效供给

1. 提高绿色生产与开发技术水平

加强创新体系建设，提高绿色产品供给水平。技术水平的限制在很大程度上制约了绿色消费的发展，未来湖北省将进一步完善绿色技术创新计划，引进创新型人才，加大技术升级的步伐。按照"湖北长江经济带绿色发展十大战略性举措"的部署，围绕绿色低碳产业创新能力发展需求，为了吸引低碳技术需求及其催生的低碳产业，增强湖北省低碳技术研发水平和转化能力，提升绿色低碳产业的内生动力和竞争力，将在武汉长江新城打造长江国际低碳产业园区。园区建成5年后，计划将吸引5个国际一流的低碳技术研发中心落户，吸引20个国家级及省级实验室入驻，储备绿色低碳技术达300余项，以点带面孵化和培育1000个低碳产业项目落户武汉，以科技创新推动长江经济带绿色发展。

同时还将搭建完善科技创新平台，以国家、省级重点实验室为主体，支持开展生态基础技术研究。以企业组建的国家、省级工程技术研究中心等创新平台为主体，加大对生态型应用技术的研发支持力度，培育具有自主知识产权的原创性技术。大力培育新能源新材料、节能环保等战略性新兴产业，培育绿色产业体系，推动新能源、新能源汽车、绿色化工等产业跨越式发展，形成新的支柱。深入实施科技人员服务企业专项行动，畅通企业技术需求与科技人才对接渠道，完善中小企业绿色创新支持制度与技术转移体系，促进科技成果转化，提升中小企业绿色化水平。充分利用湖北省"科技创新20条""加快推进科技创新22条"等科技创新支持政策，培育壮大绿色技术创新企业。

培育新能源汽车产业，要提高供给质量，围绕降低成本、提高安全等核心问题持续进行关键材料、单体电池、电池管理系统等技术攻关。加速向高端化、电动化、智能化转型，充分发挥整车企业带动作用，完善零部件协同研发制造体系，提升新能源汽车比重和零部件本地配套比例，建立健全智能汽车创新发展体系，推进新能源与智能网联汽车产业基地建设，形成以"汉孝随襄十"汽车走廊为核心，宜昌、荆门、黄冈等地协同发展，具有国际影响力的万亿级汽车产业集群。

2. 完善绿色产品流通、销售体系

健全绿色产品流通体系。湖北省将着力打通绿色产品流通堵点，降低

第二章 "十三五"时期湖北绿色消费发展情况

产品运输、存储以及包装过程所带来的成本,设立专门的绿色产品销售平台,如设立绿色商店、绿色超市等。建设低碳超市,实施"碳揭露和碳积分计划",建立居民减碳减排的信誉体系与低碳生活引导机制,探索低碳商业模式;借助新技术完善绿色销售体系,通过大数据、物联网等新兴技术推动消费绿色化。鼓励企业通过短视频、公众号等新媒体进行宣传,拓宽绿色消费需求;利用互联网和大数据深入了解市场动态以及消费需求,有针对性地进行开发以及产品推荐;加强产品生产、物流、售后等信息的数字化建设,为消费者提供全面而细致的服务。

(三)完善相关政策法规

1. 加强政策立法

推动政策条例制定落实。湖北省将顺应绿色发展的要求,抓紧制定和完善关于生态文明建设、环境保护、清洁生产与循环经济、鼓励绿色消费等方面的地方性法规、条例,增强相关政策法规的针对性和有效性。首先,要构建系统、全面的生态保护与绿色消费制度体系,出台绿色产品管理条例,为规范绿色产品市场秩序提供法律依据;其次,建立有效的激励机制和惩罚机制,加大对绿色生产和绿色消费的补贴支持以及税收优惠,对违法企业严厉处罚,对于涉及假冒绿色产品、虚假宣传的企业加大处罚力度;最后,完善涉及绿色消费全过程的公众监督体系,让民众参与到绿色消费制度的监督过程,以有效防范和杜绝影响绿色消费的行为。

2. 完善绿色产品标准体系

大力推进绿色标准体系建设。目前,湖北省在绿色产品及服务的认证方面存在明显不足,绿色产品认证体系尚未形成。未来将建立绿色产品标准体系，加强绿色产品的标识管理，严格绿色产品标准、认证、标识制度，实行绿色准入制度，持续开展ISO14000环境管理体系、环境标志产品和其他绿色认证；加强对绿色产品的监管力度，对产品质量不合格的企业撤去绿色标识或限期整改，加大对"伪绿色"产品的打击力度，规范绿色市场秩序；在现有绿色产品认证法规的基础上，参考国外绿色标准体系，加强同权威机构之间的合作，推进绿色产品的认证体系与国际接轨，同时将企业、消费者和社会团体等各方的意见与建议纳入考虑，使绿色标志得到更广泛的社会认同、更具权威性。

（四）推行绿色产品政府采购

持续推进政府绿色采购，推动社会绿色消费。湖北省将持续完善绿色采购清单制度，加快制定绿色采购标准，完善绿色采购监督机制与绿色公共机构评价，按照财务部和生态环境部联合发布的《关于调整公布第二十一期环境标志产品政府采购清单的通知》（财库〔2018〕19号）以及《关于环境标志产品政府采购实施的意见》，采购具有"中国环境标志"的产品，全面实行绿色消费。对于列入政府采购节能产品、环境标志产品清单的，可在采购时提出更高的节约资源和保护环境要求。对于未列入品目清单的，综合考虑节水节能、环保低碳、循环再生等因素，参考相关国家标准及行业标准，在采购需求中提出相关绿色采购要求。举办绿色采购讲习会等活动，增加政府采购相关人员对绿色政府采购办法等相关法令的了解。

（五）综合利用资源

加强资源综合开发与合理利用。"十四五"时期，要提高资源综合利

第二章 "十三五"时期湖北绿色消费发展情况

用效率,需要全面推进垃圾分类。首先,强化宣传工作,大力开展垃圾分类知识普及和公益宣传,不断提升居民垃圾分类意识,形成全社会共同参与垃圾分类的氛围。其次,将实现垃圾分类管理主体全覆盖,分类别全覆盖,分类投放、分类收集、分类运输、分类处理全覆盖。最后,积极引导居民以及企业对可回收物进行专门处置,开展积分兑奖活动,鼓励民众在消费过程结束后对产品绿色处理。

湖北省将健全相关标准法规,严格落实国家发展改革委等10部门关于印发《推动重点消费品更新升级畅通资源循环利用实施方案(2019—2020年)》(发改产业〔2019〕967号)的通知,制定废弃物回收处理、存放转运等行业标准,构建绿色产业生态,促进再生资源回收利用,产业健康规范发展。鼓励再生资源利用,提升资源综合利用能力。鼓励和扶持企业积极开展资源综合利用,引导企业回收经济效益低、社会效益高的可回收物,对低价值可回收物的回收利用实施补贴政策,健全可回收物资源化扶持政策,促进再生产品利用。充分利用互联网、大数据等新兴技术,建立线上线下相融合的智能高效的回收网络。完善回收和处理各环节物流体系建设,降低废弃物资源化利用的收运和存储成本。

(六)大力推进共享经济

1. 培育共享消费文化

倡导共享消费理念,激发共享消费活力。消费文化能够影响社会群体的消费决策,要推动共享经济蓬勃发展,首先需要引导消费者形成共享消费理念,树立共享消费价值观,让广大消费者认识到共享消费的重要性与积极意义。其次,要开展共享消费宣传教育,在学校、公共机构、企业、学校等地开展共享消费主题讲座;创新宣传方式,制作雅俗共赏、引人入胜的短视频、宣传语，通过互联网、报纸、电视、广播等多媒体进行广泛的宣传，并开展共享消费体验，在全社会营造共享消费氛围。

2. 完善监管与诚信建设

强化共享领域监管与防范，健全信用体系建设。要促进湖北省共享经济健康有序发展，面对共享产业带来的人身安全、隐私保护、产品维护等问题，必须完善政府监管并建立共享消费信用系统。第一，共享模式的有效运行，要求制定全方位的法律规范，完善具有公共服务属性的共享产品相关标准，优化布局，规范行业发展。对于共享经济涉及的法律问题及其处罚，要随着共享经济的不同发展阶段做出不同的法律解释，并适当听取社会各界的建议，对现有法律不断进行完善以适应全新的消费模式。第二，要建立社会信用体系，健全个人信用法规，加大对失信行为的惩处力度。通过交易情况、诚信统计等大数据以及买卖双方评价等形成平台征信记录，对不文明行为、涉嫌违规行为加以规制，建立交易双方的信任机制。在实施过程中一定要注意保护隐私，加强共享平台信息安全建设，强化数据安全保障能力，加大反病毒技术以及加密技术的研发，保护公民个人信息。

3. 提高共享水平，扩大共享领域

促进共享产业提质扩容。共享经济涉及资源多次利用，使用过程中难免带来损耗，为提升消费者体验感，平台应加大对共享产品的维护力度，通过多种举措提高共享产品的质量。同时，要积极引导企业创新，充分利用互联网、大数据等新兴技术，提高智能化水平，为供需双方提供最合理的匹配，最大化资源利用效率。鼓励共享出行、外卖团购、共享住宿、共享医疗等领域产品升级和商业模式创新，推动形成高质量的生活服务供给体系。

第二章 "十三五"时期湖北绿色消费发展情况

支持共享消费产业扩大产品及服务范围,尝试更多领域的共享,充分挖掘闲置资源应用潜力,尽可能满足消费者的共享需求。如探索生产资料共享新模式,完善"所有权与使用权分离"的生产资料管理新制度,畅通共享经济合作机制,促进生产工具、机械设备、车间厂房等闲置生产资料共享,提高资源利用效率。对于新领域的共享探索,可在研发基本成熟后开展试点,针对试点过程中出现的问题不断进行完善,之后再利用各种工具进行全面推广。

第三章 "十三五"时期湖北信息消费发展情况

"信息消费"是指以信息产品、信息服务和信息技术的新型业态为内容和模式的消费活动,既包括纯信息产品和服务的消费,也包括与信息技术高度融合的工农商产品和服务的消费。信息消费作为新兴的消费领域,已成为创新最活跃、增长最迅速、辐射范围最广的经济领域之一,对促进国内经济循环、经济增长和引领产业升级发挥着重要作用。目前,我国信息基础设施加快演进升级,移动互联网、云计算、大数据和人工智能等技术加速发展,互联网与经济社会各领域深度融合。2017年国务院印发了《国务院关于进一步扩大和升级信息消费持续释放内需潜力的指导意见》(国发〔2017〕40号),"将云计算、人工智能新技术与消费的各个领域相结合,培育出诸多信息消费的新产品和新业态,加速我国数字化智能化进程"。湖北省人民政府在2018年印发了《湖北省进一步扩大和升级信息消费持续释放内需潜力实施方案》(鄂政办发〔2018〕5号),认真贯彻落实相关精神,提升湖北省信息消费有效供给能力,培育经济增长新动能。

第三章 "十三五"时期湖北信息消费发展情况

一、湖北信息消费发展现状

（一）信息消费的发展概况

信息消费规模持续增长，消费模式步入3.0发展新阶段。"十三五"期间，我国信息消费规模持续增长，我国政府高度重视信息消费发展。近年来，随着推进信息消费发展的相关政策和措施的持续落地，我国信息消费呈现质量升级与范围扩大并重的增长趋势，逐渐渗透经济社会各个领域，为经济高质量发展注入全新活力。随着网络技术的不断进步，互联新业态、新模式、新产品不断涌现，推动信息消费持续扩大升级。自2019年6月5G牌照发放开启"超高速、低时延、广联接"的移动互联新时代，信息消费迈向以"线上与线下、信息与消费"双向融合渗透为主要特征的3.0发展阶段，融合消费迎来全场景的深度拓展期，消费模式将持续衍生发展。目前，信息消费3.0的雏形特征已经初步显现，未来3~4年全场景下融合消费将伴随新一代信息技术的进步，带给人们更多未知的新产业和新消费业态，引发全领域、全要素、全场景、全渠道的经济社会生产生活的全新变革。

信息消费畅通国内国外大循环，成为扩大内需的重要助推器。信息消费是消费的重要组成部分，在与各行业不断深度融合的过程中推动各行业发展进程不断加快，培育形成诸多新业态、新模式，激活了大量潜在市场机遇，成为扩大内需、盘活国内经济大循环的重要引擎。信息消费的发展将持续加速供需互动和产业创新，驱动总供给与总需求在更高层次和水平上达成新均衡。信息消费是改善民生的新途径。随着互联网的发展和普及，信息消费正以前所未有的速度融入人民群众生活，比如在公共服务、信息扶贫、扩大就业等方方面面，使广大的人民群众拥有了更多的获得感。

（二）湖北信息消费发展状况

在一系列信息消费配套政策引导下，湖北省信息消费综合水平和发展质量取得显著成效。

1.信息消费需求潜力不断释放

近年来，随着互联网技术和经济社会各领域的深度融合，信息产业规模不断壮大。经初步测算，2019年我国信息消费规模约5.5万亿，成为有效拉动内需，助力经济增长的重要引擎。在互联网、大数据、人工智能等新技术推动下，新旧业态加速融合，消费品供给方式与消费方式趋向多样性、便利化、高效化，网络销售额逐步提高。2019年，湖北省共实现实物商品网上零售额2 860亿元，占社会消费品零售额的比重达到11.8%；2019年，湖北省快递业务量达到16.85亿件，同比增长24.5%。2020年，湖北省网上零售金额达到2 866.6亿元，呈现出了强劲的消费需求（图3-1）。

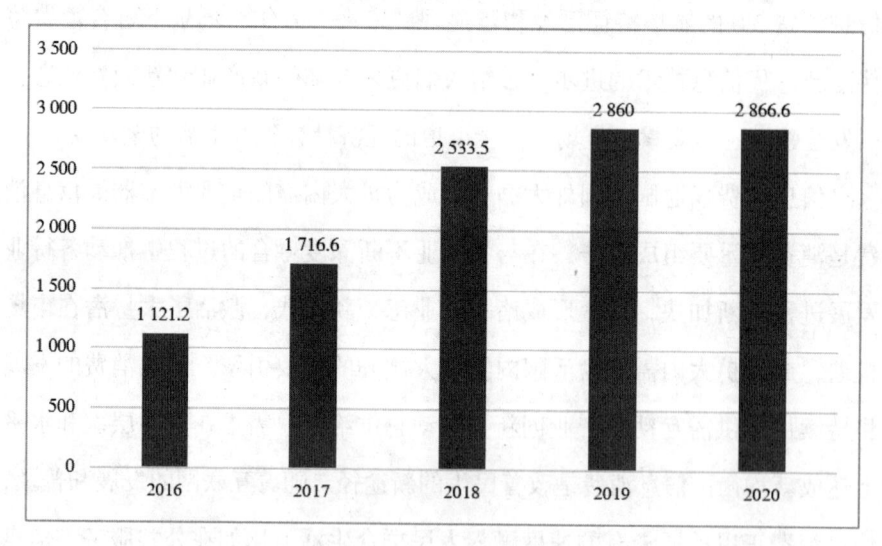

图3-1 2016—2020年湖北省居民网上零售额（单位：亿元）

数据来源：湖北省统计局。

第三章 "十三五"时期湖北信息消费发展情况

2.信息基础设施能力显著提升

"十三五"期间,湖北省政府联合运营商多措并举,深入实施宽带中国战略,努力加强信息基础设施网络建设,扎实推进网络提速降费工作,便捷的智能物流和移动支付为信息消费奠定了坚实基础。

第一,在信息基础设施领域,"宽带湖北"建设引领信息消费市场。为贯彻落实光纤到户国家标准,湖北省推动网络提速降费具体措施,加快了互联网与社会的融合,新技术、新产品和新模式不断涌现,信息产品的消费和服务也在不断拓展。2020年,湖北省快递业务量17.85亿件,快递业务收入178.69亿元,快递业务量在"十三五"期间增长迅速(图3-2)。从固定的宽带网络来看,地级市基本建成光网城市,实现全光纤网络覆盖。2019年湖北省互联网域名数为206.33万个,同比增长94.27%;2019年湖北互联网网页数为199 019.27万个,同比增长26.92%。2020年湖北移动互联网接入流量为50.67GB,同比增长32.4%。2020年湖北省互联网宽带接入端数为1 870.2万户,增长速度为9.47%(图3-3)。截至2021年3月份,湖北移动在全省建成开通5G基站1.7万余个,实现各市州城区5G连续覆盖,县城重点区域覆盖,武汉四环线内高质量覆盖,四环线外乡镇、景区等热点区域重点覆盖,机场、火车站、企业园区等地区深度覆盖。

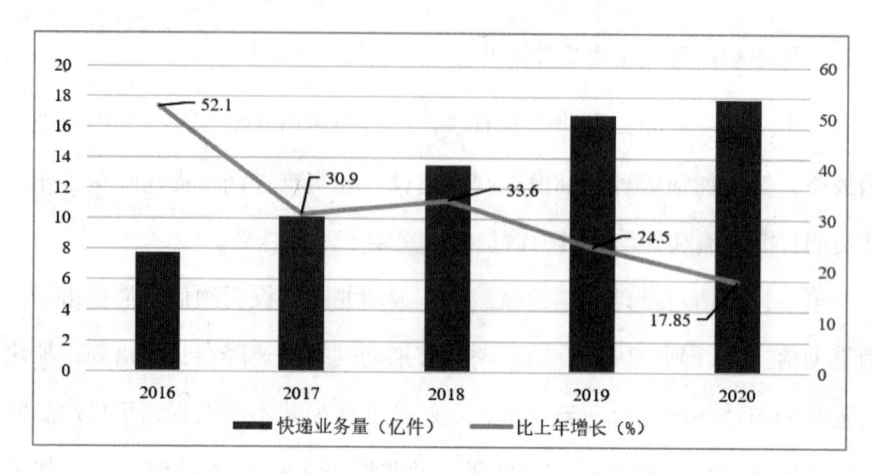

图 3-2　2016—2020 年湖北快递业务量及其增长速度

数据来源：全省统计年鉴与湖北省统计局公布数据。

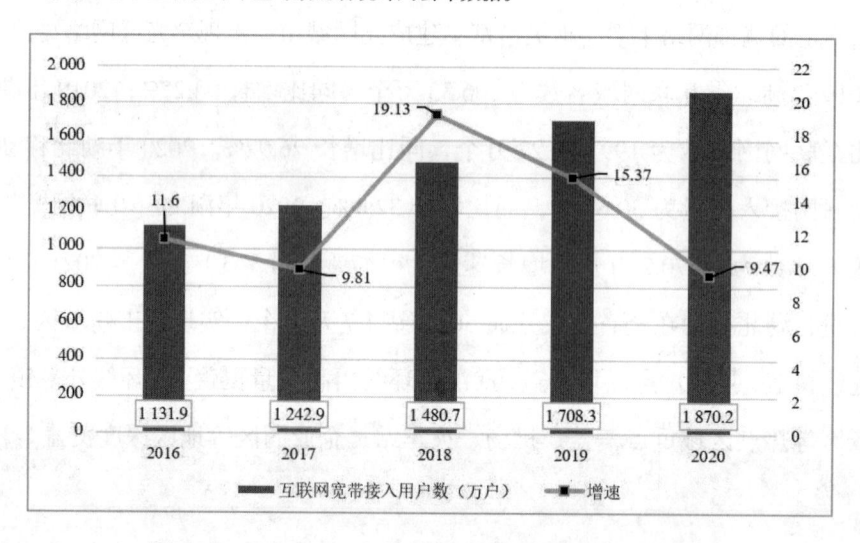

图 3-3　2016—2020 年湖北互联网宽带接入端口数

数据来源：全省统计年鉴与湖北省统计局公布数据。

第二，应用基础设施服务能力加速升级，用户消费体验得到显著提高。在应用基础设施领域，随着云计算、大数据、物联网和人工智能等新一代技术的加速发展，湖北省应用基础设施服务能力加速升级。"十三五"期间，湖北省云计算快速发展壮大，5G 基站建设加快步伐，已成为提升信息消费

第三章 "十三五"时期湖北信息消费发展情况

用户体验的重要支撑。2019年，湖北省在全国基站数目排名第四，基站数目超过1万。云计算应用范畴不断拓展，用户群体正在由中小企业向大型企业政府机构，金融机构快速延伸拓展，服务领域正从游戏、电商、视频向制造、政务、金融、教育、医疗、企业管理等诸多领域渗透延伸。云服务水平大幅提升，云计算平台能够有效满足数亿级的海量用户并发需求，用户消费体验得到显著提高。

3. 电子信息行业市场规模快速扩大

"十三五"时期，信息产品与信息服务在国民经济各领域渗透广泛，孕育了新的经济增长点，开辟了更为广阔的消费空间。根据数据表明，2018年湖北省的信息化综合指数为70.05分，发展指数在全国排名第九，全年实现13%的增速目标。湖北省电子信息产业主营业务收入规模在2017年首次突破5 000亿元大关，同比增长13.76%。全省的电信业务量在2020年达到4 204.91亿元，增长24.9%（图3-4）。

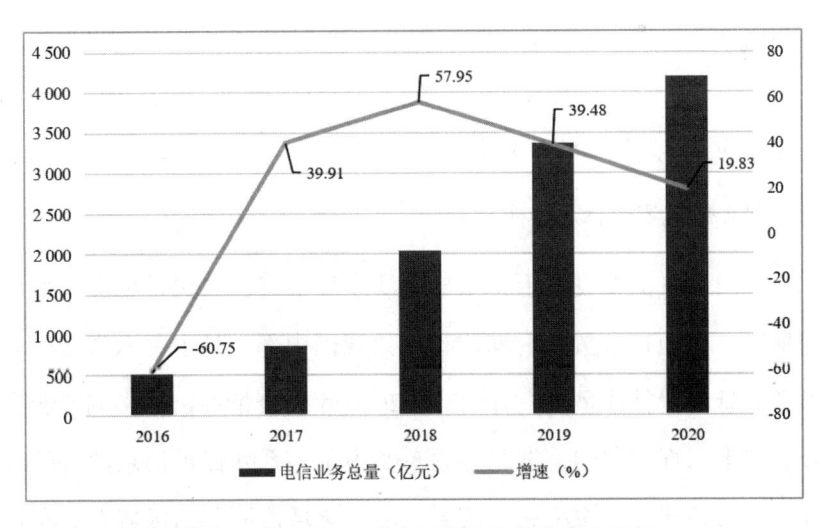

图3-4　2016—2020年湖北省电信业务总量

数据来源：国家统计局(stats.gov.cn)。

4. 信息技术服务能力不断提升

武汉中国软件名城创建工作取得实质性进展,信息服务能力不断提升。2018年8月,工信部正式对武汉中国软件名城创建工作进行了评估,武汉以总得分107.4的高分通过评估,在所有参加评估的城市中得分最高。至2018年底,全省累计通过ITSS(信息技术服务标准)符合性评估企业达111家,数量超过广东、浙江、上海等省市,位居全国第三。国产deepin(深度)操作系统在硬件兼容上取得优异成绩,已完成龙芯、申威、兆芯等国产CPU的适配,目前累计下载量达到8 000万,拥有33个国家105个镜像服务站点,是目前国产操作系统中最具竞争力的操作系统产品,荣获2018年第二十二届中国国际软件博览会优秀产品奖。以武汉物易云通(司机宝)为代表的产业互联网企业发展迅猛,该公司营业收入2017年为3.3亿元,2018年迅速突破50亿元。武大吉奥等八家企业入选工信部"2018年大数据产业发展试点示范项目"。据赛迪智库《中国大数据发展指数报告(2018年)》显示,湖北大数据发展指数42.1,位列全国第8名,中部第一。武汉、襄阳、宜昌入选中国数字经济百强城市,全省区域性协同发展大幅提升了信息技术的服务能力。

5. 湖北信息消费位次稳步跃升

在全国信息消费发展上,东部沿海发展最好,其次是中部,最后是西部地区。在地理位置上,湖北省地处我国中部,是中部六省之一。中部六省信息消费整体呈现上升趋势,2020年受疫情冲击的影响普遍有所下降。"十三五"期间,湖北省颁布实施了一系列促进信息消费的政策方针,着力构建"一主引领,两翼驱动,全域协同"的区域发展布局,成效显著,湖北省信息消费从2016年的第四位上升至第二位,仅次于湖

第三章 "十三五"时期湖北信息消费发展情况

南省。

在地区带动上,2020年的中部六省信息消费整体呈现均衡的发展态势,整体发展的差异性并不明显(图3-5)。中共中央2021年4月发布的《中共中央国务院关于新时代推动中部地区高质量发展的意见》中多次提到湖北,做大做强先进制造业,建设中国(武汉)光谷制造业产业集群,推动制造业和现代服务业的深度融合,打造数字经济新优势,高标准建设安徽、河南、湖北和湖南自由贸易试验区,支持先行先试,形成可复制的创新成果,进一步发挥着引领中部的辐射带动作用。

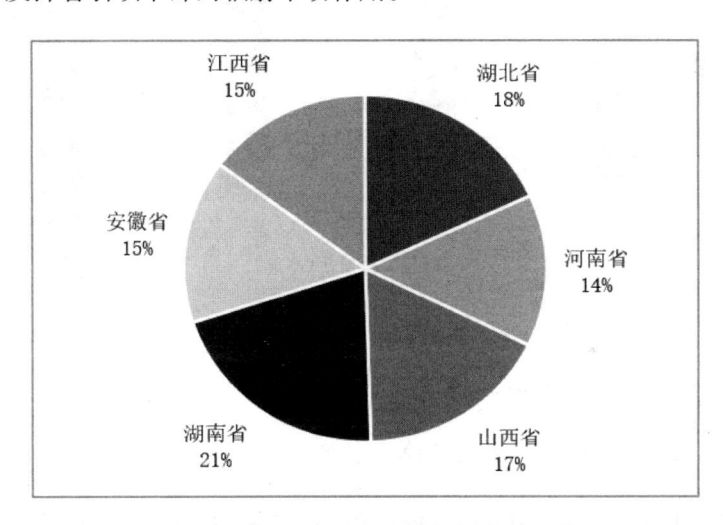

图 3-5　2020 年中部六省信息消费占比情况

数据来源:国家统计局(stats.gov.cn)。

湖北省与沿海地区以及全国的城镇居民信息消费平均水平比较来看,沿海地区信息消费发展水平最高,尤其是上海、浙江等地的信息消费水平均突破 11 000 元人民币,起到了信息消费的引领示范作用。沿海地区平均居民信息消费为 10 421 元,高于湖北省 19%。湖北省、中部六省和全国居民的信息消费平均水平依次为 8 687 元、7 974 元和 8 238 元(图 3-6)。

总体上，湖北省信息消费发展水平虽然不及沿海地区，但是长期高于中部平均水平。在"十四五"期间，湖北省信息消费需向沿海地区看齐，通过营造健康的信息消费发展环境，大力发展新基建等措施进一步推进湖北省信息消费的高质量发展。

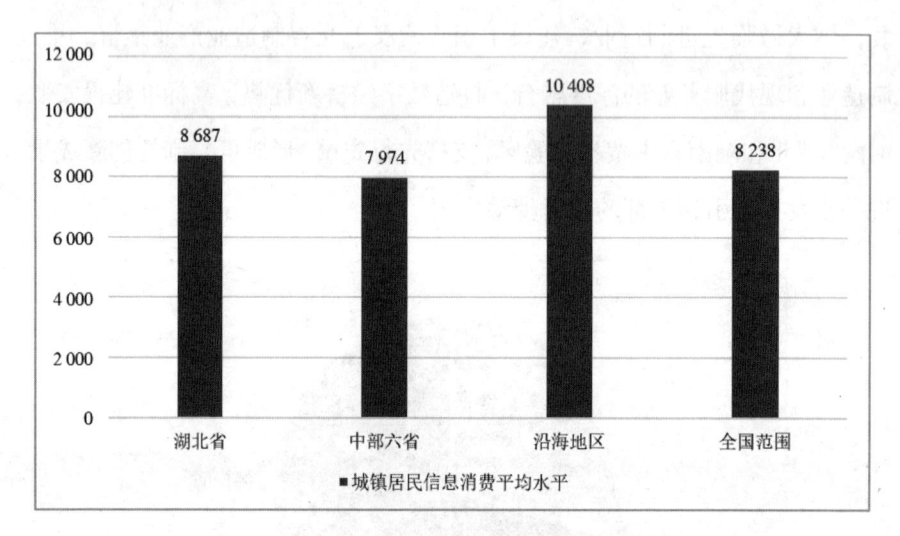

图 3-6　2020 年城镇居民信息消费平均水平

数据来源：国家统计局(stats.gov.cn)。

6. 湖北软件和信息技术服务稳居中部榜首

2015 年 9 月 4 日，国务院办公厅公布《三网融合推广方案》，提出加快在全国全面推进三网融合促进信息消费，推动信息网络基础设施互联互通和资源共享，重点强调了电信业务、互联网承载力与软件和信息技术等融合对信息消费的重要性。近年来，中部六省目前的互联网宽带入口接入服务已经发展到一个比较完善的阶段，但中部六省电信业务总量差距呈扩大趋势（图 3-7）。湖北省在 2018 年增速达到最大，2020 年的增速为 24.7%，电信业务量为 4 204.91 亿元，在中部六省中处于第四位，且高于部分东部沿海地区（图3-8）。

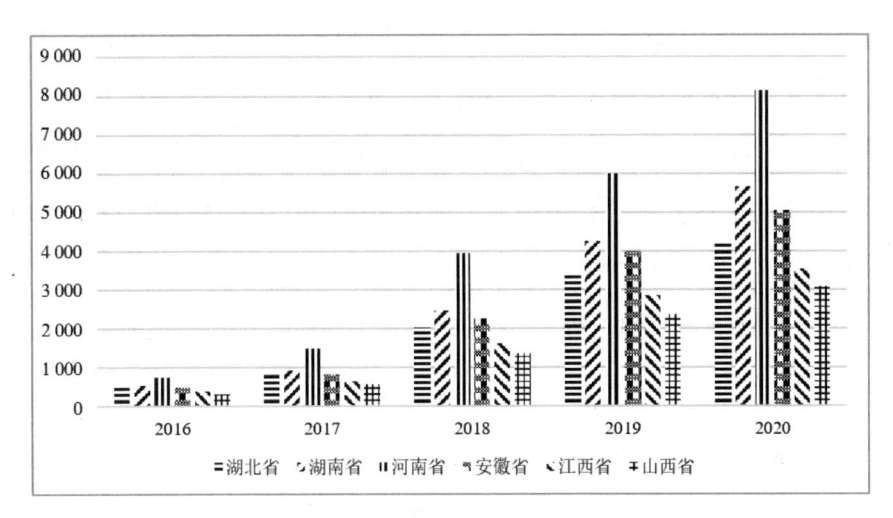

图3-7　2016—2020年中部六省电信业务总量发展态势

数据来源：国家统计局(stats.gov.cn)。

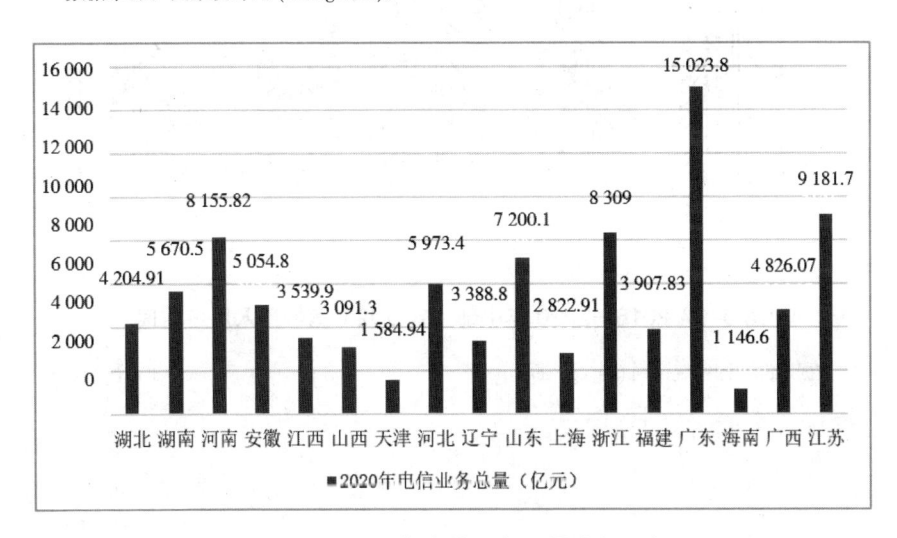

图3-8　2020年电信业务总量（亿元）

数据来源：国家统计局(stats.gov.cn)。

信息消费以互联网为依托不断壮大消费规模，互联网的发展水平直接决定了信息消费的发展上限。总体而言,中部六省的互联网宽带接入增速明显高于沿海地区的发达省份,呈现出后发优势的增长态势。中部六省中,各省的互联网宽带接入用户数逐年上升,河南省作为人口大省,互联网宽带接入用户数最多,湖北省处于中等水平。2018年湖北省互联网宽带接入增速明显,为19.13%(图3-9)。受疫情影响,2020年达到历年来增速最低值,为9.47%,但总体趋势发展较好,为数字城市、智慧城市建设奠定了良好的信息发展基础(图3-10)。

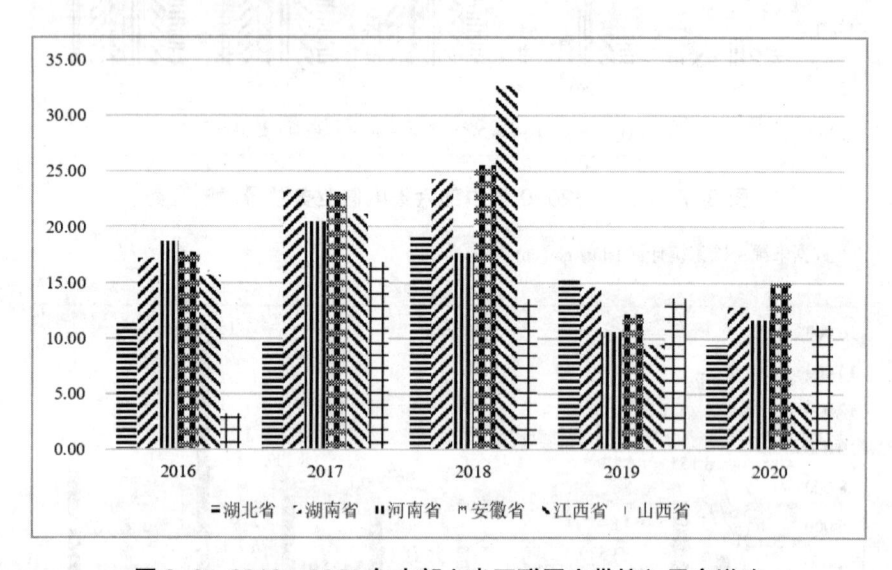

图3-9 2016—2020年中部六省互联网宽带接入用户增速

数据来源:国家统计局(stats.gov.cn)。

第三章 "十三五"时期湖北信息消费发展情况

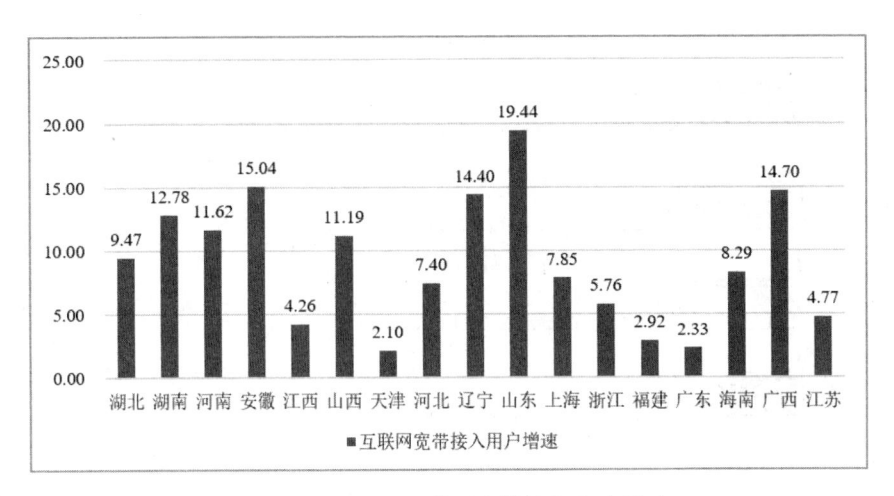

图 3-10　2020 互联网宽带接入用户增速

数据来源：国家统计局 (stats.gov.cn)。

在软件和信息技术服务方面。2020 年全国累计完成软件业务收入 81 616 亿元，整体保持较快的增长。湖北省的软件业务收入在中部六省中优势明显，在六省中起到了领先作用。湖北省 2019 年的软件业务收入为 2 065.23 亿元，是排名第二的安徽省的 3 倍（图 3-11）。2020 年，湖北省在中部六省软件业务收入中的占比高达 56%，这与湖北的科技和人才实力密切相关。数据显示，湖北省的普通高等学校在校生和毕业生数位居中部第一，科技和人才实力位居六省前茅，教育资源居全国第三位，为经济发展和建设培育了大批高素质人才，为信息发展提供了有力的高精尖人才保障。

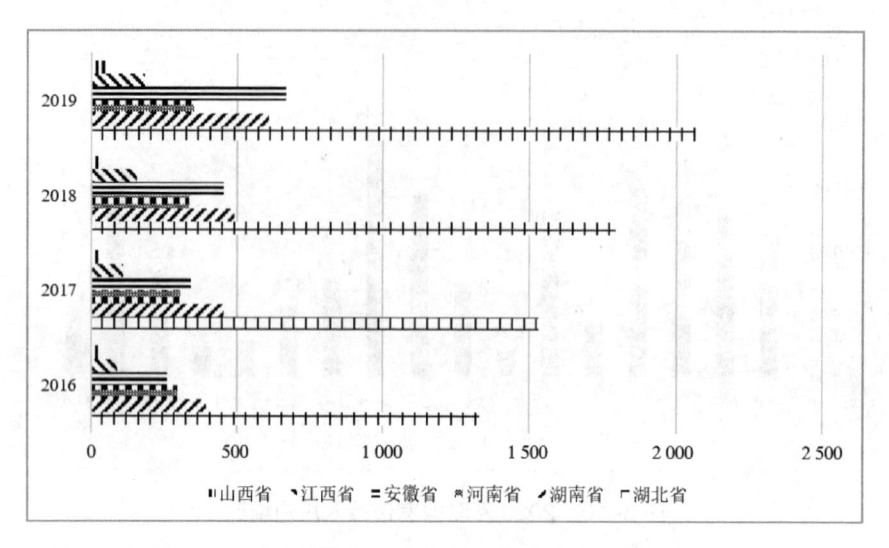

图 3-11　2016—2019 年中部六省软件业务收入发展态势（单位：亿元）

数据来源：国家统计局 (stats.gov.cn)。

2020 我国软件业务收入的增速为 12.5%，湖北省增速为 -4.8%，呈现负增长状态（图 3-12）。在 2020 年工业和信息化部发布的软件业务收入前十名省份中，有六个东部沿海城市。其中，东部沿海城市占全国软件业务收入的 80%，这与不同地区的贸易环境以及信息技术水平息息相关。主要软件大省保持稳中向好态势，湖北省依然有巨大的发展空间和潜力。在 2020 年前十位中心城市的软件业务收入排名中，武汉市软件业务收入 2 009.2 亿元，成功晋升全国前十，位列第九。作为 2020 年受疫情冲击最严重的省份，武汉市是前十名中唯一增速下降（下降 1.3%）但排名稳居前十的城市，展现了武汉在人才储备和科技上的实力，发挥着中部领先的辐射带动效应。

第三章 "十三五"时期湖北信息消费发展情况

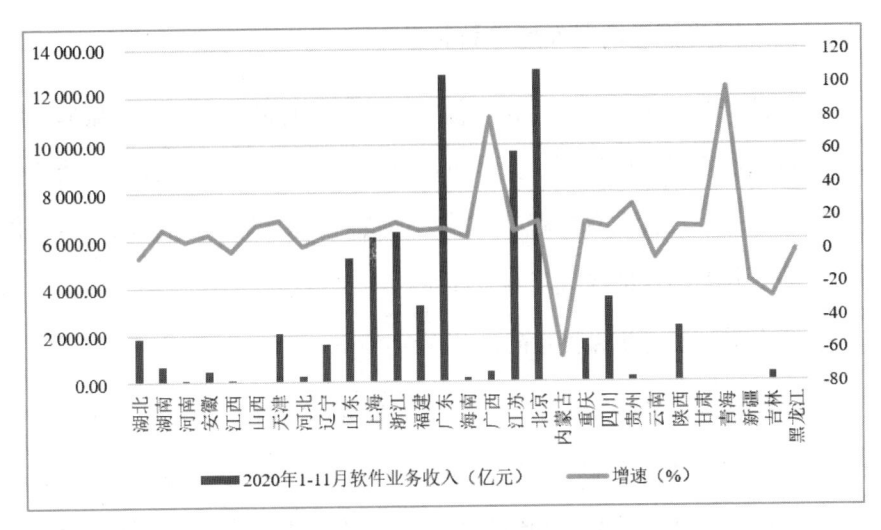

图 3-12　2020 年各省（市、自治区）软件业务收入

数据来源：2020 年 1—11 月软件和信息技术服务业主要指标分省表 (miit.gov.cn)。

二、湖北信息消费发展的新特征与新趋势

党的十九大指出，我国经济由高速增长阶段转向高质量发展阶段。高质量发展的最终目的是满足人民日益增长的美好生活需要，促进人的全面发展，实现全体人民共同富裕，这是中国特色社会主义的本质要求。信息消费涵盖生活的方方面面，能够促进消费均衡、弥补信息鸿沟、加速产业升级等多个方面，促进社会的平衡充分发展，满足人民对美好生活的向往。目前，湖北电子信息行业呈现稳中有升的发展态势，进一步成为稳增长、促转型的重要支撑力量。电子信息行业从单一的业务模式和产品形态发展成为全产业链综合业态竞争，软件、硬件和服务迅速整合是行业发展的大势所趋。湖北省数字经济迅猛发展，新建 5G 宏基站 2.6 万个，成功举办中国 5G+ 工业互联网大会，实现了 4G 网络全覆盖，5G 应用推广全国领先，推动信息消费快速发展。

（一）湖北信息消费发展的新特征

信息消费是一种直接或间接以信息产品和信息服务为消费对象的经济活动。按照消费类型的不同，大致可以分为消费基础性通信服务、消费信息化数字产品、消费信息化智能产品、消费信息化终端产品和消费信息化平台产品等五类，且呈现出如下新特征。

1. 信息消费呈现扩容提质的态势

信息消费规模持续扩大。"十三五"期间，随着互联网技术和经济社会各领域的深度融合，湖北省信息消费水平逐年攀升。2020年受疫情冲击略有下降，湖北省的软件和信息服务业产业增速变缓但规模依旧处于扩大态势（图3-13）。2020年湖北省软件业务收入同比增长13.3%，达到2333.71亿元，ICT（information and communication technology，信息和通信技术）服务业比重稳定增长，产业结构逐步软化（图3-14）。ICT产业的快速发展，创造了更多适应信息消费升级的有效供给，激发人们对优质信息及相关衍生品的需求与日俱增。信息消费的快速发展极大释放了居民消费潜力，带动了传统服务业的数字化转型，催生了智能零售、在线教育、医疗健康等大量新应用，总体呈现融合创新和量质齐升的发展态势。

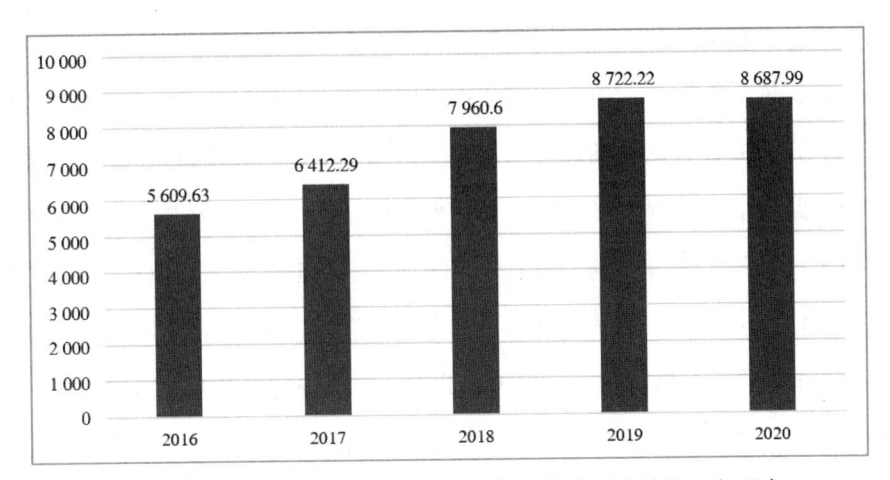

图 3-13　2016—2020 年湖北省信息消费水平（单位：亿元）

数据来源：国家统计局（stats.gov.cn）。

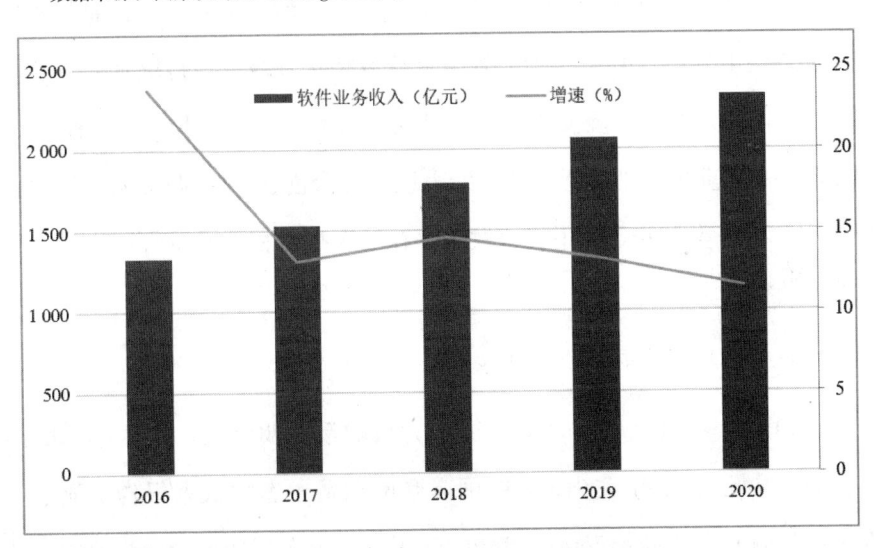

图 3-14　2016—2020 年湖北省软件业务收入

数据来源：国家统计局（stats.gov.cn）。

2. 线上线下融合成为主流消费方式

线上线下融合逐渐成为主流消费方式。文化旅游、教育培训、交通出行、商贸零售和医疗养老等各个领域形成了线上线下相结合的消费闭环，不断满足大众个性化需求。以智能零售为例，从最初的探索步入了快速发展阶段，依托大数据、人工智能和物联网等技术，推动传统零售业在经营理念、经营模式和支付场景等方面发生系列变革，形成由传统人工运营转向全链路数字化运营，有效推动了消费体制升级和社会价值提升。2020年"双十一"各大平台形成了线上线下联动的"全渠道"购买模式，湖北省成交数据再创新高。天猫"双十一"线下开幕式在武汉启动，带动武汉消费活力加速恢复。数据显示，当天湖北省网络零售交易额在全国排名前十，武汉全平台突破销售额3.5亿元，超过去年"双十一"3.07亿元的线上销售总额。

2020年突如其来的疫情，倒逼所有服务业、制造业主动向信息技术转型，加快线上生产、营销、管理等全流程数字化升级。"传统企业+互联网"实现前所未有的速度向更高层次升级，衍生出无场景下"信息消费"，加速数字化产业体系的演进重构。线上线下融合创新，使居民的交通出行、餐饮外卖和家政服务等应用快速发展，在线医疗、在线教育等民生类信息消费持续扩大。

3. 新兴信息消费群体强势崛起

"90后"年轻消费群体成为消费升级的重要驱动力。根据第一财经商业数据中心发布的《2018年中国互联网消费生态大数据报告》显示，数字化与商业模式创新正在激发新的购买力，改变消费者的行为习惯，催生了全新的消费市场。"80后"成为中国互联网消费支柱，但"90后"年轻消费力正在迅速崛起，线上人均消费持续走高，成为本轮消费升级的重要驱动力。数据显示，以"90后"为代表的年轻消费群体的生活观和消费观更为个性，表现出"兴趣优先、注重体验"的消费特征，深刻影响

第三章 "十三五"时期湖北信息消费发展情况

着互联网消费的未来走向。根据《2018中国零售之城指数报告》，新一线城市武汉在消费者参与指数中高居第二，主要得益于武汉移动支付比例和主力消费人群年轻人占比较高，拉高了整体得分。截至2019年第一季度，据美团点评数据显示，近80%用户年龄层在20~35岁或20~25岁的年轻用户占比超过25%。2020年以来，线上消费新用户中老年人的增速提高。重阳节前两周，湖北地区50岁以上的用户购买成交额同比增长超过10倍，购买的营养健康类商品，成交额同比增长135%，智能设备成交额超过了60%。

4. 付费类信息服务消费加速发展

信息消费服务类、平台类产品发展迅速，付费模式加速兴起。在信息消费的1.0阶段，免费模式盛行。在此阶段，新闻、搜索、电邮、音视频等互联网信息服务企业一般不直接向使用产品的用户收费，而主要采用用户免费，通过第三方广告等形式获利。在信息消费3.0阶段，越来越多的用户愿意为优质创意和个性化的视频、音乐、教育等资源付出费用，付费使用的群体规模日益壮大。以网络视频为例，总收入的比重从2016年的19.3%增加至2017年的25%。教育付费服务方面，截至2019年第一季度，武汉亲子平台用户数量在过去的一年中增幅超过1.6倍，展现出了教育线上付费服务的巨大需求潜力。

（二）湖北信息消费发展呈现出的新趋势

1. 信息消费服务模式从接触式服务迈向无接触服务

第一，无接触服务快速落地。"宅经济"从电商、外卖开始向学习、工作、生活逐步延伸，线上租房、线上医疗、云游戏等新业态亮点不断。

调查显示，2020年随着湖北各个城市陆续解封，3月份的餐饮数据与前一周相比，神农架林区、黄冈市、鄂州市和荆州市线上订单增幅明显，依次增幅为326.9%、101.3%、98.6%和75.8%。居民选择通过线上平台购买生活必需品已成为常态，线上医疗、线上挂号、自主买药等业务也实现了普及化，实现了后疫情时代的线下非接触式消费新模式，满足用户对安全、健康与绿色消费的多元化需求。

第二，无接触配送逐步升级。京东、美团、饿了么等企业相继推出"无接触配送服务"，无人配送车已经开始代替快递员和骑手。如京东物流无人配送车"大白"在疫情以后第一时间奔赴武汉，在武汉提供配送服务107天，配送总公里数超过6 800公里，运送包裹约1.3万件。快递无人配送车也在湖北各小区和高校发展起来，美团无人配送车实现常态化运营，消费者在美团买菜下单后，智能配送调度系统会指派订单给无人配送车，全程隔绝人与人的接触，一次就可以实现3~5单的配送。

第三，无人消费场景创新不断。部分企业创新探索新的信息技术，基础服务岗正在被人工智能取代。建立无人零售领域，比如无人超市，无人商场采用人脸识别支付。如火神山医院交付使用后的24个小时内，便利店——火神山超市迅速上线，超市内不配备收银员，顾客挑选好物品后，手机自助扫码结账，全程无须与人交流。

2. 信息消费终端载体从传统信息向泛在物联载体延伸

智能终端供给产品不断丰富延展，除了传统的电视、电脑等信息化的产品外，个人穿戴、汽车出行、家电家具等普通物品也加快迈向智能化，催生新的智能物联网载体。智能联网硬件加速更新换代，5G手机出货量占比超过50%，标志着5G正在加速普及。截至2020年6月，湖北省5G用

第三章 "十三五"时期湖北信息消费发展情况

户已经达到 305 万人，一大批应用场景全面铺开。2020 年 9 月，湖北省发布了《湖北省新一代人工智能发展总体规划（2020—2030）》，提出将湖北打造成为全国重要的人工智能技术创新和应用示范新高地。聚焦在经济生产、群众生活、政务服务等领域的十大重点应用场景，形成无时不有、无处不在的智能化环境，全面提升全省社会生产效率和民生保障水平。

3. 信息消费从图文场景向视频场景扩展

短视频开启消费新体验，推动信息消费的场景化转变。疫情期间，大量社区封闭管理，消费、签约、娱乐、旅游等活动加快向线上迁移，VR/AR 云看房、云旅游等应用提供深度沉浸式体验，积极创新营销服务模式，火神山"云监工"，武汉美丽春天"云赏樱"等应用场景正在深入人们生活。武汉市文化和旅游局及各大艺术剧院则在探索"云剧场"模式。2020 年 2 月 24 日，"琴台云艺术"空中剧院开始营业，琴台大剧院将数十部经典作品视频进行线上展播，体现了信息消费新时尚、新趋势。

4. 信息消费从"云端化"阶段性刚需向企业数字化转变

"云端化"从阶段性刚需成为企业数字化发展的新趋势。CBNData 报告显示，2020 年在线教育用户规模在一季度经历爆发式增长，前两季度增长了近 60%，用户使用习惯得到了延续。猿辅导武汉分部负责人介绍，大量学生上网课，在线教育业务爆发式增长，在线课程老师人数扩招至 5 000 人，较往年的人数扩大 233%。远程办公带来的效率提升促使企业加速布局数字化新基建。大数据、互联网、人工智能等新经济模式，是未来发展的趋势和常态。疫情期间，"云经济"成为许多商贸企业新的利润增长点，有效促进消费提质和传统企业转型升级。武汉作为跨境电商综合试验区，实现数字经济与传统产业协同与融合，触动行业加快上"云"，有利于孕育新业态和发展新动力，使之成为驱动经济社会发展的重要力量。

5. 信息消费通过直播购物重塑消费者购物模式

借助互联网、直播重构了消费者购物模式，带来巨大经济效益。CBNData 报告显示，2020 年直播电商市场规模破万亿，直播电商用户在网购用户中的渗透率在 2020 年 6 月达到 41%。武汉 14 个区主要负责人变身"主播"，百位公益明星强势助阵，推动传统企业直播带货转型升级，周黑鸭、良品铺子、蔡林记等 80 多家企业线上推介销售产品模式孕育而生，直播销售规模迅速扩大。

三、湖北信息消费发展面临的新机遇与挑战

2017 年 8 月国务院发布《进一步扩大和升级信息消费持续释放内需潜力指导意见》（国发〔2017〕40 号），为我国信息消费扩大升级营造了良好的发展环境和有力的政策支撑。湖北省认真贯彻落实中央扩大和升级信息消费的精神，发布《湖北省进一步扩大和升级信息消费持续释放内需潜力实施方案》（鄂政办发〔2018〕85 号）及系列相关政策，秉承党中央做出的扩大内需，加快发展线上新型消费、网络消费、数字消费等重要指示，为提高信息消费有效供给能力、释放内需潜力，进一步培育壮人新业态新模式、促进经济恢复性增长提供了新的方向和指引。

（一）湖北发展信息消费的相关政策

湖北省大数据产业发展势头良好，但是依然存在数据资源规划、管理协调机构分散、大数据行业发展不充分、数据开放共享、流通管理不明确等问题，需政府政策的进一步引导。为促进湖北省消费水平的提升和消费

第三章 "十三五"时期湖北信息消费发展情况

结构的升级,湖北省相继出台一系列配套措施,信息消费综合水平和发展质量取得显著成效。2016年,湖北省人民政府印发了《湖北省大数据发展行动计划(2016—2020年)》,推动数据资源共享开放,促进数据资源在各领域广泛应用,抢抓大数据发展黄金机遇,全面助力政府转型、产业升级、民生服务和新业态培育。2017年,湖北省发布了关于"十三五"期间湖北省拓展有效需求与培育壮大战略性新兴产业发展规则,破除制约消费升级和有效投资的体制机制,释放新需求、创造新供给,形成消费与投资良性互动、需求升级与产业升级协调共进的经济增长新动能。2018年,湖北省人民政府办公厅印发了《湖北省进一步扩大和升级信息消费持续释放内需潜力实施方案》(鄂政办发〔2018〕85号),坚持以供给侧结构性改革为主线,加快推进信息基础设施建设,关键技术突破、重点产业发展和终端产品推广应用等工作,积极拓展信息消费新发展的新模式,提高信息消费供给水平,满足人民群众日益增长的多层次、个性化信息消费需求,更好地促进全省经济社会高质量发展。

2019年1月15日,湖北省人民政府印发了《湖北省推进数字政府建设实施方案》(鄂政办发〔2019〕6号),提出基础设施集约化支撑,政务服务一体化建设,协同办公智能化融合,政府治理科学化决策,工作机制系统化保障等"五化"工作措施。2020年,湖北省出台《提振消费促进经济稳定增长若干措施》(鄂政发〔2020〕9号),从扩大零售餐饮消费,释放大宗消费潜力,促进文化旅游体育消费,推动数字消费扩张,实施消费扶贫行动等五个方面出台一系列释放消费需求、促进消费回升的多条举措。近年来湖北省每年对数字经济的奖补资金达到3个亿,显示了省委省政府发展数字经济的决心,重点支持新一代新基建,突出时代发展的优势。

（二）湖北信息公共服务实现智慧化升级

2013年国务院发布促进消费扩大内需的若干意见，提出要通过促进公共信息资源共享和开发利用，提升民生领域信息服务水平，加快智慧城市建设来提升公共服务信息化水平。湖北省利用智慧城市时空信息云平台，为城市建设提供精细、高效、智慧的管理应用，如智慧时政、智慧交通、智慧环保、智慧旅游、智慧社区和智慧国土等，这些智慧服务将促进湖北城市发展和提供更多社会福利，推动湖北产业的数字化创新、转型和升级。

1. 互联网 + 旅游

湖北省旅游局制定"四个一"智慧旅游工程。如表3-1所示，持续完善智慧旅游服务，促进旅游转型升级。目前已经基本建成智慧旅游大数据库，全新上线"武汉旅游网"；东湖风景区智能导览和智能管理；一批智慧旅游企业的智慧管理与服务项目整体推进，推动"两江四岸"智慧旅游与智能互动量化系统工程建设；选择部分星级酒店，旅行社建设智慧旅游示范点，市级旅游智能导览平台的建设得到全面启动。2016年5月，湖北省人民政府印发了湖北省旅游业发展"十三五"规划纲要的通知，在通知中指出，基于智慧旅游云计算中心，建设以武汉为枢纽，重点旅游城市为节点，覆盖湖北省全域的智慧旅游公共服务平台，智慧旅游行业管理平台，智慧旅游互动营销平台。推进智慧旅游试点示范，支持武汉建设国家级智慧旅游试点城市，加快推进省级智慧旅游试点建设。武汉市目前在全国率先启动智慧城市的详细设计，并将智慧旅游作为其子项目，列入10个重点推进的行业领域之中。

第三章 "十三五"时期湖北信息消费发展情况

表3-1 "四个一"智慧旅游工程

建设目标	建设内容
一卡玩遍	湖北旅游一卡通，旅游六要素各环节的"全程优惠服务"和电子支付服务
一机玩转	旅游信息化平台，集导游、社交、娱乐于一体的手机客户端
一键敲定	以湖北旅游信息网为核心的在线旅游信息服务集群网站
一厅全看	智慧旅游数字体验厅

2. 互联网+资源共享

2017年，华为与湖北在智慧城市、城市通信网和云计算大数据，以及人才培养等领域开展深入合作。通过"平台+AI+生态"战略为湖北数字化转型提供创新保障。华为在湖北已经拥有250家销售伙伴，40多个解决方案，100多家云伙伴，并和湖北省内主流的ICT伙伴建立了合作关系，湖北的ICT尽显繁荣之势。华为支撑楚天云建立起省级资源共享平台，政府的决策更加科学化，信息公开化，实现"一主两翼"数字化建设布局。在武汉，华为联合中金数据建设武汉超算数据中心，并搭建武汉城市云，实现软件开发云、电子政务云和金融服务云于一身。在荆州，华为助力智慧荆州荆楚云基础设施平台建设，通过荆楚云建设实现数据资源开放共享，服务辐射江汉平原的核心支撑点。在宜昌，华为助力夷陵平安城市建设，以有线+无线的方式实现任意地点的可监控，实现了可视化指挥调度和融合指挥架构。

3. 互联网+税务

"十三五"时期，湖北税务部门积极推进税务的三期工程建设，不断优化征信系统，探索信息管税路径，推出一系列"互联网+税务"创新成果，不仅优化办税缴费体验，更开创综合治税新格局。"十三五"期间，围绕"国家治理体系和治理目标现代化"这一目标，湖北税收信息化建设紧跟税收体制改革步伐，先后顺利实现了金税三期成功推广上线，增值税防伪税控系统改造升级，个人所得税 App 广泛应用等目标，为各项改革落实提供了强力支撑。"一窗联办、一网同伴、全流程电子退税、发票网上申领"等创新举措相继推出，办税缴费方式日新月异。"十四五"期间，湖北税务部门将以"金税四期"工程建设为契机，搭建覆盖融通税收业务、政务、党务、事务全流程，全事项的一体化信息系统，加快融入国家信息化建设总体规划。

4. 互联网＋警务

以武汉微警务为例，武汉市通过"武汉公安""武汉交警""武汉市公安局"三个微信公众号的建设运营，使得警民互动大大加强，提升了公安整体服务水平，社会管理创新能力得到增强。"互联网＋警务"是腾讯公司具有大量成功实践经验的"互联网＋公共服务"解决方案。依托腾讯微信公众号，微信、QQ 双平台，手机 QQ 浏览器等平台，以及腾讯的触达、支持、协同、技术能力，"互联网＋警务"解决方案帮助公安系统全面实现交管、出入境、户政、治安方面的服务升级。

5. 互联网＋教育

湖北历来十分重视利用信息技术促进教育公平，提高教育质量，培养创新人才，带动高新技术产业发展。2019 年 1 月，湖北省获批全国率先开展的教育信息化省级试点。目前，湖北省教育信息基础设施得到较大改善，优质数字教育资源不断丰富，信息技术教学应用不断深入，教育管理信息化水平提高。教室信息化终端设备在 2020 年全面普及，各级各类学校实现校内无线宽带全覆盖。在管理上实现信息化，实现教育行政机构和学校管理部门无纸质化办公，学校管理信息化水平显著提升。

6. 互联网＋民生领域

2020年疫情的冲击，进一步促进了"互联网＋"的发展。疫情期间，大量物资通过淘宝、京东等大型超市线上购物渠道交易，确保了民生领域的正常运转。2020年武汉市大数据管理局在工作要点中指出，要推进"全市通办""一张身份证办成事"。深化数据互认共享，依托一体化政务服务平台，更大范围推进便民服务，自助办、掌上办、鄂汇办App可办便民服务事项达到400项以上。例如，马应龙药业入选的"互联网＋医＋药"线上线下智能融合服务项目，通过对"医—药—患"的全面互联和深度感知，实现海量客户数据的高效集成与管理，并通过零售领域（药）和诊疗领域（医）资源整合推动线上线下商业模式创新，为患者提供全方位、一体化的健康服务。未来几年，湖北省仍需进一步通过"信息惠民"工程的实施，提升公共服务均等普惠水平。推进优质医疗资源共享，完善医疗管理和服务信息系统，普及应用居民健康卡、电子健康档案和电子病历，推广远程医疗和健康管理、医疗咨询、预约诊疗服务。

（三）湖北信息消费发展面临的挑战

1. 信息消费发展地域不平衡现象突出

湖北省信息消费在不同市区的发展呈现不同的发展趋势和特征。2014年，武汉市、襄阳市、孝感市孝感南区作为工信部首批确定的68个国家信息消费试点市（县、区），率先在信息基础设施建设、开发智能信息产品、引导信息消费体验等方面开展试点示范，以促进信息消费升级和产业转型，推动智能信息产品、软件产品以及电信业务三方面健康发展。在全省各市（区）中，武汉发展较快。全国首条5G生产线在武汉虹信车间诞生，全国首个工业互联网顶级节点在汉上线，武汉5G基础建设、数字工厂改造快速推进，武汉先后启动实施了《武汉市工业企业智能化改造三年行动计划》《武汉市5G通信基站专项规划》《武汉市突破性发展数字经济实施方案》等重大发展举措，大力推动5G与工业企业的融合发展。目前，已建成5G基站超过2万个，位居副省级城市全国前列；拥有长飞、武汉船用机械等9个国家级试点示范项目，在全国占比3%，在全国副省级城市中排名第2，位列全国第一方阵。然而，其他市区信息消费的发展程度相对显得落后，呈现出信息消费发展的地区不平衡局面。

2. 信息消费投诉增加，消费环境有待进一步提高

信息消费类投诉增加。2019年上半年，全省12315平台接收到的投诉中，电信服务投诉累计4 966件，占服务类投诉的10.12%，投诉量跃居服务类投诉的首位。主要聚焦于合同、虚假宣传及广告、服务质量、人身权利和售后服务等问题上。同时，电商企业也是网络消费投诉的高发区，比如电商售后暗藏陷阱、线上线下区别对待等。2019年上半年，全省接到网络消费投诉案例16 992件，较去年同期增加了47.13%，占相关投诉类总量的20.80%。网络消费投诉从三年前的不到10%上升到20%以上，反映出湖北省网络消费市场的快速发展，相关投诉量不断上升。近年来，尤其是2019年，以互联网为依托的"新零售"，通过"人工智能、大数据"先进技术，对线上服务、线下体验、现代物流进行深度融合以迎合新消费群体消费升级需求的新模式，在网络消费类投诉中占比正在凸显。

3. 5G商用普及化受阻，资源配套跟不上

5G基站建设投资缺口总体较大，大规模基站铺设面临投资资金不足的难题。恩施铁塔公司反映，在基站建设数量可能成倍增长的同时，由于5G基站重量、功耗和带宽分别约为4G基站的3倍、2.5倍和2.5倍，电源等

辅助设备需重新安装，基站建造单价至少比 4G 增加约 1/3。多家机构测算，5G 投资规模大概在 1.2~1.4 万亿元左右，但到目前为止三家运营商资金投入总量仅约为 350 亿元，即便追加投资，资金缺口仍然很大。此外，广覆盖网络接入面临资源配套不够的难题。5G 网络要进入千家万户，就需要配套设施。截至 2020 年 5 月，湖北省拥有 1.3 万个 5G 基地，但是只是拥有了数字化发展的基础，并没有达到中心城区的连续覆盖。

四、促进湖北信息消费发展的重点与对策

在常态化疫情防控条件下，国务院办公厅发布了《关于以新业态新模式引领新型消费加快发展的意见》（国办发〔2020〕32 号），指出以"新业态新模式为引领，加快推动新型消费扩容提质，努力实现新型消费加快发展，推动形成以国内大循环为主体，国内国际双循环相互促进的新发展格局"。根据国家发展改革委印发的《2020 年促进消费工作重点任务》《湖北省新型基础设施三年行动方案（2020—2022 年）》以及湖北省人民政府印发的《提振消费促进经济稳定增长若干措施的通知》（鄂政发〔2020〕9 号），湖北省应着重采取以下措施，谋划和推动全省"十四五"时期信息消费发展。

（一）提高信息消费供给水平

1. 加大信息基础设施建设投入力度

进一步加大 5G 网络、数据中心、工业互联网、物联网等新型基础设施建设力度，优先覆盖核心商圈、重点产业园区、重要交通枢纽和主要应用场景等。推进湖北国家"数字家庭"应用示范园基地建设。推动家电企

业和互联网企业跨界合作，开展4K电视+电商，休闲娱乐等新型增值服务，提高数字家庭产品供给能力。利用北斗、物联网、云计算各类应用电子产品供给能力，抓紧实施省级新基建项目，完善5G网络、物联网、工业互联网等通信网络基础设施布局，加快区块链、人工智能、云计算等新技术基础设施和数据中心等算力基础设施建设。

实施5G万站工程，加快工业互联网节点建设，持续推进农村网络设施建设。以固移融合、云网融合为方向，加快发展5G等新一代移动通信、下一代互联网、云计算和物联网等领域网络设备，在网络应用、信息安全产品及服务上加大发展力度，加快国家网络安全人才与创新基地建设，打造国内顶尖的信息网络产业集群。到2022年底，全省建成6万个以上5G基站，武汉市和各市（州）主城区5G网络覆盖率达100%，县级城区室外覆盖率不低于80%。加速光纤网络扩容，在武汉市和襄阳、宜昌市主城区开展千兆光纤入户、万兆光纤进楼试点示范。

2. 提升信息技术服务能力

深入推进"智慧湖北"，提供"一站式""一体化"互联网服务。推动教育、文化、旅游、卫生计生、就业、社保、养老和住房保障、社区服务等领域实现跨地区、跨部门、跨层级信息共享和业务协同发展。积极开展消费领域人工智能应用，丰富5G技术应用场景。加快推进"楚天云"基础设施服务平台和数据交换枢纽平台承载扩容建设，加快推进武汉沌口国家级智能网联汽车大数据"云控平台"和襄阳智能网联汽车综合试验平台建设，加快与市（州）共享平台互联互通，推进全省资源共享，进一步提升云计算、云存储、云安全综合服务，鼓励开展基于大数据、人工智能、区块链等新技术的试点应用，加速提升"互联网+"环境下的综合集成服务能力。

丰富数字创意内容和服务。创建国家文化消费试点城市,打造一批优秀省级文化产业示范基地,扶持线上内容产业发展,扩大文化消费有效供给。大力推进数字博物馆建设,升级"武汉文惠通"文化综合信息服务平台,推动传统媒体开展数字文化服务。大力发展数字出版,数字影视业,开发具有湖北特色的网络文化产品。壮大在线教育和健康医疗,实施《教育信息化2.0行动计划》。探索新型在线教育模式,推进教育机构与互联网企业联合建立涵盖基础教育,职业教育,高等教育和继续教育的开放式在线学习服务体系。构建互联互通的全民健康信息平台,普及应用居民健康卡,促进远程医疗服务模式推广应用。

(二)优化区域发展布局,推进区域协调发展

一方面主动融入共建"一带一路"、长江经济带发展,促进中部地区崛起,长江中游城市群建设等国家战略,紧扣一体化和高质量发展要求,着力构建"一主引领、两翼驱动、全域协同"的区域发展布局,加快构建全省高质量发展动力系统。突出"一主引领",坚持双向互动和融通发展,充分发挥武汉作为国家中心城市,长江经济带核心城市的龙头引领和辐射带动作用,充分发挥武汉城市圈同城化发展对全省的辐射带动作用。另一方面,扎实推进信息消费示范城市建设,支持武汉做大做强,大力发展头部经济、枢纽经济、信创经济,增强高端要素、规模人口的集聚承载能力,高标准规划建设武汉东湖高新区,武汉长江新区,科学规划提升改造"两江四岸",加快建设国家中心城市,国家科技创新中心,区域金融中心和国际化大都市,全面提升城市能级和核心竞争力,更好地服务国家战略,带动区域发展,参与全球分工。

（三）加快建设数字湖北

实施数字经济跃升工程，推进数字产业化和产业数字化，促进数字经济与实体经济深度融合，推进"5G+工业互联网"融合应用，催生新产业新业态新模式。加快数字社会建设步伐，推进智慧城市和数字乡村建设，推动数字技术在公共服务、生活服务和社会治理领域的广泛应用和融合创新。推动政府数字化转型，加强数字资源开放共享，实现科学化决策，精准化治理和高效化服务。加强数据资源开放共享，实现科学化决策，精准化治理和高效化服务。

（四）进一步优化信息消费发展环境

1. 创新服务监管模式

坚持"鼓励创新，包容审慎"的监管原则。加强分类指导，推进"放管服"改革，进一步简化优化业务办理流程。放宽新业态、新模式准入门槛，要积极应对数据、云计算等新技术，提升行业服务和管理方式，平衡好创新与规范的尺度，协调好新旧业务的融合发展。对信息消费领域新模式、新业态采取鼓励创新、包容审慎的监管模式。加大对信息消费领域不正当竞争行为的惩罚力度，严厉打击电信网络诈骗，做好网络购物等领域消费者权益保护工作。

2. 加快信用体系建设

按照包容审慎和协同监管原则，为信息消费营造适度的发展环境，强化消费信用体系建设，构建以信用为基础的新型监管机制。完善跨部门协同监管机制，实现线上线下协调互补、市场监管与行业监管联结互动、深入贯彻落实《湖北省社会信用信息管理条例》，完善省市县三级信用信息

第三章 "十三五"时期湖北信息消费发展情况

的归集和报送的工作机制，提供自然人、法人和其他组织的信用查询服务，落实"双公示"制度。规范建立信用评价及"红黑"名单制度，引入第三方征信机构参与行业信用建设与信用服务。推动武汉、宜昌、黄石、咸宁创建国家社会信用体系示范城市建设，逐步构建以信用为核心的新兴市场监管机制。

3. 提高信息消费安全保障能力

贯彻落实国家网络安全法，实行网络安全等级保护制度。加大通信、金融、能源、交通等重点领域安全防护投入力度，支持第三方机构开展安全评估和认证工作。建立健全个人信息保护管理制度，明确个人信息采集和存储，落实各方责任，加大对窃取、贩卖个人信息行为的处罚力度，构建多领域、多层次的网络安全保障体系。

4. 完善知识产权保护

建设国家知识产权运营公共服务平台高校运营试点平台，探索高校知识产权运营新模式，培育引进一批高端知识产权中介服务机构，建设中国（武汉）知识产权保护中心和中国武汉（汽车及零部件）知识产权快速维权中心，推进形成集司法审判、行政执法、仲裁调解、维权援助为一体的知识产权多元化纠纷解决机制。

（五）加大信息消费政策支持力度

1. 强化财政税收政策支持

各级财政通过现有资金渠道，按照市场化方式支持信息消费发展，促进相关综合服务和配套基础设施建设。研究进一步对信息消费领域企业优化税收征管措施，更好发挥减税、降税政策效用。完善高新技术认定管理办法，落实企业研发费用税前加计扣除政策，合理扩大加计扣除范围。进一步落实鼓励软件和集成电路产业发展的若干政策。加大现有支持小微企业税收政策落实力度，切实减轻互联网小微企业负担。完善无线电频率占用费政策，支持经济社会信息化建设。

合理安排财政资金，促进新型信息消费。省、市、县财政按一定比例每年安排资金，对新建5G宏基站给予补贴。安排政府专项债券支持5G基站建设。创建国家信息消费示范城市，积极筹划举办信息消费节、信息消费城市行、信息消费体验周等活动，营造数字消费氛围。对获评国家新型信息消费体验馆（体验中心）的，每年给予100万元的运营补贴；获评国家新型信息消费试点示范项目，以及参加全国新型信息消费大赛获奖的，每个项目给予一次性奖补激励。实施新一轮宽带提速工程，深入推进"双G双提"行动计划，针对中小微企业发展需求，在2019年资费平均降低15%的基础上，推出带宽更高、更有针对性的优惠资费方案。

2. 优化金融服务

完善信息服务业创业投资扶持政策，拓宽信息消费领域融资渠道。鼓励金融机构按照市场化原则，在风险可控的前提下，结合信息消费相关企业经营特点，优化与信息消费相关的支付环境，鼓励湖北省本地银行等各类型支付清算服务主体降低手续费用，降低商家消费支付成本，推动银行卡、移动支付在信息消费领域广泛应用。金融机构应当按照支持小微企业发展的各项金融政策，对互联网小微企业予以优先支持。鼓励创新型、成长型互联网企业在创业板上市，稳步扩大企业债、公司债、中期票据和中小企业私募债券的发行。探索发展并购投资基金，规范发展私募股权投资基金，风险投资基金创新产品，完善信息服务业创业投资扶持政策。鼓励湖北省的金融机构针对互联网企业特点创新金融产品和服务方式，开展知识产权质押融资。鼓励融资性担保机构帮助互联网小微企业增信融资。

3. 完善劳动保障政策

鼓励发展新就业形态，支持灵活就业，加快完善相关劳动保障制度。督促企业规范开展用工余缺调剂，帮助"共享用工"需求的企业精准、高效匹配人力资源。促进新业态新模式从业人员参与社会保险，提高参保率。坚持失业保险基金优先保生活，通过发放失业保险金、一次性生活补助多措并举，加快构建城乡参保人员应发尽发，应保尽保长效机制。落实湖北省在 2020 年创建的"互联网＋诚信评价＋信用监管"机制，织密劳动保障风险防控网，提高信息消费能力。

第四章 "十三五"时期
湖北旅游消费发展情况

旅游消费是增加人民幸福感和获得感的重要内容。近年来湖北省为推动全域旅游的发展、努力建成旅游强省，积极贯彻落实《国务院办公厅关于促进全域旅游发展的指导意见》（国办发〔2018〕15号）和《文化和旅游部关于实施旅游服务质量提升计划的指导意见》（文旅市场发〔2019〕12号）精神，结合湖北省实际，制定了《湖北省人民政府关于促进全域旅游的实施意见》（鄂政发〔2018〕35号）以及《湖北省旅游服务质量提升计划实施方案》（鄂文旅办〔2019〕15号），旅游消费规模不断扩大，旅游产品和服务质量不断提升。

一、湖北旅游消费发展现状

近年来，湖北省旅游业发展迅速，旅游创收能力和产业地位逐渐提升。

第四章 "十三五"时期湖北旅游消费发展情况

旅游专业化水平[①]稳步提高,旅游业实现了由支柱产业再到战略性支柱产业的地位升级,旅游业在国民经济中的重要性得到进一步突显。

(一)旅游业的战略性支柱地位日趋明显

"十三五"期间,湖北省旅游业的综合效应不断释放,对国民经济和社会就业的综合贡献力逐步提升,旅游业战略性支柱产业地位得到进一步巩固。2019年湖北省旅游综合收入为7 169亿元,旅游业增加值占GDP的比重从2015年的5%增长到2019的6.35%左右,已超前完成湖北省"十三五"期末旅游综合收入要达到7 000亿元、旅游业增加值占GDP比重要达到6%的发展目标。2020年湖北省旅游业受到了新冠疫情的短暂性冲击,但在有效的疫情防控和相关惠民惠企旅游政策的支持下,湖北省旅游业发展将逐步恢复并迸发新的活力。

(二)旅游业经济效益显著提升

1. 旅游市场总规模实现跨越式增长,旅游消费经济带动效应突显

"十三五"期间,全国旅游业持续健康发展,2019年旅游总收入达6.63万亿元,同比增长11%,国内游客达60.1亿人次,同比增长8.4%。在此大背景下,湖北省旅游业也实现了跨越式发展,2016年至2019年全省旅游收入规模和旅游接待人次不断提高,且这两个指标的增速均高于全国整体水平,实现了旅游市场总规模跨越式的增长。

2019年湖北省实现旅游总收入6 927.38亿元,同比增长12.13%,占全省GDP总量的15.25%,占第三产业增加值的30.22%,占全国旅游总收

[①] 旅游专业化水平:旅游总收入占当地GDP的比重,是国际上通用的衡量旅游发展水平的指标。

入的 10.45%，实现了旅游消费带动经济增长的良好势头。2019 年湖北省共接待游客 60 593.72 万人次，同比增长 12.29%，约占全国旅游接待总人次的 10%。受新冠疫情冲击，2020 年湖北省共接待游客 43 729.64 万人次，同比下降 27.8%，旅游总收入为 4 379.49 亿元，同比下降 36.8%（见表 4-1 和图 4-1）。

表 4-1 "十三五"期间湖北省旅游收入情况

年份	旅游总收入（亿元）	同比（%）	GDP 占比（%）	第三产业增加值（%）
2016	4 879.24	13.24	14.63	31.64
2017	5 514.90	13.03	14.80	30.65
2018	6 178.00	12.02	14.70	29.56
2019	6 927.38	12.13	15.25	30.22
2020	4 379.49	-36.78	10.08	19.65

数据来源：根据湖北省统计年鉴整理。

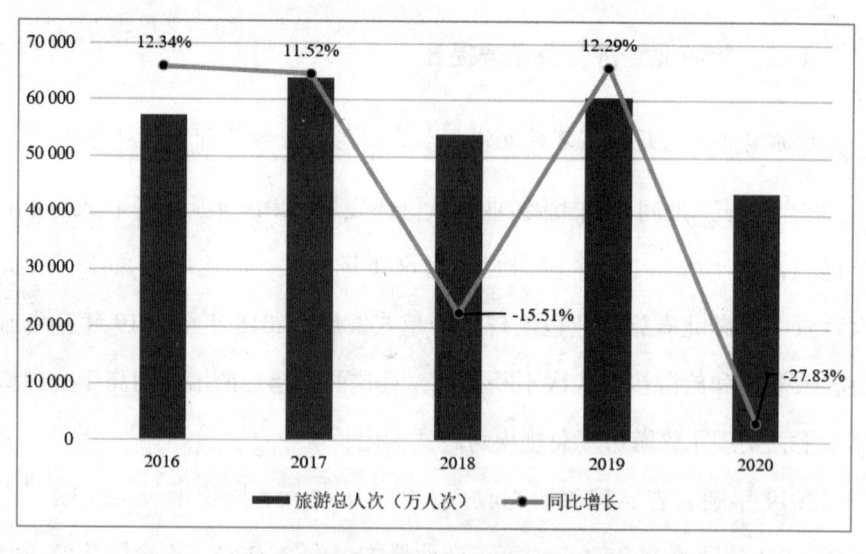

图 4-1 2016—2020 年湖北省旅游接待规模和增长率

数据来源：根据湖北省统计年鉴整理。

第四章 "十三五"时期湖北旅游消费发展情况

2. 国内旅游市场逐渐发展成熟，人均旅游消费增长趋势不稳定

2019年湖北省接待国内游客约占全省旅游接待总人次的99.3%，约占全省旅游总收入的97.35%。"十三五"期间，湖北省国内游客人均花费稳步上涨，2018年增速最为明显，同比增长32.86%，人均花费首次突破千元标准。2019年全省国内旅游人均花费为1 121元，与上年度相比降低0.27%，较2016年绝对增长284元，年均增长10.3%（图4-2）。总体而言，湖北旅游市场人均消费水平提升，旅游消费市场潜力得到逐步释放，但人均消费增长率并不稳定，呈现出大幅度波动，这成为疫情后旅游消费结构加速升级的重要推动因素。

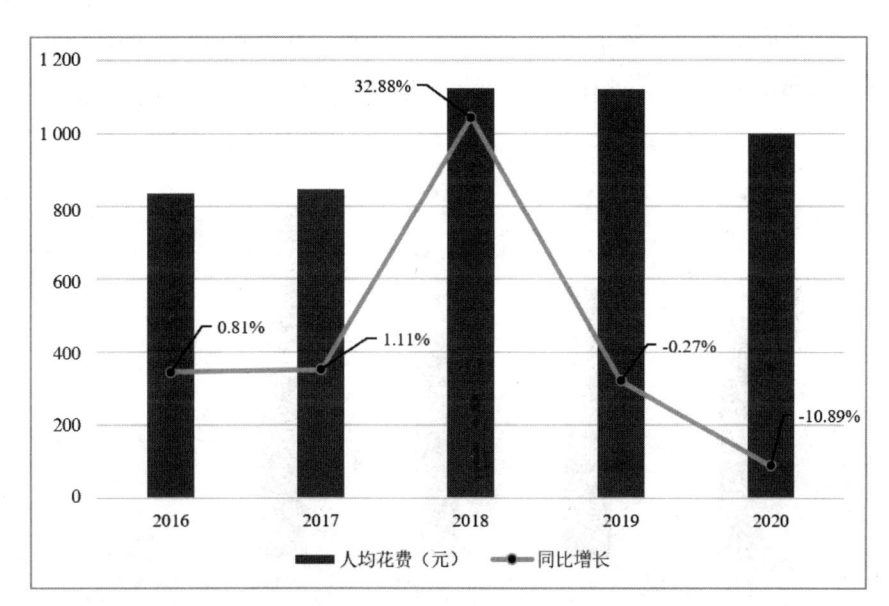

图4-2　2016—2020年湖北省国内旅游人均花费和增长率

数据来源：根据湖北省统计年鉴整理。

3. 入境旅游市场基础更加稳固，国际旅游市场地位逐步突显

2019年湖北省入境旅游外汇收入26.54亿美元，同比增长11.5%，接待入境游客450.02万人次，同比增长11%，其中外国人为350万人次。与国内旅游市场相比，入境旅游市场发展受到疫情更严重的冲击，2020年湖北省入境旅游外汇收入为2.08亿美元，同比降低92.18%（图4-3）。2019年入境游每天人均花费211.63美元。在对旅游产品的购买力上，外国人每天人均花费最高为223.08美元，香港同胞每天人均花费最低为187.06美元。在入境过夜游客每天人均花费构成上，购物所占比重最高为27%，其次为长途交通，占比25.5%，而游览仅占5.5%，排名靠后（图4-4）。在入境过夜游客人均停留时间上，外国人最高为2.52天（图4-5）。总体上，入境旅游外汇总收入呈稳步增长势头，旅游购物、交通服务和住宿服务消费等成为旅游收入的主要来源。"十三五"期间，入境旅游收入同比增长率长期保持在10%以上的中高增长速度，国际旅游市场地位逐步突显。

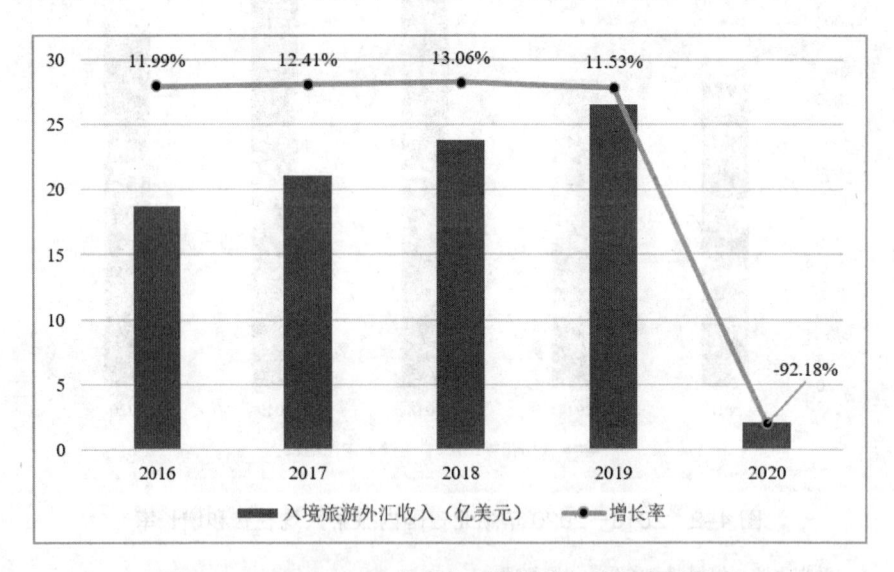

图4-3 2016—2020年湖北省旅游外汇收入和增长率

数据来源：根据湖北省统计年鉴整理。

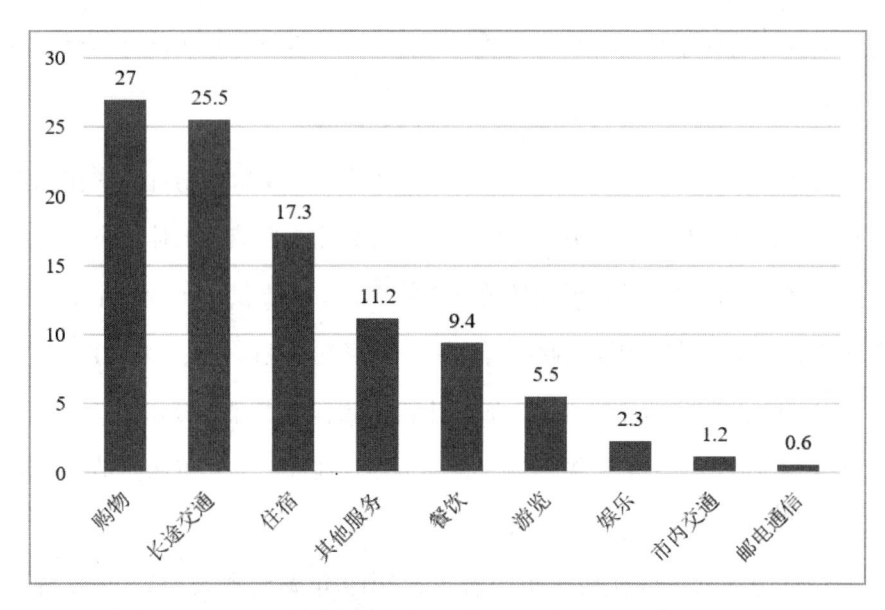

第四章 "十三五"时期湖北旅游消费发展情况

图 4-4 2019 年湖北省入境过夜游客人均花费构成

数据来源：2020 年中国文化文物和旅游统计年鉴。

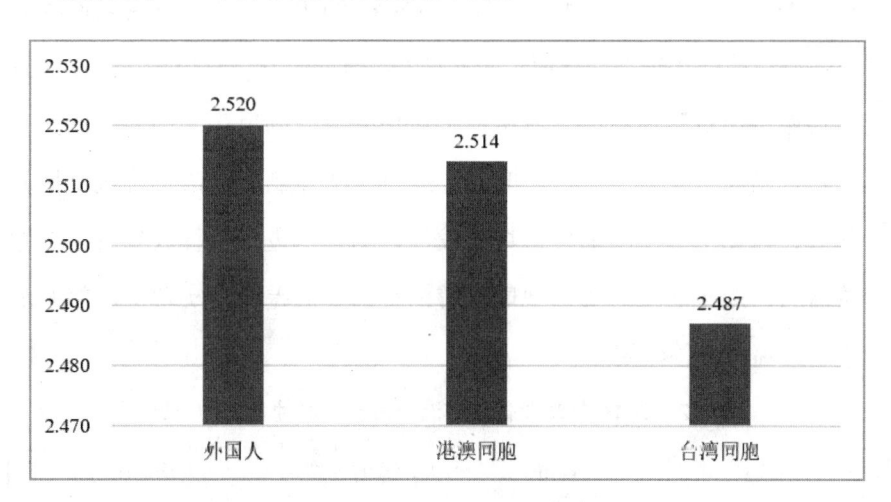

图 4-5 2019 年湖北省入境过夜游客人均停留时间

数据来源：根据湖北省统计年鉴整理。

4.旅游消费市场仍有较大发展空间,中部旅游消费市场潜力仍需进一步挖掘

随着经济发展水平和人民生活质量的提高,高层次的精神需求在总需求中所占的比例也逐渐上升,旅游消费已经成为人们热衷的休闲方式。一个地区经济发展水平的高低直接关系到能否为游客提供高质量的旅游产品和服务,从而对游客的消费倾向产生影响。相关研究认为,人均GDP的提高会显著提升游客的消费水平。通过比较湖北省与中部省份和沿海发达省市在人均旅游消费上的发展差异,有利于客观地评价湖北省旅游消费市场的发展状况以及未来的发展目标。

在对中部六省的比较中可以看出,2019年湖北省人均GDP最高为77 387元,是中部六省中唯一超过全国平均水平的省份,但人均旅游消费仅1 051元,略低于中部六省的平均水平(1 084元),这与现阶段湖北省的经济发展水平不相适应(表4-2)。与沿海发达省市相比,湖北省的人均旅游消费落后更多,旅游消费市场发展空间巨大。因此,湖北省未来在提高经济发展水平的同时,应通过深化体制机制改革推进全域旅游发展,抓住中部旅游消费市场的发展机遇,以进一步释放到省游客的消费潜力,逐步缩小与发达地区旅游消费的发展差距,实现中部旅游消费市场的辐射引领作用。

表4-2 2019年湖北省旅游消费发展与其他省市的对比

地区	省市	人均旅游消费(元)	人均GDP(元)
中部六省	山西省	966	45 724
	安徽省	1 038	58 496
	湖北省	1 051	77 387
	河南省	1 065	56 388
	湖南省	1 170	57 540
	江西省	1 217	53 164

续表

地区	省市	人均旅游消费（元）	人均GDP（元）
沿海发达省市	山东省	1 258	70 653
	上海市	1 462	157 279
	浙江省	1 506	107 624
	福建省	1 509	107 139
	江苏省	1 621	123 607

数据来源：各省市 2019 年国民经济与社会发展统计公报。

（三）旅游成为提升居民幸福感的重要产业

2019 年湖北省人均出游次数和人均旅游消费水平稳步提高，旅游已经愈来愈成为衡量人民生活幸福的重要指标，并成为解决新时代社会主要矛盾的新动力。"十三五"期间，湖北省积极响应政府关于旅游业发展要坚持"以人为本"、以人民群众更加满意为主要目标的号召，推出众多旅游惠民便民举措，特别是为重振疫情下的旅游市场。由湖北省委、省政府于 2020 年 8 月启动实施的"与爱同行、惠游湖北"活动，全省所有 A 级旅游景区对全国游客免门票开放，各地纷纷推出文旅消费券并出台了针对景区和酒店的"反、免、减、补"等惠民惠企措施。活动开启以来，湖北省着力提升旅游服务品质，力求"免费不减服务、优惠不降质量"，极大地提升了游客旅游体验的舒适度和满意度，促进旅游消费市场高质量发展。

（四）乡村旅游成为脱贫攻坚的重要阵地

"十三五"期间，湖北省大力推进乡村旅游的发展，全面贯彻落实旅游产业带动扶贫的精准扶贫战略，帮助越来越多的人通过旅游脱贫致富，乡村旅游成为扶贫攻坚的重要阵地。为顺应居民日益增长的乡村休闲旅游需求，湖北省省着力打造乡村旅游品牌，截至 2020 年，湖北省共 38 个村入选全国乡村旅游重点村名单，乡村旅游品牌影响力不断提升。通过举办乡村旅游培训班，湖北省共选派7批贫困村乡村旅游带头人近百人参加文旅部专题培训，为乡村旅游的高质量发展培养后续力量。截至2020年底，全省直接带动17.78万贫困人口增收脱贫，恩施州"带活一方经济致富一方百姓"入选2020年度旅游扶贫典型案例，成功打造了旅游产业扶贫、旅游产业助力共同富裕的可持续发展模式。

二、湖北旅游业的供给能力和发展新趋势

大众旅游时代下，居民旅游消费需求呈现出自由化、品质化的特征，旅游业向着现代化、全域化和竞争国际化的趋势迈进。旅游业的迅猛发展促使产业内部竞争加剧，如何提高区域旅游产业竞争优势和竞争力成为旅游领域发展的重点之一。此外，旅游供给能力作为影响旅游业高质量发展的关键因素往往被作为区域旅游业竞争力的重要评价指标来源。具体而言，旅游供给能力应涵盖旅游资源丰度、旅游接待基础支持、旅游新业态发展水平等众多方面。通过对旅游供给发展情况进行梳理归纳，能够更清晰地总结"十三五"期间湖北省旅游业发展取得的新进展以及存在的问题。

（一）旅游项目和设施建设提质升级

"十三五"期间，湖北省旅游业呈现多样化开发趋势，在旅游项目和旅游设施建设上收效显著，期间成功打造了1家国家级旅游度假区、16家省级旅游度假区、4家国家级生态旅游示范区、26家省级生态旅游示范区、14个红色旅游经典景区。目前，湖北省国家全域旅游示范区已增至8家，数量位居中部第一、全国第五。A级景区、星级饭店和旅行社等旅游市场服务主体均实现了不同程度的发展。旅游项目的覆盖面越来越广，综合性越来越强，同时旅游基础设施不断完善，到省游客的体验感、获得感和幸

福感不断提升。

1. 旅游景区发展情况

"十三五"期间，湖北省对传统景区的建设和开发力度不断加大，旅游景区不断提质升级，逐步向着高质量发展迈进。据湖北省文化和旅游厅官方数据显示，截至2020年，湖北省共拥有A级旅游景区421个，其中5A景区12个，4A景区142个，3A景区219个，2A和1A景区分别为38个和1个（图4-6）。与"十二五"期末相比，"十三五"期间全省新添A级景区74个，其中5A级景区和4A级景区的占比逐渐增加。从湖北省各地区的A级景区分布状况来看，十堰市A级景区数量最多，为64个，武汉和宜昌市5A级景区数量最多，均为3个。

湖北省积极贯彻党中央、国务院和省委省政府关于大力发展全域旅游的要求，落实全省旅游发展大会精神，大力推进全域旅游发展，景区"去门票化"成大势所趋，并"倒逼"景区实现转型升级和服务创新。2019年湖北省A级景区共接待1.84亿人次，实现营业收入192.25亿元，其中门票收入为36.37亿元，同比降低32.2%（图4-7）。A级景区门票收入占总营业收入的比重由2015年的23.9%降为2019年的18.9%，"二次消费"在景区营业收入的比重逐年提升。2019年湖北省5A级景区实现旅游总收入120.23亿元，其中门票收入为13.14亿元，占5A级景区旅游总收入的比重为10.9%。

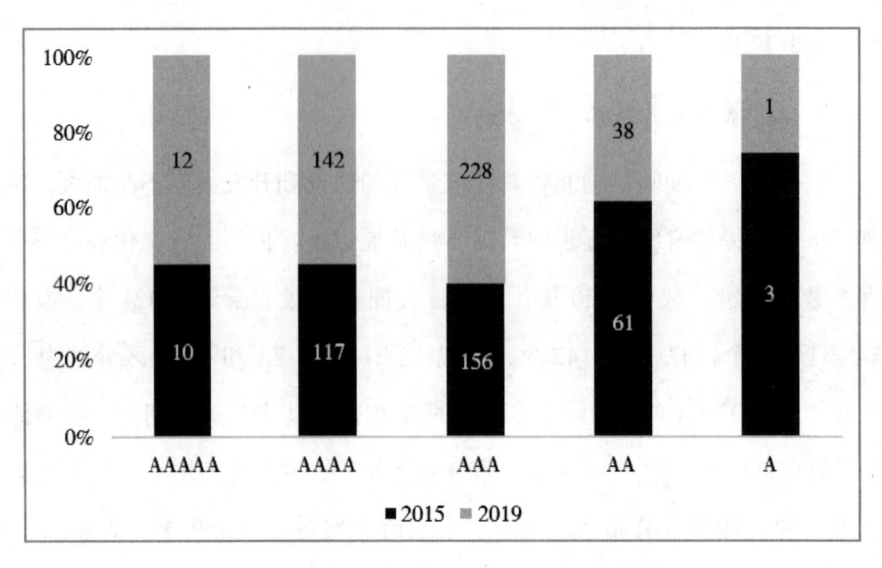

图 4-6　2015 和 2019 年湖北省 A 级景区数量比较

数据来源：根据 2016 年中国旅游统计年鉴和 2020 年中国文化文物和旅游统计年鉴整理。

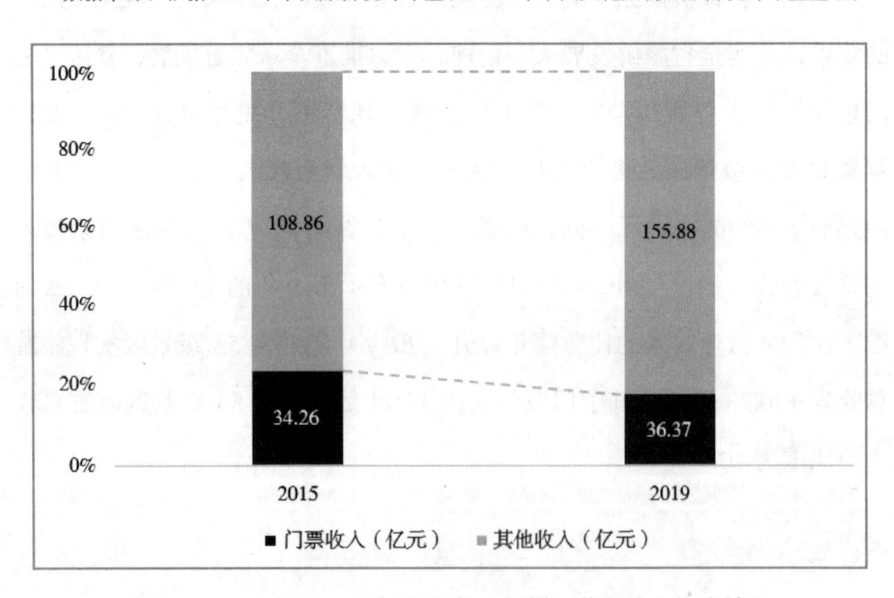

图 4-7　2015 和 2019 年湖北省 A 级景区营业收入构成情况

数据来源：根据 2016 年中国旅游统计年鉴和 2020 年中国文化文物和旅游统计年鉴整理。

第四章 "十三五"时期湖北旅游消费发展情况

2.旅行社规模与发展情况

2019年度湖北省旅行社机构数共计1 267个,实现营业收入116亿元,与2016年相比降低了4%,实现利润总额8 218.5万元。分旅游市场来看,2019年全省旅行社入境旅游营业收入4.69亿元,占全省旅行社营业收入总量的4%,旅行社入境旅游外联29.6万人次,接待79.6万人次;2019年全省旅行社国内旅游营业收入为74.7亿元,占全省旅行社营业收入的64%,旅行社国内旅游组团1 048万人次,接待1 615万人次;2019年全省旅行社出境旅游营业收入为36.61亿元,占全省旅行社营业收入的32%。

3.星级饭店的发展状况

从星级饭店的数量来看,2019年湖北共有星级饭店330个,包括五星级22家,四星级82家,三星级167家,二星级及以下星级饭店共58家,星级饭店总数全国排名第10名(图4-8)。近年来,由于湖北省对星级酒店的审查和评判逐渐标准化和严格化,同时民宿行业的兴起也对传统饭店产生了一定程度的冲击,与2016年相比,湖北省星级饭店的数量减少了34家。从星级饭店构成变化情况来看,三星级饭店仍占据湖北省星级饭店较大的市场规模,二星级及以下饭店数量占星级饭店总量的比重逐年下降,四星级和五星级饭店数量基本不变,在星级酒店总量减少的同时,星级酒店整体服务质量显著提升。

从星级饭店的经营情况看,2019年湖北省星级饭店的经营收入不尽人意,全省星级饭店实现营业收入49.28亿元,与2018年相比下降了13.4%,其中餐饮收入和客房收入占比分别为49.72%和38.6%,星级酒店利润总额亏损0.69亿元,人均亏损2 490元。从星级饭店的出租情况看,2019年湖北省星级饭店的平均房价为292.51元每间夜,低于全国平均水平的353元每间夜，平均客房出租率为54.32%，低于全国平均水平的55.18%（图4-9）。湖北省星级饭店的平均房价和平均客房出租率不高，客房收入占比低，说明星级饭店目前的营收结构仍不甚理想，服务质量还有一定的进步空间，成为湖北旅游市场走向国际化的巨大挑战。

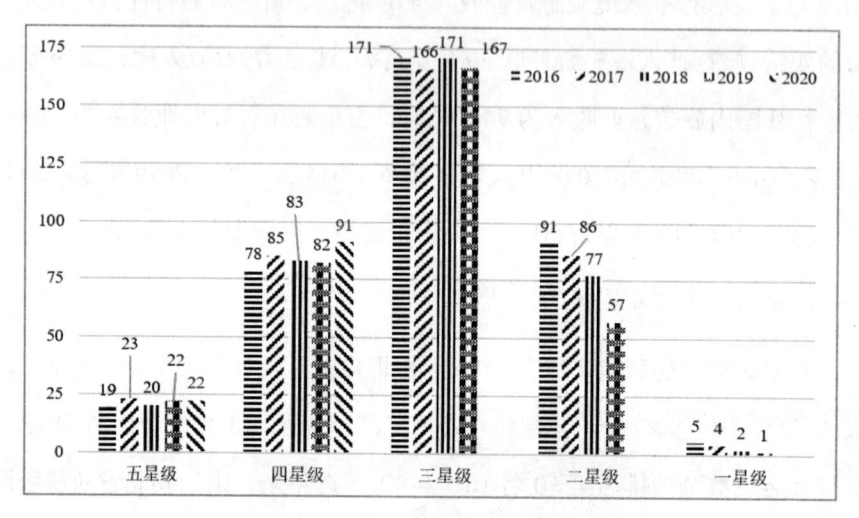

图4-8 2016—2020年湖北省星级饭店数量变化

数据来源：根据中国文化文物和旅游统计年鉴整理。

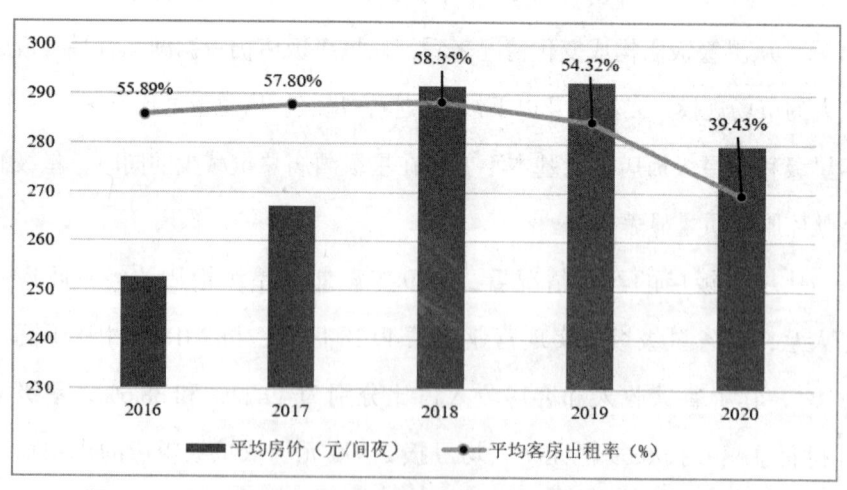

图4-9 2016—2020年湖北省星级饭店平均房价和客房出租率

数据来源：根据中国文化文物和旅游统计年鉴整理。

（二）旅游产业投融资服务体系更加完善

"十三五"期间，湖北省着力完善旅游业投融资服务体系，坚持开展招商引资和重大项目建设，每年谋划重大文旅项目100多个，年均完成文旅项目投资1000多亿元。不断加强政银合作，开启金融赋能旅游产业发展的新格局。2020年湖北省文化和旅游厅分别与5家银行签署战略合作协议，截至目前，全省银行机构已对首批179家重点文旅企业新发放贷款超过24.9亿元，贷款同比增长9.2%。2019年设立的湖北省文化金融服务中心为重振疫情冲击下的旅游市场，联合银行、担保等投融资机构为文旅企业量身打造的"战疫复工贷""文旅企业纾困贷"等融资产品，共为500多家文旅企业提供融资8.4亿元。金融支持旅游业的良好态势，为湖北省旅游业的高质量发展提供了新动能。

（三）旅游新业态发展势头强劲

湖北省第十一次党代会提出了"大力推进全域旅游、建设旅游经济强省"的战略目标。湖北省文化和旅游部门积极实施"旅游+"战略，促进旅游与文化、教育、工业、农业、体育等产业的深度融合发展，红色教育游、研学知识游、工业遗产游、乡村民宿游、康养体育游、邮轮游艇游、夜间旅游等新业态快速发展。通过实施"旅游+"战略，湖北省旅游业供给侧结构性改革不断深化，全域旅游深度展开，旅游产品的供给能力和旅游品牌的竞争力不断提升。

（四）"厕所革命"取得新进展

近年来，湖北省政府高度重视旅游环境的体制升级，加大对农村地区厕所环境治理，积极部署和推进"厕所革命"，加快补全乡村旅游的短板。2018年省政府印发《湖北省"厕所革命"三年攻坚行动计划（2018—2020年）》（以下简称《计划》），2019年累计安排农村环境整治资金18 930万元，农村"厕所革命"奖补5 000万元。三年来，湖北省累计投入财政资金近32亿元，使用近50亿元的政府专项债券。截至2020年6月底，湖北省累计完成农村户厕建改340.6万户、公厕建改2.97万座，已超前完成全省《计划》所确定330万户厕、25 063座公厕的工作目标，累计完成了11 822个村整村推进工作，约占全省23 773个村的49.5%。厕所整改工作保量又保质，最新调查问卷显示，全省农户对"厕所革命"工作的满意度高达98%，有效提升了湖北省旅游环境，助推旅游市场的高质量发展。

（五）文化和旅游产业进一步融合发展

"十三五"期间，湖北省坚持以文塑旅，以旅彰文，大力发掘三国文化、楚文化、茶文化、诗词文化和红色文化等众多独具魅力的文化资源，进一步实现旅游与文化产业的深度融合发展，旅游的文化竞争力逐步增强。积极推进"文化成景区、文化进景区"行动计划，推出湖北文旅名县名镇名村等"十大示范品牌"。举办长江文化旅游博览会、荆楚乡村文化旅游节以及"非遗进校园""非遗进景区""文艺演出进景区"等众多主题活动。举行全省文化和旅游优秀青年人才培训班，为湖北文旅高质量融合发展培养青年人才。文旅融合对湖北省旅游产业的高质量发展具有重要意义，并已成为深刻诠释人民美好生活的重要指标。

三、湖北旅游业发展面临的挑战

（一）旅游业区域发展不平衡问题显著

近年来，湖北省旅游业在取得显著成绩的同时，也存在着比较严重的发展不平衡问题。区域旅游发展水平差距大，整体呈现出"西高东低，中部陷落"的格局。以旅游总收入为例，2019年武汉和宜昌两市共实现旅游总收入为4 556.44亿元，占全省旅游总收入的65.8%，仅武汉市旅游总收入占全省旅游总收入的比重已超过五成，而鄂州市旅游总收入仅为61.09亿元，远低于全省平均水平（图4-10，图4-11）。由于西部地区具备优质的自然资源和政策支持的良好环境，武汉都市旅游板块和鄂西生态旅游板块得以迅速发展，但其对落后区域旅游业的引领和带动作用有限，鄂东人文旅游板块和鄂中文化旅游板块仍存在很大发展空间。旅游业区域发展不平衡与发展全域旅游之间的矛盾制约了旅游资源的整合，阻碍了全省旅游竞争力的提升，旅游发展空间布局有待进一步优化。

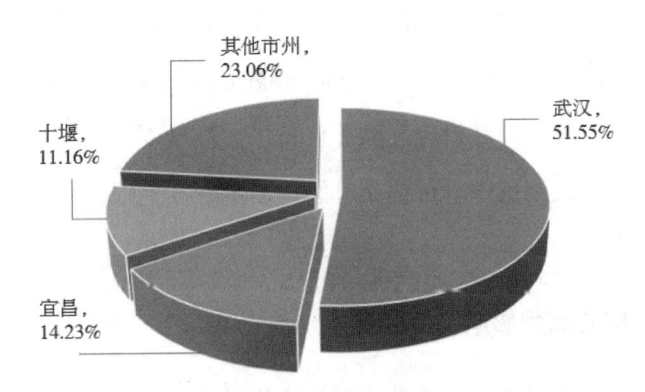

图4-10　2019年湖北省各市州旅游总收入占全省旅游总收入的比重

数据来源：根据各地区国民经济和社会发展统计公报整理。

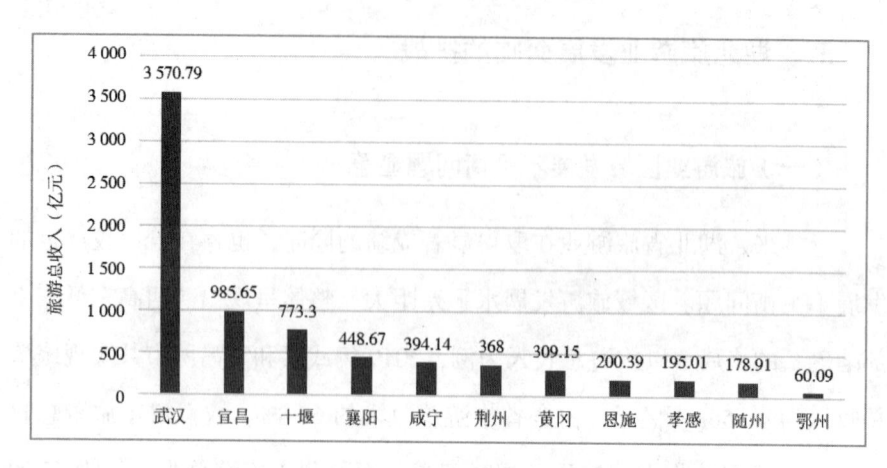

图 4-11　2019 年湖北省各市州旅游总收入情况

数据来源：根据各地区国民经济和社会发展统计公报整理。

（二）旅游基础设施有待完善，服务能力有待提升

景区与城市之间的道路交通系统还不够健全，景区内部的餐饮、停车场、娱乐场所、宾馆等服务设施建设有待进一步完善。鄂西地区交通通达性和可进入性仍存在很大的进步空间，区域内部铁路公路等级不高、密度较低，难以适应游客舒适安全的旅游需求以及日益增长的自驾游需求，严重影响游客的体验感和重游率，成为制约鄂西生态旅游高质量发展的瓶颈。乡村道路、停车场等公共设施简陋、设备供给数量不足，客房、餐厅、茶楼等休闲场所的设施条件有待提质升级，一定程度上限制了乡村旅游产业的发展。

（三）旅游品牌影响力有待提高

旅游产品的吸引力有待提升。尽管接待游客总量逐年增长，但湖北省人均游客停留时间和人均游客花费与旅游发达地区相比仍存在较大差距。据统计，2019 年武汉市游客人次均消费 1 119 元，远低于长春、苏州、无锡等地，湖北省其他市州的游客人次均消费难达千元标准。

旅游目的地的品牌建设不够成熟。旅游产品有效供给不足，部分市州的旅游产品同质同构化问题显著，缺乏旅游产品的自主创新力。重点开发的"一江两山"品牌对其他区域的品牌拉动效应不明显，三大核心景区的品牌经济效益难以向其他区域过渡和增值。旅游产品的文化内涵有待进一步深化，"灵秀湖北"的旅游形象和荆楚文化旅游品牌的国际影响力有待进一步提高。与"一带一路"沿线国家和地区在文化和旅游上的交流与合作有待深化。

（四）旅游业的综合管理亟待加强

现行旅游市场综合监管机制仍有较大进步空间，并迫切需要进一步优化。旅游业具有涵盖面广、综合性强的特点，而传统的政府综合监管模式缺乏协同性、整体性和系统性，难以应对层出不穷的旅游市场乱象。"不合理低价游""非法一日游""非法经营旅行社业务"等市场顽疾和乱象仍然频繁出现，但是由于立法监管部门管辖存在交叉重叠，执法监管制度设计缺乏可持续性和长效性，司法监管效能在涉旅案件中难以充分发挥，导致游客的合法权益难以得到有效保护，不利于游客的体验感和安全感的提升，不利于"灵秀湖北"旅游形象的塑造。

（五）入境旅游环境有待改善

近年来，与湖北省相对火爆的出境游和国内游市场相比，入境游的发展环境还存在很多问题，导致入境游的市场消费潜力难以得到进一步释放。国际旅游服务质量欠佳，景点景区、餐饮住宿、购物娱乐、机场车站等场所外语服务水平低，不利于提升外国游客的体验感和重游率。高星级饭店、高等级旅行社的扶持力度不够，旅游市场主体整体的服务能力和服务质量有待提升。入境游市场的经营管理人员还比较匮乏，营销人员、旅行社管理人员、国际导游的队伍建设相对滞后，同时由于出境游和国内游市场的火爆带来相应经营管理人员收入水平的提升，致使出境游和国内游市场分流入境游专业经营管理人员。旅游产品的国际影响力还有待提升。2019年湖北省入境游客平均停留时间为2.52天，与2016年相比仅增加0.14天，说明省内旅游产品对入境游客的吸引力还有很大的提升空间。

（六）夜游经济供给能力和质量有待提升

夜游经济突破旅游资源开发的空间限制，进一步拉长了旅游消费的时间范围，对于促进旅游消费升级具有重要作用。然而，现阶段湖北省的夜间旅游产品和服务还不能很好地满足游客日益丰富的夜游需求，除"知音号""小龙虾"外缺少能够有效吸引游客夜间消费的亮点和品牌，夜游市场仍有巨大的发展空间。

夜游产品和服务有待进一步创新，新业态新模式与传统消费融合度有待提升。夜游经济领域的高品质产品和服务供给不足，难以适应游客高质量的夜游体验需求。亟须构建一批辐射带动能力强的夜游消费聚集示范区，针对已有夜游经济消费聚集地的奖惩机制仍不完善。对老字号以及人流集中的夜游经济消费聚集地亟须开展环境改造试点。

夜游经济发展环境有待优化。开展夜游经济的区域和街区仍存在不确定和不规范的问题，应加快在游客集中地、不影响当地居民生活的区域发展夜间经济。夜间消费质量安全管理有待加强，游客夜间消费安全保障水平需要全面提升。

四、促进湖北居民旅游消费发展重点与对策

（一）优化产业布局，促进旅游业协调发展

主动服务和融入共建"一带一路"、长江经济带发展、促进中部地区崛起、长江中游城市群建设等国家战略，依托湖北省一元多层次战略体系，发挥重点城市的引领作用，进一步优化旅游业发展布局，着力构建各具特色、优势互补、协同发展的区域格局。

加快武汉城市圈建设和武汉城市圈同城化发展，尽快将武汉市打造成商务休闲都市旅游区，使其成为全省旅游产业增长极。支持襄阳打造文化旅游名城，支持宜昌打造文化旅游产业园，充分发挥武汉增长极和宜昌、襄阳两大节点城市对旅游发展相对落后地区的引领和辐射带动作用。

促进地区优势互补、协调发展。支持全省各地立足于自身自然生态和文化优势，开发独具魅力的旅游品牌，发挥比较优势竞相发展，全面释放各地的旅游发展潜能，进一步提升全省旅游业的整体发展水平。科学优化产业布局，有利于旅游业实现更加均衡、更高层次和更高质量的发展。

（二）在疫情常态化下加大对文旅企业的纾困帮扶力度

拓宽文旅企业融资渠道。鼓励文旅企业拓宽直接融资渠道，通过上市、挂牌、发债、资产证券化等多渠道筹措资金。充分利用华中文交所"互联网+"金融服务平台，为文旅企业提供投融资服务。深化政银合作加大金融支持，省政府积极与各大银行签订战略合作协议，为文旅企业新增纾困复产专项授信额度。

加大专项资金扶持力度。为受疫情影响严重的文旅企业、旅游景区、星级酒店、旅行社提供信贷支持，帮助旅游市场服务主体缓解流动资金

压力。统筹省级相关文旅专项资金，助力文旅企业尽快走出泥潭。推进文旅领域基础设施项目建设，通过加大政府专项债券支出力度促进文旅市场复苏。

（三）加快发展贫困地区休闲农业和乡村旅游

大力发展休闲农业和乡村旅游，实现从脱贫攻坚走向乡村振兴发展。加快落后地区农产品品牌的培育和发展，扎实推进农产品品牌培育三年行动，做大做强"中国荆楚味、湖北农产品"，同时加大农产品品牌的保护力度。开展线下助农公益活动，组织"优选基地游、快乐乡村行"和"荆楚优品、垄上优选"进景区展销活动。借力特色农产品品牌，探索"农业+旅游"的发展模式，在提高乡村旅游和休闲农业吸引力的同时，实现农业消费价值的提升。

改善乡村旅游环境，加快补齐乡村旅游短板。在基础设施方面，支持落后地区改进旅游道路、通村公路、景点景区连接线等基础设施，以及停车场、餐饮、宾馆等服务设施建设。在生态治理方面，扎实推进"厕所革命"、精准灭荒、乡镇生活污水治理、城乡生活垃圾无害化处理等"四个三重大生态工程"建设，提升落后地区"颜值"和乡村旅游、休闲农业的吸引力。

坚持"一村一策"，为落后地区休闲旅游做好规划设计。保护传统村落、民族特色村寨和乡村风貌，深入挖掘贫困地区的自然生态、荆楚文化特色、红色文化、传统农耕文化等资源，各地区结合自身资源优势，因地制宜地开发特色旅游资源，明确旅游发展方向。鼓励旅游企业和院校为贫困地区提供旅游线路设计、产品开发、品牌宣传等方面的指导。

（四）强化旅游市场监管，营造安全文明的旅游环境

加强信用体系建设，健全守信激励和失信惩戒机制。完善旅游市场守信"红名单"和失信"黑名单"管理办法。充分发挥旅游行业社会组织的引导作用，提升综合行政执法效能，严惩"黑导""黑社""不合理低价游"等旅游市场乱象，做好旅游领域"扫黑除恶"工作，规范旅游市场秩序，推进文明旅游建设。

畅通游客的维权渠道。鼓励旅行社全面设立 12301 旅游投诉平台和 12315 旅游消费维权站，帮助游客化解在旅游过程中遇到有关强制购物、低价游等纠纷。发挥媒体监督能力，充分结合新媒体平台，加大对侵害游客合法权益的违法行为的曝光力度。

实施服务质量提升计划。对 A 级旅行社、旅游星级饭店等实施动态监管，定期组织开展等级复核评定工作。积极培育一批高星级饭店、高等级旅行社，加大对中高级导游的扶持力度，探索"星级导游"评价方式，发挥优秀导游引领作用，提升湖北省旅游市场主体的服务能力和服务质量。

（五）进一步释放旅游市场消费潜力

深入开展旅游惠民行动。鼓励旅游景区向游客发放免费入园券，鼓励景区、旅行社、酒店等采取产品打包、价格打捆方式推出"优惠套餐"和"大礼包"。开展文旅惠民消费活动，采取发放文旅消费券（卡）等形式为游客带来更多红利，逐步提振旅游消费市场。

加强湖北省文旅形象宣传。策划制作湖北文旅主题形象宣传片，充分利用中央广播电视台"品牌强国工程""援鄂抗疫公益行动"等帮扶广告资源，向国人展示湖北"山河无恙、感恩迎宾"形象。努力举办湖北全球特别推介活动，向世界展示"英雄湖北、浴火重生"形象，助力提升湖北

旅游业的国际影响力，刺激入境旅游市场进一步释放潜力。

完善发展假日旅游经济的相关制度安排。尽快落实带薪休假制度，鼓励单位与职工根据实际工作安排和个人需要灵活地安排带薪休假时间，实现职工的弹性休假、分段休假和错峰休假，满足职工在节假日的旅游消费需求。鼓励有条件的地方和机关企事业单位依法优化调整夏季作息安排，为职工周五下午和周末出游提供方便。

大力发展"夜经济"。鼓励有条件的景区探索旅游"白+黑"模式，有序开展夜间游览服务，发展夜间观光、文化展示、景区夜市、露天电影、餐饮住宿等夜间经济。加快完善夜间经济配套设施建设，优化文旅场所夜间游览、餐饮、购物、演艺等服务。支持文旅企业发展夜间旅游，对成功创建国家级夜间文旅消费集聚区的文旅企业给予一次性资金奖励。

（六）加大产业融合发展力度

继续坚持"以文塑旅、以旅彰文"，加快推进文旅品牌创建。文化和旅游产业深度融合符合党的十九届五中全会关于"健全现代文化产业体系"的要求，对于提高旅游业的文化竞争力具有重要意义。保护和发扬好长江文化，全力办好中国文化旅游博览会。实施"文化成景区、文化进景区"行动计划和文旅融合助力乡村振兴三年行动计划，做大做强长江文明、三国文化、武当古建等标志性文旅品牌。

加快培育文旅新业态新产品。积极支持地方开展文化旅游演艺、露天音乐节、野外宿营、乡村民宿，进一步延伸文化旅游消费链、扩大价值链。深化与"一带一路"沿线国家和地区在文化和旅游上的交流与合作，提升"灵秀湖北"的旅游形象和荆楚文化的国际影响力。着力打造"一江两山"旅游品牌，建设富有文化底蕴的国家级旅游景区，力争进入世界级旅游景

第四章 "十三五"时期湖北旅游消费发展情况

区建设名录。

大力发展智慧旅游,提高旅游消费的便利化程度。加快建设全域智慧旅游综合平台,强化旅游业的规范化管理、信息化服务和市场营销能力,努力实现"一部手机游湖北"。推进智慧景区、智慧星级饭店和智慧企业等试点示范建设。巩固和提升旅游厕所建设成果,做好旅游厕所电子地图上线,有序推进全省旅游厕所"一厕一码"工作。鼓励景点资源丰富的地区加大旅游年票和一卡通的发放力度,推出更多景美价廉的旅游路线。

创新旅游的宣传营销模式,助力湖北旅游品牌"走出去"。鼓励企业运用物联网、大数据、AR/VR(增强现实/虚拟现实)等科技手段,开启"云逛街""云旅游""云观展"等新模式,推动旅游业线上线下融合发展,满足旅游个性化和高效便捷的消费体验需求。推进新媒体数字技术与文旅资源的结合应用,依托数字新媒体技术,为游客带来沉浸式的旅游体验。

第五章 "十三五"时期
湖北体育消费发展情况

一、湖北体育消费发展现状

马克思科学地将人类需要分为生存需要、享受需要和发展需要三个递进层次，而体育消费显然属于更高层次的享受和发展型需求的范畴，因而具有较大的需求弹性。学者普遍认为发展体育产业具有显著的经济和社会价值，其中经济价值主要体现在作为经济发展新的增长点，发展体育产业在促进产业结构调整和带动就业方面的作用，而社会价值除了一般意义上的能够提升消费者生命和生活质量外，还体现在能够作为全社会反贫困的有效手段之一。已有研究表明，当人均 GDP 达到 3 000 美元时，居民消费会逐渐从物质消费转向精神文化消费；当人均 GDP 达到 5 000 美元时，精神文化消费将呈现"井喷式增长"。2019 年湖北省人均 GDP 已超过 1.1 万美元，体育作为一种更高层次的精神文化消费形式正面临着全方位多层次的迅猛发展机遇。

第五章 "十三五"时期湖北体育消费发展情况

（一）体育产业和消费规模不断扩大

2016年省体育局、省发改委印发《湖北体育发展"十三五"规划》（鄂体〔2016〕65号），为湖北省体育产业的发展提供政策支持。"十三五"期间，湖北省体育产业快速发展，产业总规模持续扩大。2015年湖北省体育产业总产出仅为719.05亿元，2016年湖北省体育产业规模较上一年增长22%，增长速度相当于同年全国水平的两倍。2017年体育产业保持高速增长，产业规模首次突破千亿大关。2018年体育产业发展放缓，总产出增长率基本与全国水平持平。根据湖北省"十三五"时期体育产业的发展目标，到2020年体育产业总产值要达到1 300亿元，湖北省提前一年实现。2019年体育产业总规模突破1 500亿元，同比增长超过15%，体育消费总规模超过1 200亿元，全省体育产业机构总数达到2.55万家（图5-1）。2020年在疫情的冲击下湖北省体育产业实现总产值1 530亿元。

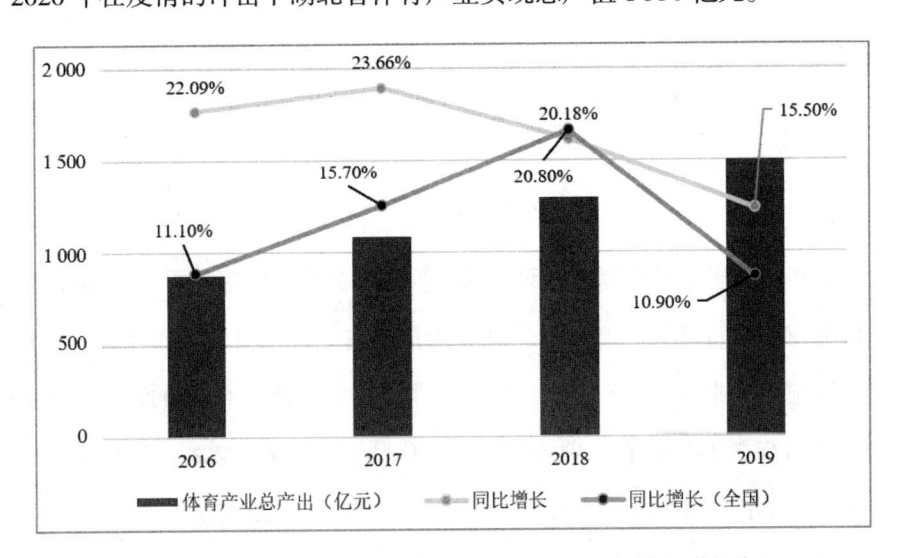

图5-1　2016—2020年湖北省体育产业总规模和增长率

数据来源：根据湖北省体育局、国家统计局和国家体育总局的公开资料整理。

（二）体育产业内部结构不断优化

从内部结构看，包括体育竞赛表演业、体育健身休闲业、体育场馆服务、体育中介服务、体育培训与教育等在内的体育服务业稳步发展，体育服务业在体育产业中的比重逐渐上升，产业结构不断合理化。体育服务业和体育制造业逐渐形成良性互动关系，为体育产业可持续健康发展提供动力。同时，湖北省顺应群众体育消费升级的需求，大力发展体育新业态、新模式，创新"体育+"和"+体育"的发展路径，体育与农业、旅游、文化、健康、互联网等相关产业融合度不断提升，体育综合体、体育特色小镇、体育产业园区不断壮大，湖北省体育产业不断向高级化发展迈进（表5-1）。

表5-1 "十三五"湖北体育产业主要发展目标及实现情况

主要指标	2020年目标	2019年实际完成
体育产业总规模（亿元）	1 300	1 500
体育消费总规模（亿元）	650	1 200
体育产业增加值占GDP比重（%）	1	1.41
国家体育产业基地（含示范基地）数（家）	5	13

数据来源：根据公开资料整理。

（三）体育产业的经济效益稳步提升

近年来，湖北省体育产业对国民经济和社会就业的综合贡献逐渐提高，已成为拉动经济增长、增加社会就业的重要途径，说明湖北省体育产业的产值结构和就业结构逐步优化。体育产业增加值占地区GDP的比重逐年上涨，2016年湖北省体育产业增加值占GDP的比重为1.22%，较2014年的0.78%实现了质的飞跃，并且于"十三五"开局之年便实现了2020年体育产业增加值占GDP的比重要达到1%的发展目标。2019年湖北省体育产业增加值占GDP的比重达到1.41%，高于全国平均水平（图5-2）。

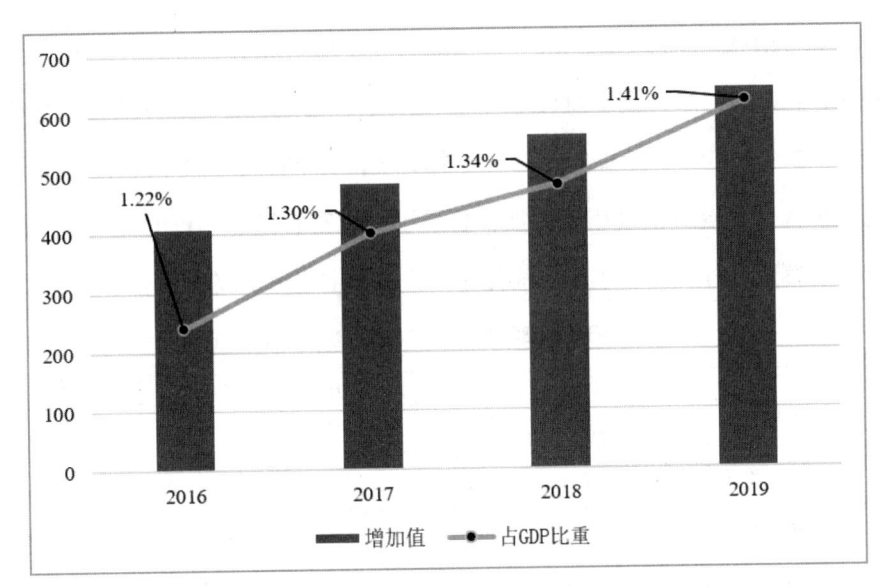

第五章 "十三五"时期湖北体育消费发展情况

图 5-2 2016—2020 年湖北省体育产业增加值及其所占 GDP 比重

数据来源：根据湖北省体育局和湖北省统计局的公开资料整理。

（四）体育产业的社会效益逐渐凸显

体育设施建设覆盖率逐步提高，农民体育健身工程快速发展，体育产业的社会效应逐步凸显。作为"五大幸福产业"之一，体育产业的持续健康发展对于提升群众的幸福指数具有重要意义。"十三五"期间，湖北省认真实行全民健身战略，扩大全民健身活动中心、健身步道等健身场地的覆盖范围，提高全民参与体育活动的便捷性。随着湖北省社会经济的发展和人民生活水平的提高，全民体育健身逐渐普及，体育产业得到大力发展。

"十三五"期间，湖北省积极培育了一批专业性强、理念先进、管理规范的体育场馆运营企业和体育健身俱乐部，并鼓励和引导社会力量参与体育场馆建设和运营管理。2017 年，全省新增体育场馆 45 座，新增场地面积 15.5 万平方米，投资总额 5.3 亿元，其中社会资金投资 1.7 亿元，占比达到32.1%。2016—2020年，全省新建各类健身场所29 101个，场地面积1 046万平方米，投资总额21亿多元（表5-2）。全省共有社会体育组织1 652个，其中体育基金会33个，体育类民办非企业单位311个。同时，通过加大全民健身活动组织力度，打造了一批富有湖北特色的群众体育品牌活动赛事和社会体育组织，满足了广大群众日益多元的体育消费需求。

表5-2　2016—2020年湖北省新增健身场地设施情况

	2016	2017	2018	2019	2020
数量（个）	7 797	8 210	6 922	769	5 403
器材件数（件）	31 355	30 515	28 107	—	16 538
场地面积（平方米）	2 852 255	2 331 414	2 557 153	1 109 396	1 609 794
投资总额（万元）	53 402	26 777	53 511	36 513	46 664

注："—"表示数据缺失。

深入推进农民体育健身工程，努力解决农村公共体育场地设施建设滞后问题。2019年湖北省加大对农村体育事业的扶持力度，广泛调动社会力量为贫困人口参加体育活动提供场所设施、科学指导等保障。新建村级农民体育健身工程200个，新增场地面积106 800平方米，投资总额4 000万元，新建乡镇体育健身工程100个，总共投资金额1亿元（表5-3）。大力发展农村体育事业，有利于逐步缩小城乡间体育公共服务的差距，满足农民日益增长的体育健身需求。

表5-3　2019年湖北省乡镇新建健身场地设施情况

主要指标	数量	场地面积（平方米）	投资总额（万元）
村级农民体育健身工程	200	106 800	4 000
乡镇体育健身工程	100	835 960	10 000
全民健身活动中心	25	68 250	8 533
体育公园	7	95 800	7 800
户外体育营地	21	2 586	1 550

数据来源：根据2020年湖北省统计年鉴整理。

（五）体育产业发展环境不断优化

国家政策大力支持体育产业的发展。将体育产业纳入产业政策扶持范围，为打破体育产业高质量发展的政策壁垒，出台了 20 多项与体育产业相关的产业政策。湖北省先后出台《关于加快发展体育产业促进体育消费的实施意见》《加快转变发展方式推进体育强省建设的意见》《关于加快健身休闲产业发展的实施意见》等 10 多项政策文件，为体育产业的发展营造了良好的政策环境。除了形成政策扶持的良好态势外，2020 年湖北省体育产业公共服务平台正式上线。作为全国首个省级体育产业公益性综合服务平台，湖北省体育产业公共服务平台集成了信息发布与交流、数据采集与查询、业务服务与指导、项目招商与合作等功能为一体，服务于全省体育产业机构和从业人员，有利于进一步提升政策扶持体育产业的效率，并为体育产业的发展打造更优质的市场环境。

二、湖北体育产业的供给能力和新趋势

体育消费总水平受到需求和供给两个层面共同的影响，其中体育消费需求主要取决于家庭收入。根据恩格尔定律，随着家庭收入的增加，收入或家庭支出中用来购买体育商品和服务的支出比例应有所提高。在体育供给层面，已有研究发现政府行为、体育商品及其投入品的价格是影响体育供给的主要因素。由于现阶段我国体育供给结构调整速度滞后于公众体育消费需求的升级，消费者的体育需求无法全面满足。因此，体育供给成为制约体育消费水平提升的主要因素。

（一）体育赛事供给能力明显提升，体育赛事发展呈国际化、多元化

1. 竞技性体育赛事逐步品牌化和国际化

2017年湖北省出台《省人民政府关于加快转变发展方式推进体育强省建设的意见》（鄂政发〔2017〕63号），通过创新竞技体育体制机制，实施竞技体育人才战略，强化竞技体育科技支撑等重要举措，竞技性体育赛事得以蓬勃发展。越来越多的国际顶级赛事如"世界飞行者大会""跳水世界杯""羽毛球世锦赛""足球世界杯预选赛""第七届世界军人运动会"等在湖北举办。

体育赛事的品牌化和国际化，有效地促进了体育产业的高质量发展，并对旅游、娱乐等相关产业产生显著的带动作用。以第七届军人运动会为例，共有109个国家9 308名军人报名参加，赛会规模为历届最大。军运会期间，湖北省游憩业、住宿业、交通运输业和文娱业发展受赛事拉动作用明显。数据显示，2019年10月，江汉路、汉正街、街道口、楚河汉街等备受旅游者青睐的武汉知名商圈站点客流量明显增加，住宿业消费额达到15.13亿元，星级酒店和旅游饭店（限额以上住宿业）营业收入增长6.1%，达到近4个月的最高点，总客运量高达7 772.6万人次，环比增长了8.14%。

竞技体育取得斐然成绩。2019年湖北省在世界比赛中共获得冠军73项次、亚军50项次、季军46项次，在亚洲比赛中共获得冠军30项次、亚军和季军均为16项次（图5-3）。与2016年相比，湖北省在各类国际国内比赛中的竞争力显著提升。竞技体育优秀后备人才体系进一步完善，新建7个国家高水平体育后备人才基地（2017—2020年），截至2020年，湖北省共有登记备案的青少年体育俱乐部213个。

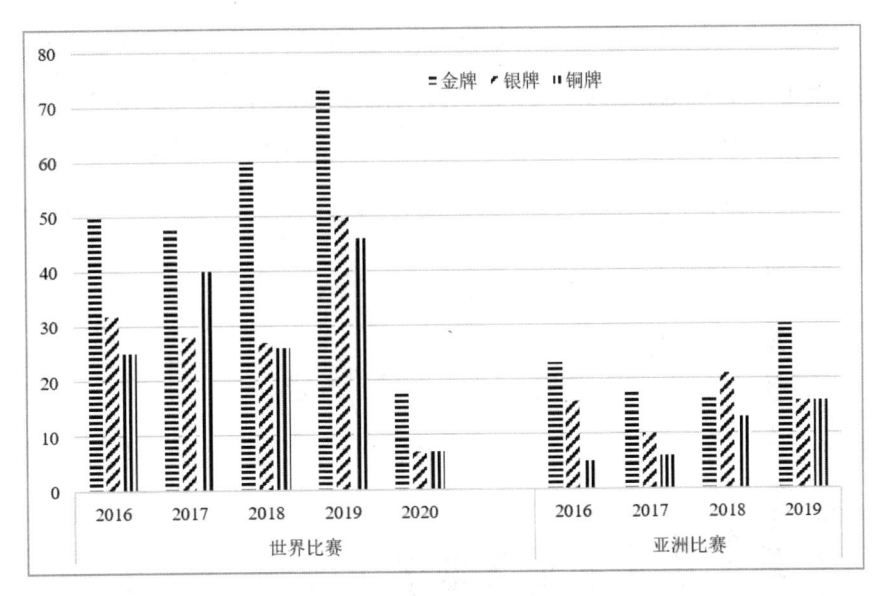

第五章 "十三五"时期湖北体育消费发展情况

图 5-3 2016—2020 年湖北省体育竞赛成果

数据来源：根据湖北省统计年鉴整理。

注：亚洲比赛 2020 年数据缺失。

2. 群众性体育赛事呈现产业化和多元化发展

"十三五"期间，湖北省高度重视群众体育建设，将群众体育赛事作为推动全民健身发展的重要抓手。民众参与体育活动的热情越来越高，群众体育赛事的供给数量快速增长。分地区看，武汉举办的群众体育赛事数量和规模明显高于其他地区，以汉马为代表的"湖北概念马拉松""武汉国际渡江节"等赛事享誉全国。宜昌、兴山、京山分别被国家体育总局命名为"龙舟名城""漂流之都""网球特色城市"。

群众体育赛事项目呈现产业化、多元化发展。除了开展足球、乒乓球、羽毛球、游泳、跑步、骑行等群众基础较好的群众体育比赛项目，湖北省还特别重视具有浓郁民族特色的舞龙舞狮、龙舟、传统武术、太极拳（剑）、柔力球等赛事。群众性冰雪赛事也得以广泛开展，并成为群众体育赛事的新热点。此外，湖北省2018年和2019年分别开展电子竞技锦标赛和ECGC电竞大赛，满足群众特别是年轻群体对新型体育项目的消费需求（图5-4）。

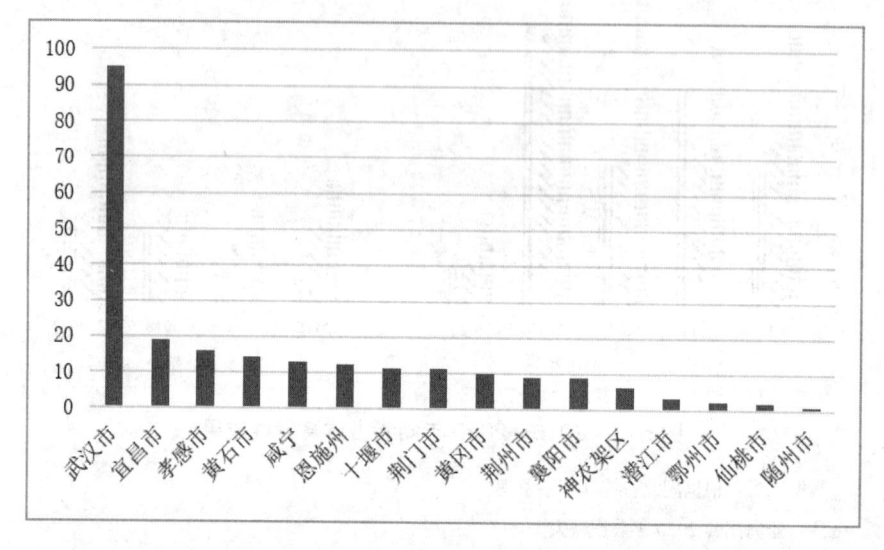

图5-4 2016—2020年湖北省群众体育赛事数量

数据来源：根据公开资料整理。

（二）体育产业集聚效应初步显现

"十三五"期间，湖北省建设了一批具有特色的体育产业基地，显著提升了湖北省体育产业的供给能力和服务质量。到2019年，湖北省共兴建国家级体育产业基地13家。其中，武汉市、宜昌市、襄阳市、荆门市、荆州市和神农架林区被评为国家体育产业示范基地。武汉市、十堰市、宜昌市、襄阳市、荆门市、荆州市、咸宁市、恩施州和神农架林区等建立了大批体育产业示范项目（图5-5）。其中，武汉的马拉松、西普体艺综合体和湖北神农架国际滑雪场等被评为国家体育产业示范项目。此外，武汉昊康健身器材有限公司、宜昌百里荒生态农业旅游开发有限公司、湖北昭

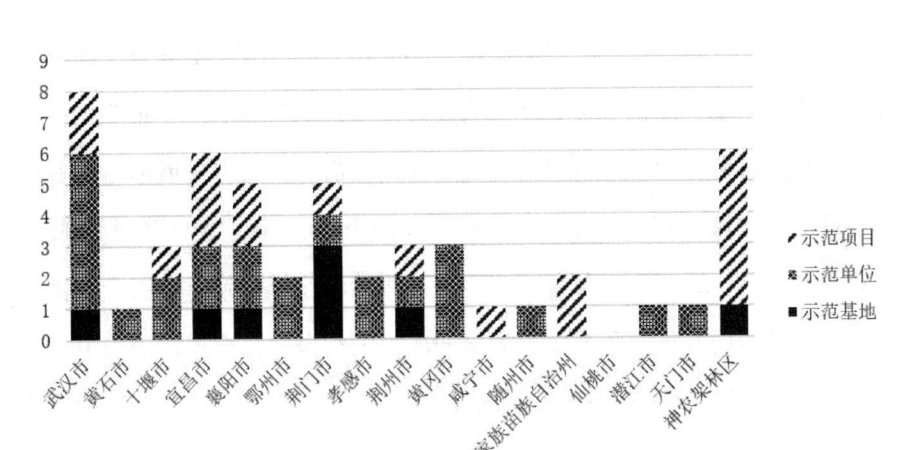

第五章 "十三五"时期湖北体育消费发展情况

君旅游文化发展有限公司等 6 家企业被评为国家体育产业示范单位。

图 5-5　2019 年湖北省体育产业基地分布情况

数据来源：湖北省体育产业公共服务平台。

目前，湖北省体育产业集群效应已初显成效，有力提高了产业竞争力。体育产业在区域内开始产生一定数量的体育产业集群，由单一的体育用品企业聚合向体育健身休闲、体育旅游等多种类型的集群发展，成为拉动经济增长的重要动力。以武汉为中心的体育产业集聚明显，优势竞争力开始形成，以鄂州、咸宁、宜昌为核心的鄂东南、鄂西地区的体育产业集群中心初步建成。湖北省兴建体育产业基地，能够实现体育人才、信息、科技、资金等资源的高效配置，同时促进体育与其他相关产业的融合发展，使之优势互补，协同发展。2018 年被评为国家体育产业示范项目的武汉马拉松已经被打造成具有影响力的赛事品牌，在拉动投资、带动相关产业发展以及刺激体育消费等方面都发挥了越来越重要的影响力。

（三）冰雪产业成为新的消费热点

习近平同志在 2017 年考察冬奥会筹办工作时指出，要努力带动更多人参与冰雪运动，北京冬奥会将成为发展冰雪运动产业的一个重要契机。湖北省紧抓机遇，顺应群众对冰雪运动的火热需求，大力发展冰雪产业，积极打造"冰雪南展西扩东进"示范省。截至 2020 年，湖北省已建成 18 座室外滑雪场、20 多家冰场，另有 1 座冰雪运动小镇在建。冰雪产业供给能力和质量的提升进一步释放了大众的冰雪消费潜力，滑雪运动的消费者呈"井喷"之势，冰雪产业的经济效益持续扩大。2019 年雪季神农架四家滑雪场共接待游客 20 万人次，直接拉动当地 GDP 超过 2 亿元，其中神农架国际滑雪场仅 2016 年滑雪人次超过 15 万，近四年年均接待游客 14 万人次，极大地带动了当地经济的发展。分布于各地的十多家其他滑雪场的经营数据也十分喜人。

"冰天雪地也是金山银山"，全省各地对冰雪资源的开发成功带动越来越多的人实现脱贫致富，大力发展冰雪产业已经成为脱贫攻坚的重要抓手。地处鄂西南的五峰国际滑雪场自 2018 年底开业以来，人均接待游客可达 6 000 人，带动滑雪场周边农民近 120 人就业，人均年增收 3 万元，有力地带动了周边乡村振兴。百里荒旅游及体育产业的兴旺发展，成功帮助周边的贫困村摘下"帽子"。

（四）体育彩票销售额稳步增长

"十三五"期间，湖北省体育彩票实现跨越式发展。2016 年作为"十三五"的开局之年，湖北省体彩实现了量的突破，体彩销售额从 2015 年的 36 亿元增长到 2016 年的 67 亿元，同比增长 82.45%。2017 年湖北省体彩销售额达到 93 亿元，比 2016 年增长 39%，高于全国平均增幅 28 个百分点，不

第五章 "十三五"时期湖北体育消费发展情况

仅超额完成了当年体彩销售额要达到73亿的目标,而且提前三年实现了"十三五"规划中的销售目标。2018年湖北省体彩销售额130.64亿元,成为"十三五"期间体彩销售额最高的年份,也成为全国第七个体彩年销量进入"百亿俱乐部"的省份。2019年湖北省销售体育彩票105.96亿元,五年间首次出现下跌。受疫情影响,2020年湖北省在较其他省市少销售一个月的情况下,实现体育彩票销售额82.8亿元,同比降低21.86%(图5-6)。

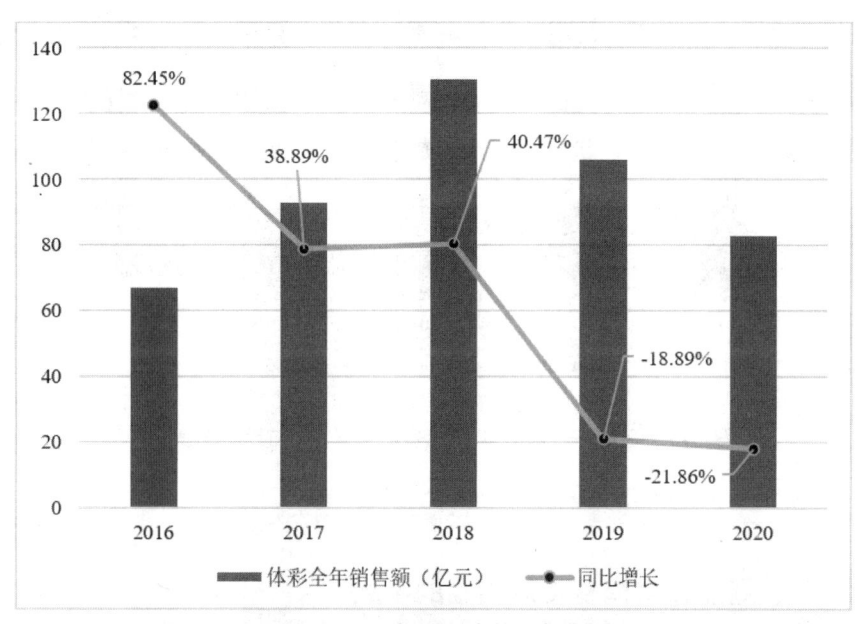

图 5-6 2016—2020 年湖北省体彩销售额和增长率

数据来源:根据湖北省体育彩票管理中心公开数据整理。

体彩销量增长带来的是体彩公益金的大幅提升,2019年湖北省共筹集体彩公益金25.89亿元,较2016年增长了59.8%,"十三五"期间湖北省共筹集体彩公益金115.04亿元(图5-7)。在体彩公益金的使用情况上,2019年湖北省体彩公益金共上缴中央财政12.81亿元,省本级留成7.15亿元,分配地市县5.66亿元。在群众体育、竞技体育和补助市县体育支出方面分别资助 1.65 亿元、3.30 亿元和 3.78 亿元。体育彩票公益金的投入，有力地助推了湖北省体育强省建设步伐。

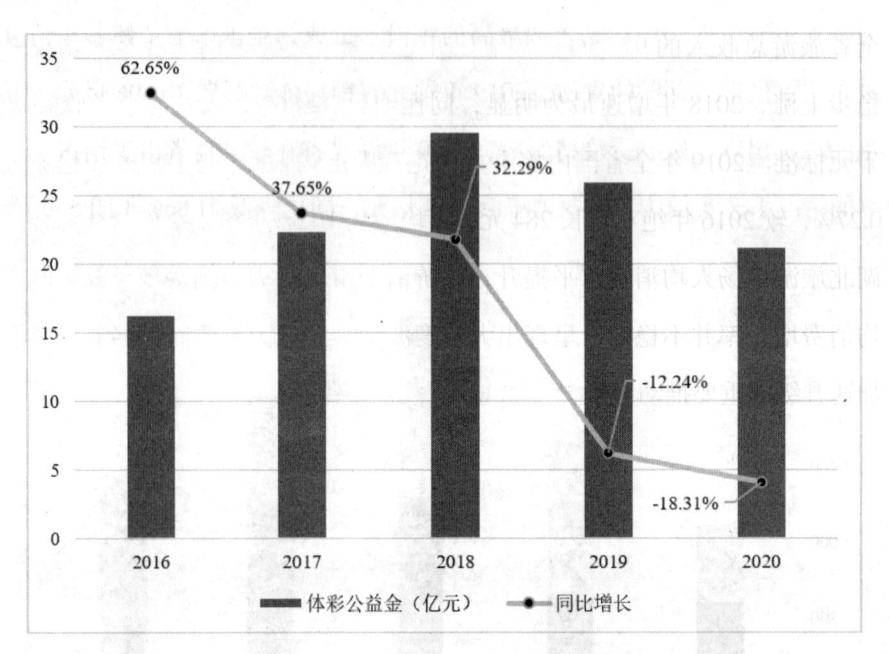

图 5-7　2016—2020 年湖北省筹集体彩公益金和增长率

数据来源：根据湖北省体育彩票管理中心公开数据整理。

三、湖北体育消费发展面临的挑战

（一）体育产业规模较小，产值结构有待优化

从体育产业的总规模上看，与国内一些体育产业发展水平较高的省市（尤其是长三角地区）相比，湖北省体育产业总规模明显偏小。2017 年广东省体育产业总产出占全国体育总产出的 18.17%，江苏和福建所占的比重均超过 15%，而湖北省所占的比重仅为 4.93%（图 5-8）。2018 年湖北省体育产业总产出约 1 300 亿元，江苏省约为 4 000 亿元，体育产出规模约

为湖北省同期的 3 倍，浙江省体育产业总产出为 2 304 亿元，体育产出规模约为湖北省同期的 1.5 倍，体育产出增加值约为湖北省同期的 1.3 倍。

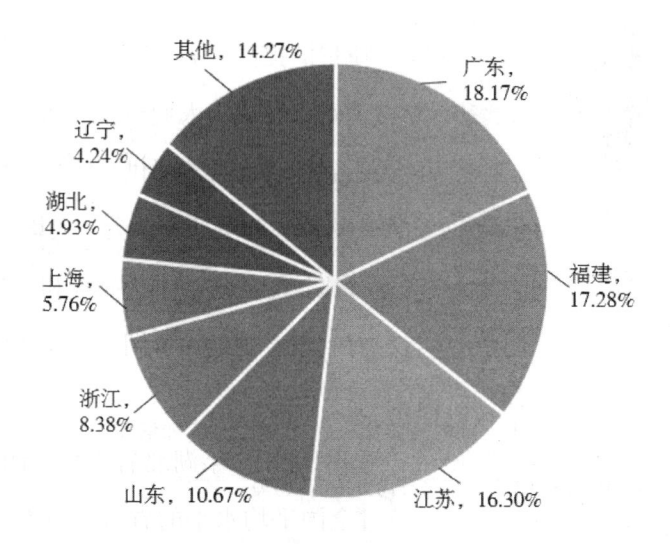

图 5-8　2017 年部分省市体育产业规模占全国体育产业总规模的比重

数据来源：根据全国各省市体育局公开数据整理。

从体育产业的产值结构上看，湖北省体育产业对经济发展的贡献偏小，对国民经济的带动作用明显不足。2018 年湖北省体育产业增加值占全省 GDP 的比重为 1.4%，即便是湖北省体育产业发展水平最高的武汉，体育产业的 GDP 占比也仅为 1.58%，与发达国家和国内长三角地区的一些省市相比还存在着较大差距。

从国际上看，发达国家的体育产业增加值占 GDP 的比重甚至达到 2%~3%，而国内如上海市体育产业增加值占全省 GDP 的比重达到 1.7%（图 5-9）。因此，湖北省的体育产业还有很大的发展空间，进一步提升体育产业在国民经济中的比重、增强体育产业对国民经济的带动作用是湖北体育产业发展的重要目标之一。

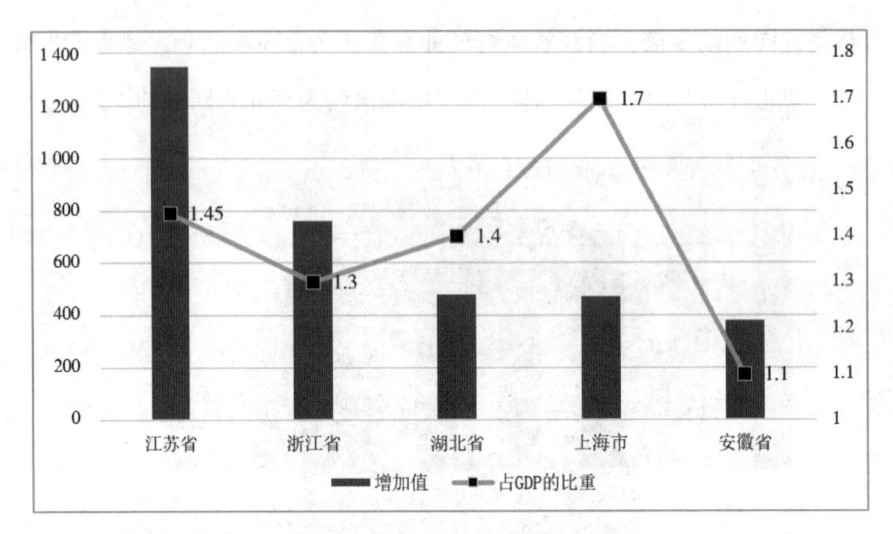

图 5-9　2018 年湖北省与长三角省份体育产业增加值及占 GDP 比重

数据来源：根据各省市体育局及统计局公开数据整理。

（二）体育产业供给结构不够合理，产业布局有待优化

从体育产业内部结构看，湖北省体育服务业发展相对较慢，体育服务业占体育产业总产出的比重还很低，与同期发达国家和国内体育产业先进的省市相比还有一定差距。体育服务业发展滞后于体育制造业，而薄弱的体育制造业进一步限制了体育服务业的发展。作为体育产业的主体和核心，体育服务业的快速发展对于提高体育产业的软实力、促进体育产业的可持续发展具有重要意义。

现阶段湖北省的体育产业结构不合理，一方面表现在增加值中体育服务业占比较低，诸如赛事运营、体育培训、转播权等体育服务业发展较慢，体育中介服务业、体育传播媒介业、体育场馆经营和体育经纪等体育派生产业发展滞后，体育服务业的商业化程度亟须提升；另一方面表现在体育制造业"一枝独秀"，但同时也存在体育用品产业市场比较单一、体育用

第五章 "十三五"时期湖北体育消费发展情况

品市场主体小而杂、大而不强的弊病。作为体育产业重要支撑的体育服务业与体育用品制造业的互动关系还比较弱，缺乏可持续发展的后劲。改善体育产业结构，提升体育产业的软实力成为湖北省新时期面临的重要挑战。

从体育产业空间布局看，湖北省体育产业的区域发展不平衡问题显著。以体育产业法人和产业活动单位分布密度为例，湖北省体育类企业分布比较零散，武汉市"一家独大"。2019年武汉体育类企业机构数为5 127家，约占全省体育类企业机构数的44%（图5-10）。市场主体数量偏低，体育工业园区对相关产业的拉动作用没有充分发挥。

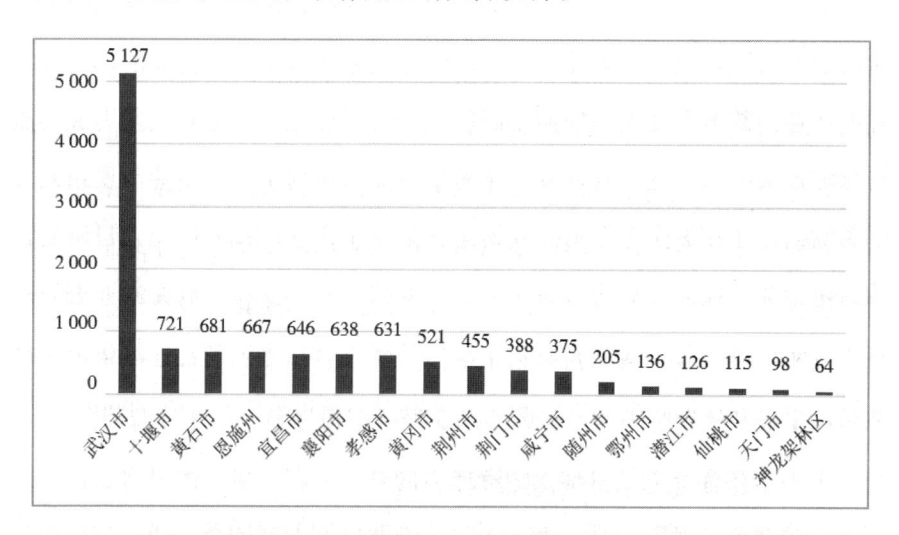

图5-10 2019年湖北省体育产业法人和产业活动单位分布密度

数据来源：湖北省体育产业公共服务平台。

（三）体育与相关产业融合度不够，难以适应体育需求结构升级

体育消费升级的背后，代表的是居民体育消费观念的转变以及对体育消费内容多样化的需求。然而，现阶段湖北省体育服务业的发展相对缓慢，体育与文化、旅游、医疗、养老等相关产业的融合程度不够，体育会展、

体育旅游、体育康复、体育建筑、体育科技等新兴业态还有很大的发展空间，体育产品和服务有效供给不足，难以满足居民多样化的消费需求。

"十三五"期间，湖北省的体育赛事取得了越来越高的关注，但体育赛事与相关产业的融合度不高也导致了难以打造精品体育赛事品牌。政府和体育赛事承办单位对赛事综合效益的价值认识仍然停留在体育赛事本身，缺乏对赛事社会效益的认识以及部门间的协作，大多数体育赛事本身的回报率较低，不利于提升承办单位举办大型体育赛事的积极性，同时赛事本身缺少人文元素，对当地旅游产业的带动作用有限，难以发挥体育产业的外部经济效益。

（四）体育企业投融资渠道窄

在体育产业市场主体的融资来源上，政府财政支出仍占据主导地位，并且政府用于体育事业的财政支出占总财政支出的比例还处于较低水平。湖北省体育市场主体投融资渠道"窄化"、产品同质化以及企业盈利和偿债能力不足等问题一直未得到根本解决。大多数体育企业的存活率低下，而省内又缺乏体育骨干企业，体育产业投融资市场力量还比较薄弱。

中小型体育企业受自身投融资能力的影响，存在更高的投融资门槛，面临比较严重的融资"难、贵、慢"的难题，而大型体育产业在品牌建设上同样面临融资压力。此外，体育投融资逐渐向大众健身、电子竞技类以及智能体育等新业态倾斜，导致传统体育产业投融资渠道受到挤占。拓宽体育企业的投融资渠道、降低其对政府财政支出的过度依赖成为实现湖北省体育产业市场主体可持续发展的关键所在。

（五）体育场地利用率低，运营成本高

尽管湖北省体育场地建设有了很大程度的改善，但仍然存在着运营成

本较高、体育资源利用效率低下等问题。第一，体育资源的所有者和经营者之间的责、权、利分配不合理，部分体育资产出现多头管理和无人管理的体制障碍，不利于体育资源经营管理效率的提升；第二，在公共体育场馆的改制与运营上，缺乏有效提高企业和社会力量参与度的激励机制；第三，现有体育场馆的利用率和开放度不够，体育资源的流动受阻，致使资产闲置和资源浪费，全民健身的消费需求难以得到有效满足，制约体育产业的进一步发展。

（六）体育赛事的市场化运作还不成熟

在竞技体育方面，体育赛事的运营还是采取以政府为主导、市场参与运营的运作模式，体育赛事的综合价值难以得到最大限度的发挥。首先，在体育赛事的运营过程中，存在着政府职能定位不清晰的问题，在体育赛事的管理上还存在政府干预过多的现象，导致体育赛事难以发挥灵活性，体育赛事的整体质量和品牌效应难以得到有效提升。其次，对体育赛事和优秀运动队的商业开发不够，企业对体育赛事的参与和体育赞助的热情不高，造成体育服务产品的浪费和体育无形资产的贬值。最后，体育中介机构发展滞后。体育中介机构的发展对刺激体育消费、提升赛事品牌附加值具有重要作用，但现阶段湖北省体育中介机构的滞后发展不利于体育赛事的市场化开发。

在群众体育方面，市场化供给能力还有待提升，与市场经济环境相契合的"政府主导、市场化运作、社会参与"的群众体育运行机制尚未形成。以群众体育赛事为例，湖北省各级政府行政部门承担着政策决策者的身份，同时也是具体赛事的直接或者间接提供者。2016年至2019年湖北省共举办群众体育赛事超过240个，赛事中政府参与主办的占比均超过85%，

2019年达到93%，而由市场主体自主供给的群众体育赛事数量却很少，说明群众体育赛事的运营仍然以行政为主导（图5-11）。

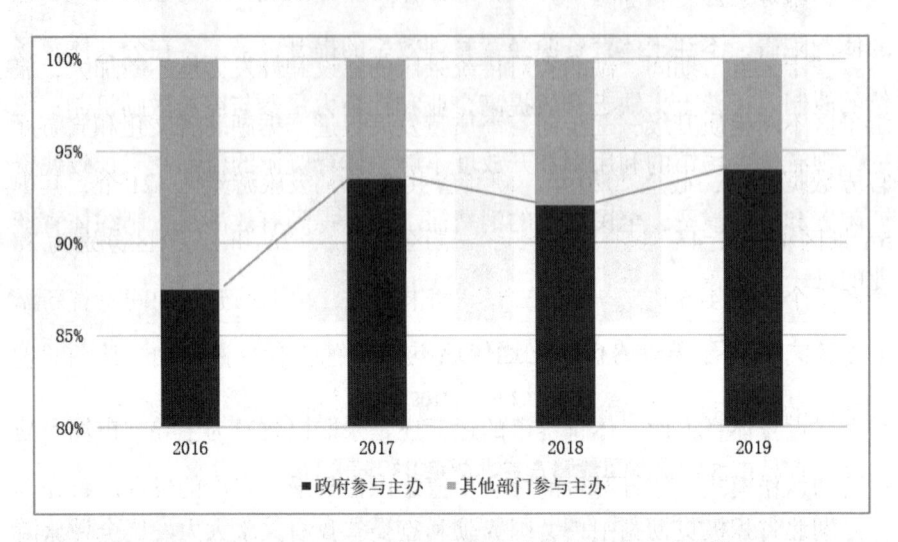

图5-11　2016—2019年湖北省群众体育赛事主办方情况

数据来源：根据公开资料整理。

四、促进湖北居民体育消费发展重点与对策

（一）深化"放管服"改革

深化场馆运营管理改革。积极探索PPP（public-private partnership）模式，广泛吸引社会力量投资体育场馆建设和运营，政府通过购买服务、补贴扶持等方式予以支持。提高体育资源配置效率，提高休闲健身设施供给数量和服务质量。引用现代企业管理制度，积极开展公共体育场馆"改造功能、改革机制"试点，推进场馆管理体制改革和运营机制创新。

优化完善赛事管理服务机制。明确体育赛事管理体制中的责、权、利关系，充分发挥政府行政管理部门对体育赛事的宏观调控作用，减轻管

第五章 "十三五"时期湖北体育消费发展情况

部门对体育赛事的行政干预，有序推进体育赛事市场化运作模式。优化体育中介机构的运营环境，促进体育中介服务业发展，最大限度地挖掘体育赛事的经济效益。完善体育赛事知识产权保护制度，推动体育赛事电视转播市场化运作，促进体育产业的持续健康发展。

（二）优化体育产业空间布局

加强对消费中心建设的统筹布局，将武汉打造成为湖北省体育产业增长极。进一步发挥各方面的优势，培育建设多层级消费中心，引导各地区更好发挥比较优势，有效促进供给体系、需求结构、流通网络和发展环境提质升级。着力建设辐射带动性强、资源整合有优势的区域消费中心，加强中小型消费城市的梯队建设，做好区域布局，形成各具特色、优势互补、协同发展的区域格局。充分利用武汉丰富的体育产业存量资源，支持社会力量投资体育产业，做大体育产业的增量资源。支持知名体育企业落户，同时鼓励企业提高自主创新能力，为武汉培育更多体育产业的骨干企业，打造国家体育产业示范单位。积极承办高端赛事，依托通航、汽车等产业链优势，不断扩大赛事品牌影响力，努力将武汉打造成为国际赛事名城。

以地区自然资源和文化资源为依托，促进区域特色体育产业发展。探索地区资源型开发模式，将宜昌、神农架、荆门、恩施等地打造成为以山地户外、体育休闲旅游、航空运动为主题的西部产业开发带，如支持神农架大力发展冰雪运动项目、鼓励宜昌举办龙舟竞渡活动等。加快东部产业开发带将文化资源优势转变为体育产品的竞争优势，将其打造成为登山攀岩、康养休闲、红色文化为主题的产业带，如黄冈市红安县作为革命圣地可以借力红色文化开展"重访大别山""重走长征路"等活动，打造体育旅游精品路线，仙桃依托体操文化打造"体操之乡"。

(三)改善产业结构,构建现代体育产业体系

创新发展体育制造业。建立促进体育装备制造业振兴发展联动机制,打造一批骨干企业和产业集聚区,构建较为完善的体育装备制造产业链。鼓励体育制造企业应用智能制造、人工智能、大数据等新兴技术,研发多样化、智能化的体育产品。借助湖北省内高等院校资源优势,支持体育企业积极与武汉体育学院、三峡大学等高校开展战略合作,加强核心技术和产品攻关。加快冰雪运动、航空运动和房车露营等热门行业装备器材制造业的发展,满足不断升级的体育消费需求。

大力发展体育健身休闲业。兼顾足球、篮球、网球、乒乓球、武术等传统运动项目和马术、击剑、跆拳道等时尚体育项目的发展。鼓励体育企业开发在线健身、线上赛事等消费新模式,积极推广居家健身。借力2022年北京冬奥会契机,大力推广普及群众性冰雪运动,推进"三亿人上冰雪"行动,进一步释放冰雪产业的消费潜力。

繁荣发展体育竞赛表演业。加强与国际单项体育协会合作,引进和培育一批长期落户湖北的国际顶级赛事。积极争取足球、篮球、马拉松等项目全国性体育协会支持,打造一批具有广泛群众基础、较高品牌价值的主场赛事。发挥湖北省通航、汽车等产业链优势,不断扩大世界飞行者大会、中国汽摩大会、武汉网球公开赛、荆门爱飞客飞行大会等赛事品牌影响力。

规范发展体育培训业。鼓励社会力量进入体育培训市场,对属于政府职责范围且适合通过市场化方式提供的体育类服务事项,可按政府采购方式交由符合条件的体育培训机构承担。教育部门、学校要加强与社会培训机构合作,开展形式多样的体育培训活动。支持退役运动员、退休教练员创办体育培训机构,完善体育培训机构的等级评定和从业人员的职业水平

第五章 "十三五"时期湖北体育消费发展情况

评定体系,充分借助互联网、大数据等技术手段,发展在线培训,提高体育消费黏性。

(四)实行"体育+"战略,推动体育产业融合发展

推进体育与旅游融合发展。支持旅游景区引入体育资源、开设体育项目,打造一批具有影响力的体育旅游精品景区、精品路线和精品项目,培育体育与旅游高度融合的体育综合体。鼓励具备条件的地方积极举办概念马拉松、网球、汽车越野、登山、滑雪等体育赛事活动,打造具有影响力的品牌赛事,同时满足游客观赛和观光的消费需求。充分开发地区山体资源,加快推进登山步道、山间绿道、自行车骑行道、汽车露营地等项目的布局和配置,将登山、徒步、越野跑等项目作为发展森林旅游的重要方向。建立文旅、体育部门协调联动机制,共同推进体育和旅游产业的融合发展。

推进体育与教育融合发展。积极开展"科学健身讲座进校园""科学健身知识竞答"等活动,推广基本体育运动技能。将学生体育成绩纳入评奖评优的指标体系,形成重视体育教育的良好氛围,推动每名学生熟练掌握至少一项终身受益的体育技能。支持学校积极开展体育课外训练和竞赛,鼓励体育培训机构与学校建立常态化合作关系,为学生体育训练和竞赛提供指导。加快学校体育教师队伍建设,积极引进退役运动员、专业训练员加入教师团队,提升体育教育的专业化水平。支持学校和体育部门建立运动员共同培养机制,提高学生体育项目的职业化水平,为国家竞技体育发展培育后备力量。

推进体育与医疗融合发展。充分发挥体育锻炼在提升健康水平方面的积极效应,鼓励社会力量开办运动康复机构,支持医疗机构引进运动康复

器材和设备、运动康复师，设立专门的运动康复科室，为患者提供科学的运动复健指导。逐步将体质检测和"运动处方"纳入居民健康体检和医疗机构诊疗服务范围。实现体质检测与健康体检"一站式"服务和信息共享，推动形成体医融合的疾病管理和健康服务模式。

推进体育与互联网融合发展。加快体育产业的线上和线下融合，提升电子商务平台提供体育消费的服务质量。全面推进互联网技术与体育服务业和体育制造业的深度融合，利用新媒体技术进一步推动体育产业的推广和升级。鼓励企业开发运动 App，借力互联网深度整合场馆资源，提高闲置体育资源的利用效率，满足全民健身的消费需求。支持电子竞技、冰雪、赛车、足球、篮球等项目为主体的智能体育赛事发展。

推进体育与商业融合发展。鼓励以大型商业设施、体育服务设施为基础，打造集体育、文化、旅游、商贸、娱乐等功能于一体的业态融合互动、功能复合多元、运行高效集约的体育综合体。制定体育综合体评定标准，推动现有商业综合体、闲置废旧厂房、旅游景区、户外营地等转型升级，打造多元融合的体育综合体。支持社会力量参与体育综合体建设和运营，创新体育综合体运营管理体制机制。

（五）推动体育消费提质扩容

健全消费引导机制。加强体育消费的信息服务，大力发展健身休闲消费，积极引导竞赛观赏消费和体育用品消费。完善健身设施网络。严格落实城乡居民住宅区全民健身设施达标要求，并与小区建设同步设计、同步施工、同步投入使用。

丰富健身产品和服务供给。支持体育企业开展体验式、智能化、个性化产品的研发生产，鼓励开发在线健身、线上赛事、智慧场馆等消费新

第五章 "十三五"时期湖北体育消费发展情况

模式。活跃竞赛表演市场。支持体育竞赛表演企业通过品牌输出、连锁经营等形式做大做强。着力打造以体育竞赛表演企业为主体，以旅游、交通、餐饮等为支撑，以广告宣传、纪念品开发等为配套的产业集群。

积极支持职业体育发展。着力发展足球、篮球、排球、网球、乒乓球、围棋等项目职业联赛，鼓励举办自行车、赛车、拳击、手球、棒垒球等项目职业赛事。支持企业、高校和社会力量创办体育职业俱乐部，完善适应省情和职业体育特点的职业运动员管理制度和职业体育荣誉体系。

第六章 "十三五"时期湖北文化消费发展情况

"十三五"时期，消费已然成为应对国际挑战、稳定国民经济、满足人民美好生活需要的关键问题，经济效益和社会效益并存的文化消费作用将更加凸显。洞察文化消费面临的历史机遇，把握文化消费的未来走向，持续促进高质量的文化消费，应成为新时代构建新发展格局需要关注的核心命题。面对新的时代背景和国际形势，习近平总书记做出了我国正处于"百年未有之大变局"的重要战略判断，文化消费也迎来新的历史机遇和重要挑战。以习近平新时代中国特色社会主义思想为指导，顺应文化消费提质转型升级新趋势，深化文化领域供给侧结构性改革，从供需两端发力，不断激发文化消费潜力。为此，国务院办公厅印发了《关于进一步激发文化和旅游消费潜力的意见》（国办发〔2019〕41号），旨在提升文化消费质量水平，增强居民消费意愿，以高质量文化和旅游供给增强人民群众的获得感、幸福感。湖北省结合全省文化消费现状，以习近平新时代中国特色社会主义思想为指导，坚定文化自信，在贯彻落实国家文化消费指导意

第六章 "十三五"时期湖北文化消费发展情况

见基础上,湖北省委、省政府印发了《关于加快全省文化产业高质量发展的意见》,旨在健全现代文化产业体系和市场体系,推动各类文化市场主体发展壮大,培育新型文化业态和文化消费模式,促进文化产业转型升级,大力实施文化品牌战略,努力使全省文化消费结构更加合理,消费环境更加优化,文化产品、服务供给更加丰富。

一、文化消费的内涵与发展现状

(一)中国特色社会主义文化消费的科学内涵

新时代我国社会主要矛盾的解决,需要文化消费的改善和提升。中国特色文化消费理论的发展,是当前中国特色社会主义理论发展的急切需要,也是解决当前中国现实问题的迫切需要。党的十九大报告指出:"中国特色社会主义进入新时代,我国社会主要矛盾已经转化为人民日益增长的美好生活需要和不平衡不充分发展之间的矛盾","满足人民过上美好生活的新期待,必须提供丰富的精神食粮"。"十二五"以来特别是党的十八大以来,在以习近平同志为核心的党中央坚强领导下,在各级党委政府大力推动和社会各界共同努力下,我国文化产业蓬勃发展、成效显著,文化产业总量规模稳步提升,文化领域创新创业日趋活跃,社会力量投资文化产业热情高涨,文化产品和服务更加丰富,新兴和特色文化产业都呈现良好发展势头,文化企业、文化产品和服务走出去加快步伐,文化产业在稳增长、促改革、调结构、惠民生等方面做出积极贡献,为"十三五"时期推动文化产业成为国民经济支柱性产业奠定了坚实基础。

"十三五"时期是我国全面建成小康社会的决胜阶段,也是推动文化产业成为国民经济支柱性产业的决定性阶段。世界经济正处于新旧增长动能转换的关键时期，新一轮科技革命和产业变革蓄势待发，我国经济发展进入速度变化、结构优化和动力转换的新常态。党的十九届五中全会明确提出要加快构建"以国内大循环为主体、国内国际双循环相互促进的新发展格局"。这一决策不仅是新发展阶段战略转变的必然要求，也是贯彻落实新发展理念的重要体现，更是新的发展形势下应对国际挑战的必然选择。新发展格局以扩大内需为战略基点，以国内大循环为重要基础，这也就意味着国内市场成为促进国内国际双循环的基本盘。在创新、协调、绿色、开放、共享的发展理念指引下，供给侧结构性改革全面推进，中国特色新型工业化、信息化、城镇化、农业现代化同步发展，"一带一路"建设、京津冀协同发展和长江经济带发展等国家重大战略深入实施，"文化+""互联网+"相互交融，文化产业发展空间更加广阔。但也应该看到，我国文化产业的整体规模还不够大，创新创意能力和竞争力还不强，结构布局还需优化，文化产品和服务有效供给不足，高端人才相对短缺，政策和市场环境有待完善。

综合判断，我国文化产业发展正处于可以大有作为的重要战略机遇期，也面临着不少困难和问题。站在新的历史起点上，面对新形势新要求，要进一步坚定文化自信，增强文化自觉，坚持创新驱动，推动文化产业转型升级、提质增效，实现文化产业成为国民经济支柱性产业的战略目标。

（二）文化消费提升要义

文化的吸引力以及透过娱乐而实现的文化引领，对提升一个国家的文化影响力具有重要作用。我们要通过树立世界先进文化理念、完善四大机制、建设两大工程、引领文化消费方式，实现文化强国建设目标。文化建设是新时代中国特色社会主义"五位一体"总体布局的重要内容，包括文化事业建设和文化产业建设两个大的领域。文化消费虽与两个领域都相关，但主要还是一个文化产业的问题，文化消费的提升首要相关的是文化产业的发展，厘清文化建设中政府与市场的关系，增强文化建设的活力。

"文化是一个国家、一个民族的灵魂"。我国"十四五"规划和2035年远景目标明确提出"推进社会主义文化强国建设"。进入"十四五"阶段，我国决胜全面建成小康社会已取得了决定性成果，人民生活条件得到大幅改善，人民对于美好生活的期待值也越来越高，不仅期盼物质富足，也向往精神富有，对精神文化产品的需求日益增强。推进"文化+"和"互联网+"战略，促进互联网等高新科技在文化创作、生产、传播、消费等环节的应用，推动文化产业与制造、建筑、设计、信息、旅游、农业、体育、健康等相关产业融合发展。

（三）中国文化消费现状

随着我国经济的快速发展，国家综合实力不断增强，居民收入水平稳步增长，生活水平也有了显著提高，人民的物质生活不断丰富和完善，人们开始越来越多地追求精神和文化生活，文化消费渐渐成为人们关注的消费新热点。

2020年末全国文化和旅游系统共有艺术表演团体2 027个，博物馆3 510个。全国共有公共图书馆3 203个，总流通56 953万人次；文化馆3 327个。有线电视实际用户2.10亿户，其中有线数字电视实际用户2.01亿户。年末广播节目综合人口覆盖率为99.4%，电视节目综合人口覆盖率为99.6%。全年生产电视剧202部7 476集，电视动画片116 688分钟。全年生产故事影片531部，科教、纪录、动画和特种影片119部。出版各类报纸277亿份，各类期刊20亿册，图书101亿册（张），预计人均图书拥有量 7.24 册（张）。年末全国共有档案馆 4 234 个，已开放各类档案 17 659 万卷（件）。据对全国 6 万家规模以上文化及相关产业企业调查，2020 年上述企业实现营业收入 98 514 亿元，按可比口径计算，比上年增长 2.2%。文化新业态特征较为明显的 16 个行业小类实现营业收入 31 425 亿元，增长 22.1%。

随着统筹推进疫情防控和经济社会发展工作取得显著成效，我国文化产业逐季稳步恢复，规模以上文化及相关产业企业营业收入增速由负转正，企业生产经营明显改善；"互联网+文化"保持快速增长，文化新业态发展态势向好。文化企业营业收入增速实现由负转正。2020 年，全国规模以上文化及相关产业企业实现营业收入 98 514 亿元，比上年增长 2.2%，与一季度、上半年、前三季度相比分别下降 13.9%、6.2%、0.6%，全年实现正增长。在文化及相关产业 9 个行业中，新闻信息服务和创意设计服务营业收入增速超过两位数，分别增长 18.0%、11.1%；文化消费终端生产、内容创作生产、文化投资运营 3 个行业持续稳步复苏，分别增长 5.1%、4.7%、2.8%；文化装备生产由前三季度下降 3.4% 转为增长 1.1%；文化娱乐休闲服务、文化传播渠道、文化辅助生产和中介服务 3 个行业分别下降 30.2%、11.8% 和 6.9%，但降幅明显收窄，"互联网+文化"新业态保持快速增长。据对全国 6.0 万家规模以上文化及相关产业企业调查，2020 年，上述企业实现营业收入 98 514 亿元，按可比口径计算，比上年增长 2.2%（前三季度下降 0.6%）；文化新业态特征较为明显的 16 个行业小类实现营业收入 31 425 亿元，增长 22.1%。其中，互联网其他信息服务、其他文化数字内容服务、互联网广告服务、娱乐用智能无人飞行器制造、可穿戴智能文化设备制造等 5 个行业小类的营业收入增速均超过 20%[①]。

（四）文化消费的提升思路

打通文化消费堵点，促进文化消费循环需要从消费主体、消费客体、消费环境三个方面着手，进行专项疏通。打通消费堵点是畅通国内大循环的应有之义，也是破除文化消费困境的必然选择。畅通国内大循环要求打通消费存在的堵点和痛点，全面促进消费。目前来看，我国文化消费的堵点主要集中在消费供给层次低、消费观念落后、消费环境不完善、消费渠道不畅通四大方面。就消费主体而言，要对居民的文化消费观念和消费习惯进行引导培育。从消费客体来看，应提升供给侧的质量，增加有效供给，坚持以品质为导向，以优质的内容生产和文化服务为核心，创造一批高质量的文化供给，实现社会效益和经济效益的双效统一。从消费环境着手，应加快完善文化市场制度，发挥相关政策的引领和保障作用，构建一个有利于文化产业长效发展的制度环境，以优质的市场环境和消费制度，促进文化消费质量的提升。

1.激发潜在消费，开辟文化消费新空间

激发潜在消费是开拓文化消费新空间的重要举措，也是扩大内需促进国内大循环的有力抓手，更是激发文化消费活力、释放消费潜力的必然要求。当前，我国文化消费市场主要面临三大转变，第一，物质水平的提升推动全民消费升级；第二，消费群体的更迭重塑文化消费需求；第三，信息技术变革消费习惯和消费方式。激发潜在消费需要深刻把握消费趋势的主要变化，从文化消费的供给侧出发，一方面应加强优质供给满足人们已

---

① 数据来源：国家统计局。

有的文化消费需求，另一方面应创造新的供给，激发人们潜在的文化消费需求，从而构建起全方位、多样化、高质量的文化供给体系，形成供给创造需求的良性循环。同时顺应数字经济的发展需要，加强信息技术在发掘文化需求中的应用，以大数据、云计算、人工智能、5G通信技术精准描绘用户画像，实现对于文化消费市场的整体把握和引领。

2. 引领新型消费，实现文化消费新突破

新型消费是消费结构升级、产业革命深化的必然结果，也是倒逼产业结构优化、提升消费供给质量的重要动力。以新的消费内容、消费方式和消费场景为重要内涵的新消费能够充分释放消费市场的内需潜力，实现文化产业创新发展。创造文化消费新内容应加速线下文化内容的线上转移，扩充线上数字化的文化供给种类，推动传统文化消费转型升级。创新文化消费形式应用好新的媒介形态和消费渠道，促进文化内容与科学技术深度融合，丰富文化消费的体验模式。创建文化消费新场景应顺应其数字化、虚拟化、体验化、跨界化、分众化等主要趋势，促进多要素复合型消费场景的构建，完善虚拟化消费场景，加快文旅融合、夜间经济等创新型文化消费场景的发展。

3. 推动跨界消费，拓宽文化消费新领域

跨界消费是文化产业与其他产业融合发展的结果，也是科技赋能实现消费业态升级创新的重要成果，不仅拓展了文化消费的领域，也创新了文化消费的形态，培育了文化消费新的增长极。跨界消费的本质就是打破传统文化消费的边界，使文化和创意元素向其他关联性较高的产业融合渗透，将传统消费升级为文化消费，其背后的支撑就是产业的融合发展。跨界融合最终要实现的是要素的渗透与产业链、价值链的叠加，从而实现产业的无边界化。推动跨界消费,可通过"文化+""技术+""信息+"三条路径重新整合文化生产、文化传播、文化消费的模式,促进文化产业与其他产业融合发展。

二、湖北文化消费的当前形势及发展趋势

(一)湖北文化消费当前形势

2014—2016年,湖北省文化及相关产业的增加值依次为742亿元、854亿元、954亿元,逐年上升且增幅显著,占全省GDP比重也持续提高,分别为2.71%、2.89%、2.92%[①]。但在中部六省的横向比较中,与增加值最高的湖南、河南两省还存在一定差距。"十三五"期间,湖北文化消费呈现出供给数量稳步提升,文化机构数量不断增长的良好发展势头。2016年末,全省共有国有艺术表演团体87个,群艺馆、文化馆122个,公共图书馆113个,博物馆156个。电影放映管理机构96个,放映单位1558个。广播电台6座,电视台6座,广播电视台77座,有线电视用户1064.87万户。全年出版全国性和省级报纸13.13亿份,各类期刊2.03亿册,图书2.61亿册。到2020年末,全省共有国有艺术表演团体87个,群艺馆、文化馆125个,公共图书馆115个,博物馆230个。电影放映管理机构103个,放映单位1797个。广播电台1座,电视台1座,广播电视台82座,有线电视用户1203万户。广播节目综合人口覆盖率为99.86%,电视节目综合人口覆盖率为99.82%。全年出版全国性和省级报纸5.7亿份,各类期刊0.7亿册,图书2.8亿册(表6-1)。全年规模以上文化及相关产业企业营业收入3

---

① 数据来源:湖北省统计局。

930.7亿元，下降1.2%。其中，国有艺术表演团体、文化馆、公共图书馆等数量和规模呈平稳发展趋势，广播电台和电视明显减少，有线电视、博物馆等呈现出良好增长势头，文化产业服务民生作用凸显。

表6-1 2016—2020年湖北省文化消费现状

类别	2016	2017	2018	2019	2020
国有艺术表演团体（个）	87	86	86	87	87
群艺馆、文化馆（个）	122	125	125	125	125
公共图书馆（个）	113	115	116	115	115
博物馆（个）	156	157	157	200	230
电影放映管理机构（个）	96	96	96	103	103
放映单位（个）	1 558	1 612	1 663	1 837	1 797
广播电台（座）	6	8	6	5	1
电视台（座）	6	6	6	5	1
广播电视台（座）	77	75	77	79	82
有线电视用户（万户）	1 064.87	1 079.4	1 119.6	1 073.3	1 203
全国性和省级报纸（亿份）	13.13	11	9.1	7.4	5.7
出版各类期刊（亿册）	2.03	1.5	1.2	1.1	0.7
出版图书（亿册）	2.61	2.3	2.5	2.8	2.8

数据来源：湖北省统计局。

（二）湖北文化消费发展趋势

第一，数字文化产业引领发展。湖北省积极培育数字出版、数字影音、动漫游戏、数字传媒、数字学习等数字内容产业，支持内容软件、移动互联、VR（虚拟现实）/AR（增强现实）快速发展。以武汉为中心，辐射带动宜昌、襄阳、荆州、荆门、孝感、十堰等市、州，重点培育引进一批数字文化领军企业，形成产业链条完善，特色优势明显的数字文化产业集群。积极运用新技术，推动一批面向数字文化细分领域的重点应用系统建设，建设数字文化行业数据平台，丰富产品内容和服务。完善产业链，拓展细分行业新领域，加强产业分工协作，向高端产业链转型。加快专业化的产业基地和园区建设，组建产业创新联盟，提升创新服务功能，推动数字产业规模化、

第六章 "十三五"时期湖北文化消费发展情况

质量化发展。重点推进东湖国家级文化和科技融合示范基地、华中国家数字出版基地、光谷创意产业基地、南湖创意产业园、襄阳云谷、宜昌三峡软件园等园区和基地建设。

第二，特色文化产业迅速发展。让文物活起来、火起来。在数字化浪潮面前，充分借助社会力量，用好数字技术，依托湖北省独特的文化资源，通过创意转化、科技提升和市场运作，提供具有鲜明区域特点和民族特色的文化产品和服务的产业形态。随着供给侧结构性改革不断深化，各类特色文化产品与服务供给日益丰富，越来越成为文化消费的重要组成部分。以工艺品、演艺娱乐、文化旅游、特色展览、文化创意等新兴业态为代表的特色文化产业各业态快速发展，产品与服务供给总量和质量显著提升，特色文化产业发展更加注重挖掘产品与服务的文化内涵，创意设计和开发水平有较大提升，更加注重以独特的文化元素避免同质化竞争，助力差异化发展，越来越多的特色文化资源深度融入文化产业各个领域，特色文化产业的内涵和外延得到拓展，特色文化产品与服务对文化消费的带动作用日益显现。

第三，文化与旅游消费融合发展。推动文化和旅游融合发展，打造文旅融合发展示范中心城市。2021年，武汉市荣获首批"国家文化和旅游消费示范城市"荣誉。以"国家文化和旅游示范城市"建设为契机，以讲好中国故事为着力点，建设一批富有文化底蕴的世界级旅游景区和度假区，打造一批文化特色鲜明的国家级旅游休闲城市和街区，发展红色旅游和乡村旅游。"十三五"期间，湖北省坚持以文化和旅游供给侧结构性改革为主线，注重发挥政策杠杆效应，从供给与需求两侧发力，积极探索"政策引导型"扩大文化和旅游消费新模式。加强形象宣传和市场推广，增强湖北文化与旅游消费的吸引力。充分利用新媒体营销，与抖音、斗鱼、百度、新浪、国际在线、长江网等新媒体平台开展宣传营销合作,打造文化传播和旅游推广新阵地。

三、湖北文化消费的发展方向

(一)湖北文化消费在扩大数量上的发展方向

1. 改善文化消费条件

加强文化消费场所建设,推动区域文化中心、文化街区、文化广场、小剧场、文艺演出院线等文化消费基础设施建设。支持大中城市建设文化娱乐综合体,鼓励把文化消费嵌入各类消费场所。鼓励社会力量通过政府购买服务、政府和社会资本合作等方式,参与文化设施的建设和运营,加强文化消费项目的拓展和创新。鼓励企业、机关、学校的文化设施通过合理方式面向社会开放。开发文化消费服务平台和文化消费信息数据库平台,完善文化消费综合信息服务,加强文化消费监测分析。积极开发新型文化消费金融支持和服务模式,创新文化消费信贷产品,进一步提高文化消费便利化水平。

2. 释放文化消费需求

充分发挥文化消费试点城市典型示范和辐射带动作用,以点带面,形成若干行之有效、可持续和可复制推广的促进文化消费模式。鼓励各地结合举办已有各类节庆、展览等活动,形成一批主题鲜明的文化消费活动品牌,营造积极健康的文化消费氛围。通过政府购买、税费补贴、积分奖励等多种手段,激发群众文化消费意愿,培育文化消费习惯,提高城乡居民文化消费能力。鼓励在商业演出中安排一定数量的低价场次或门票。鼓励

第六章 "十三五"时期湖北文化消费发展情况

网络文化运营商开发更多低收费业务和优质产品,促进数字文化消费。积极培育和发展农村文化消费市场。

(二)湖北文化消费在提升质量上的发展方向

以习近平新时代中国特色社会主义思想为指导,坚持以人民为中心和新发展理念,明确了推动公共文化服务品质发展、均衡发展、开放发展、融合发展的四条原则,并紧紧围绕公共文化服务发展中的重点领域和关键环节,确定了"十四五"时期推动公共文化服务高质量发展的基本政策措施和实施路径。

1. 加强部门合作,推进区域协同发展

加强部门合作,积极开展基层试点,落实和完善相关法律法规,推动各级财政保障到位,培养专家型干部,加强基层文化队伍培训。加强科技创新与转化,提供发展支撑。建立健全以企业为主体、市场为导向、产学研相结合的文化技术创新体系,加强文化产业领域重大科技创新,着力推进新一代信息技术在文化产业领域的集成与应用。加强区域合作交流,与沿江省市合作,共同打造长江黄金文化与旅游带,打造中小型、主题性、特色类的文化旅游演艺产品,培育一批有较强知名度、影响力的文化品牌,推动文化产业成为湖北省国民经济支柱性产业。

2. 构建评估标准体系,完善评估运用机制

落实国家基本公共服务标准,在财政承受范围内制定地方标准,进一步完善公共文化机构建设和服务标准规范,构建公共文化服务评估标准体系,完善评估定级结果运用机制。通过补短板、强网络、促融合等方式统筹完善公共文化设施网络布局,提高服务效率,特别强调以县级图书馆、

文化馆为抓手,优化布局服务网络,将工作基础好的乡镇文化站建设为覆盖周边的区域分中心,立足城乡特点,满足城乡居民对高品质文化生活的期待,营造小而美的公共阅读和艺术空间。

3. 促进文化产业高质量发展

坚持把社会效益放在首位、社会效益和经济效益相统一,完善文化产业规划和政策,健全现代文化产业体系和市场体系,提升湖北文化产业竞争力。推动公共文化服务融入城乡居民生活,提高群众知晓率、参与率和满意率,做大做强全民艺术普及品牌,加强云平台建设、数字资源建设,拓宽数字文化服务应用场景。加大政府购买公共文化服务力度,稳妥推动基层公共文化设施社会化运营,创新监管方式,规范推广政府与社会资本合作(PPP)模式,持续促进文化志愿服务特色化发展。将乡村文化建设融入城乡经济社会发展全局,融入乡村治理体系,活跃乡村文化生活、提升乡村文化建设品质、推动乡村文化和旅游融合发展。

(三)湖北文化消费在提升满意度上的发展方向

提升治理能力,完善发展保障体系。加快推进文化治理体系和治理能力现代化,创新文化产业发展的体制机制,进一步完善文化产业政策法规体系,加快文化产业促进法立法进程,落实完善文化经济政策,强化人才支撑,优化公共服务,加强统计应用,全面营造有利于文化产业发展的良好环境。

1. 创新体制机制

坚持党委领导、政府管理、行业自律、社会监督、企业依法运营,建立健全文化产业管理体制和运行机制。深化文化行政部门职能转变,深入推进行政审批制度改革,加强事中事后监管,促进简政放权、放管结合、

第六章 "十三五"时期湖北文化消费发展情况

优化服务。健全国有文化资产管理体制机制。推动文化企业建立健全有文化特色的现代企业制度，完善社会效益和经济效益综合考核评价指标体系。加强博物馆、美术馆、图书馆等文化文物单位运行体制机制改革创新，推进文化创意产品开发。推进文化产业领域行业组织建设，健全内部管理制度，积极发挥行业组织在行业自律、行业管理、行业交流等方面的重要作用。推动文化产业发展与文化安全工作有机结合，通过提升文化产业整体实力和竞争力、加强文化市场建设，提升国家文化安全保障能力，有效维护国家文化安全。

2. 推进法治建设

加快制定出台文化产业促进法，把行之有效的文化经济政策法定化，健全促进社会效益和经济效益有机统一的制度规范。推动出台《文化市场综合行政执法管理条例》，修订《营业性演出管理条例》《互联网上网服务营业场所管理条例》《娱乐场所管理条例》等。建立健全重大决策合法性审查和公平竞争审查工作制度。加强互联网文化管理法规制度建设。深化文化市场综合行政执法改革，全面落实行政执法责任制。

3. 完善经济政策

结合文化产业发展实际需要，加大政策创新和执行力度，进一步推动完善文化经济政策体系，加强对政策落实情况的评估督导。创新政府投入方式，逐步引入市场化运作模式，加大对具有较好市场前景、战略性、先导性的文化产业创新创业项目支持力度。争取各类财政资金、基金加大对文化产业的支持力度，提高资金使用效益。鼓励文化产业类投资基金发展，综合运用设立基金、阶段参股、风险补助和投资保障等方式吸引社会资本投入文化产业。研究出台文化产业专项债券发行指引，推动将文化用地纳入城乡发展规划、土地利用总体规划，在国家土地政策许可范围内，优先保证重要文化产业设施、项目用地。鼓励将城市转型中退出的工业用地根据相关规划优先用于发展文化产业。鼓励将旧厂房、仓库改造成文化创意场所，推动落实在五年内继续按原用途和土地权利类型使用土地的过渡期政策。持续推动落实经营性文化事业单位转制为企业、支持文化创意和设计服务发展、支持动漫产业发展、发展对外文化贸易、支持小微文化企业发展等税收优惠政策。

4. 强化人才支撑

以产业发展为导向，以高端内容创作、创意设计、经营管理、投资运营、数字文化、文化金融等人才为重点，加强对文化产业人才的培养和扶持，为文化产业发展提供强有力的人才支撑。针对文化产业发展重点领域，办好各类人才培训班、研修班。推动文化产业相关学科专业建设，鼓励有条件的高等学校、中等职业学校和其他教育机构等开设文化产业相关专业和课程。发挥高校院所、培训机构、文化企业、园区基地、众创空间、孵化器等各自优势，推进产学研用合作培养人才。鼓励有条件的地区出台文化产业高端人才引进政策。鼓励通过"走出去、请进来"的方式，加强与各国文化产业界的交流合作，培养国际化人才。加强文化产业领域智库建设，鼓励各地结合实际建设文化产业专业智库，发挥好文化产业研究和咨询机构、文化产业专家委员会等在理论创新、智力支持、督查指导和项目评审等方面的作用。

5. 优化公共服务

持续推进文化和旅游部文化产业公共服务平台建设，增强综合信息服务、项目宣传推介、公共技术支撑、投融资服务、资源共享、统计分析等

第六章 "十三五"时期湖北文化消费发展情况

功能。鼓励和支持各地建设文化产业服务、孵化平台,促进文化企业创新,降低创业成本。建立支撑文化市场宏观决策、市场准入、综合执法、动态监管等核心应用的文化市场技术监管系统,形成统一的信息共享平台、信用服务平台、业务关联平台、应用集成平台和技术支撑平台。建设文化消费服务平台,引导文化企业扩大文化产品和服务的有效供给。

6. 加强统计应用

加强与统计部门沟通合作,建立部门间文化产业数据共享机制。开展文化产业数据调查工作,推动各地文化行政部门建立数据统计机制。建设文化产业数据统计平台,设立数据监测点,采取多种手段丰富数据来源,逐步建立文化系统文化产业数据调查机制。加强对文化产业数据的分析研究,做好数据应用工作,提升文化产业工作决策科学化水平。

7. 抓好组织实施

各级文化行政部门要充分认识文化产业发展的重要意义,积极推动各级党委和政府把文化产业发展摆在重要位置,在党委和政府的领导下,立足地方实际,把握产业发展规律,突出地方特色,加强对规划落实情况的监督检查。要认真履行职责,加强与发展改革、财政、税务、金融、教育、科技、工业和信息化、国土资源、商务、旅游、统计等部门的沟通协调,争取各项政策对文化产业发展的支持,确保各项任务措施落到实处。

四、湖北文化消费面临的挑战

(一)数字文化产业创新发展面临问题

推动数字文化产业创新发展,是加快发展新型文化企业、文化业态、文化消费模式，改造提升传统文化业态，推动文化产业全面转型升级，提高质量效益和竞争力的重要举措。当前，湖北省数字文化产业快速发展，不断涌出新业态、新模式，但传统文化产业的数字化转型仍处于起步阶段，存在较多薄弱环节。为此，深入贯彻落实湖北省《关于促进信息消费扩大内需的意见》（鄂政发〔2014〕8号）和《省人民政府关于加快推进智慧湖北建设的意见》（鄂政发〔2015〕52号）等政策意见，从丰富网络文化信息内容，培育文化消费新需求角度，提出实施数字图书馆、文化信息资源共享和视听节目资源库建设工程，丰富信息消费内容产品供给；推动主流媒体与互联网等新型传播媒体融合发展，促进优秀文化产品网络传播；大力发展数字新媒体，培育一批实力较强的骨干企业，推进以新媒体为主导的新兴文化产业发展。

湖北省大力推动智慧广电5G建设，发展网络视听、数字出版、动漫游戏、创意设计等新兴产业，推动出版发行、影视制作、演出服务等传统产业转型升级。加快实施信息惠民工程，推动基本公共服务向基层延伸，构建优质高效、方便快捷的公共服务信息平台，解决文化等领域民生热点问题。经过培育，近年来涌现出了武汉斗鱼、盛天网络等一批互联网龙头企业。武汉斗鱼已成长为全国最具影响力的直播企业，注册用户超过2亿人，日活跃消费用户3 200万人次，日营业充值流水近2 000万元。武汉光谷在互联网文学IP、动漫、游戏、直播、平台等方面，形成了业态完备、融合度高、在全国具有一定竞争力的互联网+文化产业生态。

（二）文化和旅游融合发展面临问题

当前湖北省在推动文化和旅游融合发展的过程中，面临着融合开发深度不够、融合产品缺乏创新、融合发展缺乏基础支撑等问题，制约产业整

第六章 "十三五"时期湖北文化消费发展情况

体发展。"十四五"期间,湖北省应重点引导文化和旅游场所增加参与式、体验式消费项目,积极拓展文化消费广度和深度。促进文化、旅游与现代技术相互融合,发展基于5G、超高清、增强现实、虚拟现实、人工智能等技术的新一代沉浸式体验型文化和旅游消费内容,提升文化、旅游产品开发和服务设计的数字化水平,引导文化企业和旅游企业创新商业模式和营销方式。

此外,湖北省将继续坚持以文塑旅、以旅彰文的融合发展思路,推广"灵秀湖北"文旅形象。加大荆楚文化资源和旅游资源的挖掘、展示和传播力度,推出一批文化旅游特色品牌和线路,打造一批集文化创意、休闲度假于一体的文化旅游综合体,建设一批以景区景点、文博场馆、名镇名村、商业街区等为依托的文化旅游消费集聚区,培育一批具有特色主题的文化旅游融合品牌。启动新型文旅商业消费聚集区配套设施建设,鼓励各地建设集合文创商店、特色书店、小剧场、文化娱乐场所等多种业态的消费集聚地。同时,继续举办中国(武汉)文化旅游博览会,打造"一江两山"旅游品牌,建设知名的文化旅游目的地和长江国际黄金旅游带。在巩固城市旅游、风景名胜旅游的基础上,大力发展红色旅游和乡村旅游,持续推进湖北旅游强县名镇名村创建。实施全域旅游示范区创建工程,建设一批世界级、国家级文化旅游景区和度假区,打造"一部手机游湖北"综合服务平台,构建覆盖全省的智慧旅游体系。积极创建国家级旅游休闲城市和街区及文化和旅游消费试点示范城市。深入挖掘湖北特色文化元素,加强特色文化小镇、文化名村和特色街区建设,加强汉绣、楚式漆器等文化文物文创产品开发。打造一批知名度高、影响力大的湖北文化品牌。

（三）文化管理体制机制面临问题

湖北省文化管理体制机制改革已处于深化和拓展阶段，但仍存在一些问题：一是职能分工界定不清致使社会效益和经济效益无法统一；二是错综复杂的管理模式以及文化管理的滞后致使被管理单位无所适从，或出现投机取巧的"灰色地带"。下一步，湖北省将建立健全党委领导、政府管理、行业自律、社会监督、企事业单位依法运营的文化管理体制机制。

一是完善法人治理结构，加强行业组织建设。进一步深化国有文化单位改革，出台深化国有文艺院团改革的政策措施，推动公共文化馆、图书馆、博物馆、美术馆等进行理事会制度、委托运营等方面的创新探索。二是完善管人管事管资产管导向与管党建相统一的国有文化资产监管体制和长效机制，加强国有文化单位社会效益评价考核，指导推动各类文化企业牢牢把握正确导向。三是完善文化市场信用监管体系，深化文化市场综合执法改革，持续开展"扫黄打非"，营造良好的社会文化环境。

五、促进湖北居民文化消费发展重点与对策

文化消费在促进全省城乡居民的全面发展和素质提高方面有区别于其他消费的作用。在当前经济进入新常态，结构调整、增速放缓、结构优化、动能转换的前提下，扩大健康向上、正能量的居民文化消费非常有价值。作为产业发展的内生动力，文化消费能否补齐短板，进而发挥拉动经济的积极作用，不仅关系到文化产业的繁荣发展，也是培育新的经济增长点、深化文化领域供给侧结构性改革的题中之意。对于湖北省文化产业发展而言，扩大和引导文化消费是一项创新性的工作，充分的调研、扎实的前期试点和科学合理的试点方案是这项工作科学有序完成的重要保障。

第六章 "十三五"时期湖北文化消费发展情况

(一)加强公共文化服务保障

推进城乡公共文化服务体系一体建设,广泛开展群众性文化活动,让人民享有更加充实、更为丰富、更高质量的精神文化生活。"十四五"期间,湖北省将加快推进文化产业、互联网等领域融合发展,鼓励软件和信息服务企业、电信运营企业、软硬件厂商和系统集成企业积极参与"互联网+"文化建设,支持公共文化数字服务平台建设,以应用模式创新和商业模式创新,推动文化产业大发展。助力全省推广武汉、宜昌文化消费试点经验,通过政府购买、消费补贴等途径,培育新的文化消费增长点,引导和支持文化企业开发新技术、新产品,发展新业态和新模式,打造多元文化消费空间。建立健全社会资本参与机制,多渠道推进文化消费配套设施建设,在城市商业建设中,规划建设一批交通便利的文化消费综合体。通过发放文化消费卡、举办文化消费季、文化展会等,为群众提供更多质优价廉、便捷高效的文化消费体验。

(二)完善公共文化服务体系

优化城乡文化资源配置,引导优质文化资源和文化服务更多地向农村倾斜,增加农村公共文化服务总量供给,促进城乡文化协调发展、共同繁荣。实施公共文化设施建设提档升级工程,推进公共文化服务标准化建设。创新实施文化惠民工程,加强特殊群体公共文化服务保障,打造长江讲坛、长江读书节、"文化力量·民间精彩"群众广场舞展演等一批公共文化品牌,常态化开展荆楚"红色文艺轻骑兵""文化进万家""书香荆楚·文化湖北"等活动。推进公共文化数字化建设,加强数字图书馆、数字文化馆、数字档案馆、数字博物馆、数字非遗展示馆、数字农家书屋等建设,打通各层级公共文化数字平台,打造公共文化数字资源库群。推进公共文化服务智能化、社会化发展，推动"群众点单"和"政府买单"更好对接，鼓励社会力量积极参与，全面提升乡镇影院、农村智能广播网等公共文化服务效能。加强宣传思想文化人才队伍建设。

（三）繁荣文化作品创作生产

坚持为人民服务、为社会主义服务，坚持百花齐放、百家争鸣，全面繁荣新闻出版、广播影视、文学艺术事业。完善文学、戏剧、电影、广播、电视、音乐、舞蹈、美术等文化作品创作生产传播的引导激励机制。实施文艺作品质量提升工程，扶持大众文艺创作，加强现实题材创作，不断推出反映荆楚大地新时代新气象、讴歌人民新创造的文艺精品，创建一批大众文艺特色品牌。推动网络文学、网络音乐、网络剧、微电影、网络动漫等新兴文艺类型健康有序发展。加强文艺理论和评论工作。聚焦全面建成小康社会、抗击疫情、中国共产党成立100周年、党的二十大、新中国成立75周年等主题，及时推出一批高质量文艺作品。实施振兴武汉戏曲大码头工程，努力把武汉建成区域性戏曲文化中心。积极承办全国文化艺术节会活动，不断扩大湖北艺术节、湖北地方戏曲艺术节等重大文艺活动社会影响。加强对外文化交流，创新文明对话渠道和机制，打造"荆楚文化走世界""荆楚文化丝路行""五洲游客聚湖北""荆楚文化导游说"等文化传播品牌，讲好中国故事、湖北故事。

（四）推动荆楚文化传承创新

加强文物保护利用和文化传承创新，挖掘红色文化、长江文化、炎帝神农文化、楚文化、三国文化、青铜编钟文化、武当文化、少数民族文化等特色资源，推进优秀传统文化创造性转化和创新性发展，彰显荆风楚韵独特魅力。加强长江文明溯源研究，挖掘代表性文化符号，建设长江文化展示平台。实施荆楚大遗址传承发展工程，推进国家考古遗址公园、湖北省文化遗址公园建设，加强荆州古城疏散与保护。完善非物质文化遗产传承体系，抓好非物质文化遗产抢救性保护和生产性保护。实施传统工艺振兴工程和曲艺传承发展计划。加强武当山古建筑群、钟祥明显陵、唐崖土司遗址等世界文化遗产的保护利用。推进"万里茶道"、"关圣史迹"、黄石矿冶工业遗产申报世界文化遗产。推进长征国家文化公园（湖北段）建设，加强大别山区革命文物保护利用，办好"荆楚大地红旗飘"等一批革命文物精品展览。加强考古能力和考古学科建设，参与"考古中国"项目，创建长江文明传承创新示范区。推进武陵山区（鄂西南）土家族苗族文化生态保护实验区建设。加强古籍保护、研究和利用，推进《荆楚文库》编纂出版和数字化转化。做好地方志编纂，强化地情资源开发利用。

（五）优化文化产业发展布局

积极发展具有民族特色和地方特色的传统文化艺术，深入挖掘荆楚文化精髓，打造炎帝文化、道教文化、佛教（禅宗）文化、土司文化、李时珍医道文化和曾都文化等特色品牌，大力弘扬大别山红色文化，提升红色文化的经济价值，推动湖北文化品质和服务质量的提高。整合荆州、鄂州、黄州、襄阳、赤壁三国历史文化资源，通过城市景观、道路名称、街区设计等形式深度挖掘当地特色荆楚文化内涵。"十四五"时期，争取建成一批主导产业特色鲜明、集约配套完备的文化产业聚集区，培育一批实力雄厚、核心竞争力强的骨干文化企业，文化产业增加值占GDP比重超过全国平均水平。到2025年底，建立完善的现代文化产业体系和市场体系。

（六）大力培育文化市场主体

实施"百强、千特、万众"主体培育行动，形成龙头企业引领、骨干企业带动、"专精特新配"企业蓬勃发展的良好生态。着力培育一批以省级文化产业示范园区、基地为代表的大园区、大企业，打造一批知名文化品牌。加快培育一批年产值超亿元核心企业，着力发展报刊、出版发行、印刷复制、影视、广电、动漫、数字网络和设计服务等八大重点产业集群。支持文化产权交易，提升文化服务内涵和品质，推动文化与工业、农业、科技、旅游、信息、物流等产业融合发展，促进文化创新和产业升级换代。

（七）提高文化走出去水平

进一步扩大湖北文化国际传播力、竞争力和影响力，实现合作共赢。积极培育具有国际竞争力的外向型文化企业，鼓励和引导文化企业加大内容创新力度，创作生产具有湖北特色、面向国际市场的文化产品和服务。加强出口平台和营销渠道建设，鼓励文化企业通过电子商务等形式拓展国际业务。鼓励各类企业在境外开展文化领域投资合作。鼓励外资企业在湖北省进行文化科技研发，发展服务外包。

第七章　"十三五"时期湖北家政服务消费发展情况

　　家政服务业是指以家庭为服务对象，由专业人员进入家庭成员住所提供或以固定场所集中提供对孕产妇、婴幼儿、老人、病人、残疾人等的照护以及保洁、烹饪等有偿服务，满足家庭生活照料需求的服务行业。2018年，我国家政服务业的经营规模达到5 762亿元，同比增长27.9%，从业人员总量已超过3 000万人。家政服务业作为新兴产业，对促进就业、乡村振兴、保障民生具有重要作用。为贯彻落实国务院办公厅《关于促进家政服务业提质扩容的意见》（国办发〔2019〕30号），促进湖北省家政服务业提质扩容，实现高质量发展，湖北省政府办公厅发布《关于加快发展家庭服务业的实施意见》（鄂政办发〔2019〕4号），按照建设中部服务业强省的战略定位，加快湖北省服务业疫后恢复发展，以满足城乡居民多元化、多层次服务消费需求为目标，持续推动家政服务业提质扩容，推进家政服务标准化、规范化建设，基本建立行业发展规范、群众满意度高的家政服务体系。

一、家政服务消费发展现状

（一）家政服务业发展现状

近几年，家政服务业保持良好发展势头，社会对家政服务的需求持续增长，家政服务产业规模继续扩大，家政服务领域就业人数不断增多。随着互联网+家政服务的发展，家政服务线上线下融合进一步加深，知名品牌不断涌现，总体上看，服务供给进一步增加，服务质量进一步提高。

1. 家政服务需求持续扩大

近几年来，由于经济社会发展和人民更高生活质量的追求，我国部分城市家政行业蓬勃发展，家政企业数量增多，家政服务业正逐渐被更多的人接受。随着我国人口老龄化日益加剧、全面"二孩"政策深入实施以及中产阶层不断扩大，家政服务需求旺盛，尤其是母婴照护、居家老年人看护、小时工等家政服务需求持续高速增长。有关部门的数据显示，家政服务员、育婴员、养老护理员等长期位列全国"最缺工"职业排行榜前列。"全面二孩"政策实施以来，我国每年至少需要职业育婴员、保育员近1 000万人次。我国有2.49亿老年人、4 400万失能半失能老年人，而养老护理从业人员仅30万名，需求缺口很大。

2. 家政服务企业规模持续扩大

据统计显示，我国家政服务企业数量增速放缓、企业规模增速加快，2015年全国家政服务企业同比增长4万家，2016年同比增长2万家，2018年家政服务业经营规模达到5 762亿元，同比增长27.9%。我国家政服务业市场潜力巨大，具有成为万亿级产业的潜力，发展前景向好。同时，大量社会资本介入，推动一大批家政服务龙头企业高速增长。

第七章 "十三五"时期湖北家政服务消费发展情况

3. 家政服务从业人员规模持续增长

2017年，受益于国家脱贫攻坚政策、全国家政服务劳务对接扶贫行动和"百城万村"家政扶贫试点行动，一大批贫困妇女进入家政服务行业。2018年，家政从业人员总量已经超过3 000万人。

4. 家政服务知名品牌不断涌现

随着社会对品牌家政服务企业的认同度逐步提升，全省涌现出一批全国知名家政服务品牌，打造了一大批区域性家政服务龙头企业。

5. 互联网＋家政服务快速发展

在国家"互联网＋"战略和互联网技术的推动下，一大批互联网企业直接或间接加入家政服务行业。家政服务O2O模式得到快速发展，催生一大批互联网＋家政服务企业，促进了家政服务信息平台建设，提升了家政服务供需对接、客户和服务人员管理、市场推广等方面的效率。在家政服务市场快速发展的影响下，不少家政服务企业进入资本市场在新三板挂牌上市。目前，一批家政服务企业已经完成A轮、B轮融资，融资规模多在百万、千万美元以上，带动家政领域中小微企业统一服务标准、提升服务品质，实现抱团创业，发挥家政服务大企业龙头作用，打造智慧家政服务平台，带动更多市场主体参与创业。

（二）家政服务业市场规模

家政服务涉及20多个门类，200多个服务项目，适应市场需求的多样性特点，行业也呈现出多样化发展态势。家政服务行业分析指出，传统的保洁、搬家、保姆等项目不断细分，月嫂、陪护、聊天、理财、保健等服务不断成为家政服务的主要内容。

"十三五"期间，由于经济社会发展和人民更高生活质量的追求，我国部分城市家政行业蓬勃发展，家政企业数量增多，家政服务业正逐渐被更多的人接受。据市场调查数据显示，"80后""90后"已成为家政服务主要使用人群，其中"80后"家庭占使用人群的58%，"90后"家庭占使用人群的21%，年轻一代在家政服务上的支出已经成为日常生活开销的重要组成部分。我国城镇现有1.9亿户家庭，约15%的家庭需要家政服务。根据中国家政服务协会测算，全国600多万户家庭中，至少有200万户需要家政服务。

从细分业务来看，由于我国老龄人口增加，老龄化加剧，导致养老看护业务提升明显。2016年养老看护营收占比仅为17.7%，到了2019年养老看护业务营收占比达到了30.4%，预计养老看护业务将成为家政服务营收的重要增长点。目前家政服务业最重要的两块业务是母婴护理和养老看护，两者合计占据61.8%的营收。

从营业总收入来看，家政服务行业现状指出，我国大部分企业营业额在50万元左右，少数规模较大的企业年营业额已达1 000万元以上。家政服务业营业总收入占第三产业增加值的比重不到1%，占居民服务、修理和其他服务业增加值的比重仅为三成。家政服务业的产业规模总体偏小，而且家政服务企业以小微企业居多。2019年规模以上企业总计14万家，仅占家政服务机构总数的21.2%，2016年以来规模以上企业占比呈逐年下降趋势。

中国家政服务业从业人员和从业机构呈增加态势。2016年，中国家政服务业企业有66万家，同比增长3.1%，中国家政服务业企业总资产3 143亿元，同比增长8.7%。中国家政服务业从业人员2 542万人，同比增长9.3%。

第七章 "十三五"时期湖北家政服务消费发展情况

规模以上家政服务企业从业人数达 1 093 万人，同比增长 12.0%；规模以下家政服务企业从业人数为 1 449 万人，同比增长 7.3%。2017 年中国家政服务行业营业收入达到 4 400 亿元，同比增长 26.0%，2015～2017 三年年均复合增长率为 25.9%。2019 年，全国家政服务业各类服务企业和网点近 50 万家，从业人员 1 500 多万人，年营业额近 1 600 亿元。

总的来说，我国家政服务业已初具规模，众多家政服务公司如雨后春笋般出现在各个城市，有些甚至已形成行业品牌，产业链已形成从员工到企业、平台再到家庭消费者。随着"互联网+"时代的到来，"互联网+家政服务业"也迎来了新的发展机遇，O2O 的商业模式使得家政服务市场风起云涌。

（三）家政服务业政策环境

1. 推动生产性服务业融合化发展

以服务制造业高质量发展为导向，推动生产性服务业向专业化和价值链高端延伸。聚焦提高产业创新力，加快发展研发设计、工业设计、商务咨询、检验检测认证等服务。聚焦提高要素配置效率，推动供应链金融、信息数据、人力资源等服务创新发展。聚焦增强全产业链优势，提高现代物流、采购分销、生产控制、运营管理、售后服务等发展水平。推动现代服务业与先进制造业、现代农业深度融合，深化业务关联、链条延伸、技术渗透，支持智能制造系统解决方案、流程再造等新型专业化服务机构发展，培育具有国际竞争力的服务企业。

2. 加快生活性服务业品质化发展

以提升便利度和改善服务体验为导向，推动生活性服务业向高品质和多样化升级。加快发展健康、养老、托育、文化、旅游、体育、物业等服务业，加强公益性、基础性服务业供给，扩大覆盖全生命期的各类服务供给。持续推动家政服务业提质扩容，与智慧社区、养老托育等融合发展。鼓励商贸流通业态与模式创新，推进数字化智能化改造和跨界融合，线上线下全渠道满足消费需求。加快完善养老、家政等服务标准，健全生活性服务业认证认可制度，推动生活性服务业诚信化职业化发展。

3.深化服务领域供给侧改革

扩大服务业对内对外开放，进一步放宽市场准入，全面清理不合理的限制条件，鼓励社会力量扩大多元化多层次服务供给。完善支持服务业发展的政策体系，创新适应服务新业态新模式和产业融合发展需要的土地、财税、金融、价格等政策。健全服务质量标准体系，强化标准贯彻执行和推广。加快制定重点服务领域监管目录、流程和标准，构建高效协同的服务业监管体系。完善服务领域人才职称评定制度，鼓励从业人员参加职业技能培训和鉴定。深入推进服务业综合改革试点和扩大开放。

二、湖北家政服务业发展特点与发展环境

（一）湖北家政服务业发展特点

"十三五"时期是全面建成小康社会的关键时期，也是加快产业转型升级、转变经济发展方式的攻坚时期。加快发展服务业是打造湖北经济"升级版"的战略举措，是推进"四化同步"建设的重要抓手，是释放改革红利、推进供给侧结构性改革的重点领域，也是湖北实施"一元多层次"战略体系和推进"五个湖北"建设的重要内容。

第七章 "十三五"时期湖北家政服务消费发展情况

"十四五"时期,站在"两个一百年"奋斗目标历史交汇点上,湖北省仍然处于重要战略机遇期,但机遇和挑战都有新的发展变化。从国际看,世界百年未有之大变局加速演进,国际环境日趋复杂,不稳定性不确定性明显增加,新冠肺炎疫情影响深远,经济全球化遭遇逆流,国际经济、科技、文化、安全、政治等格局都在发生深刻调整,世界进入动荡变革期。从国内看,我国已转向高质量发展阶段,制度优势显著,治理效能提升,市场空间广阔,发展韧性强劲,以国内大循环为主体、国内国际双循环相互促进的新发展格局加快构建。

据统计,湖北省家庭服务企业及网点发展达3.6万户,从业人员约120万人,发展了湖北木兰花家政、武汉友缘家政、武汉炎黄家政、武汉恩安、武汉圣玛莉、武汉成名信赖等一批龙头企业,创建了木兰花、友缘、克林、楚大姐、贤内助、清江家政妹等一批品牌。2011年、2012年、2015年湖北省分别有40户、44户、48户家庭服务企业被评为全国千户百强,其中百强企业十余家,规模数量居全国前列。湖北木兰花家政公司在新三板成功上市,成为中国家政第一股。十堰市建立全国首家家庭服务业创新产业园。

"十三五"期间,湖北省家政服务业稳步发展,但仍存在有效供给不足、行业发展不规范、群众满意度不高等问题。随着城乡居民收入水平不断提高,消费能力不断增强,加之新型城镇化、人口老龄化和全面二孩政策落实等多种因素的综合影响,家政服务需求不断提升。家政服务业在迅速发展的同时,仍面临供需矛盾突出、人员素质不高、专业化程度偏低、市场主体发育不够充分、企业规模普遍较小等问题。针对这些亟待解决的问题,湖北省围绕"增加服务供给,提高服务质量",突出组织引导、行业规范、人才培训、信息服务、品牌建设五个重点，努力推进全省家政服务业规范化、职业化、信息化、品牌化、产业化发展。

（二）湖北家政服务业市场规模

"十三五"期间，湖北省家庭服务业整体发展速度较快，发展态势良好，进入快速稳定发展的重要阶段。2017年，湖北省服务业增加值占比自2004年以来首次超过第二产业，成为国民经济第一大产业，实现"二三一"向"三二一"的产业结构调整。截至2018年8月，全省家庭服务企业及网点约3.6万家，从业人员规模超过120万人。多家企业先后进入全国家庭服务业"千户百强"行列，其中百强企业10家，规模数量居全国前列。2018年，全省服务业实现增加值1.87万亿元。2019年上半年，全省服务业增加值实现10 195.99亿元，增速8.2%，占比51.2%，对经济增长贡献率50.2%。服务业贡献了全省53.0%的税收、57.1%的新增就业、50%以上的固定资产投资和87.1%的新增市场主体。服务业对推动全省高质量发展的作用进一步凸显。同时，互联网+相关服务业、软件和信息技术服务业，成为近年来湖北现代服务业发展的亮点。

"十三五"前四年，湖北省服务业增加值年均增长9.2%，增速高于同期GDP增速1.4个百分点，高于全国平均水平1.6个百分点。2019年，全省服务业增加值2.29万亿元，占GDP50%，规模居全国第9位、中部第2位。2020年，全省共建设112个服务业重点项目，总投资1 728.89亿元。

（三）湖北家政服务业发展的消费环境

家政服务作为传统行业，一直处于一种自然发展状态。近几年来，随着社会需求增大，家政服务业越来越受到社会的重视，行业发展得到广泛

第七章 "十三五"时期湖北家政服务消费发展情况

关注,行业的规范化程度加深,家政服务正在逐步由粗放式发展走向专业化、精细化、品质化发展。

1. 家政服务业宣传引导不断强化

湖北省大力宣传发展家庭服务业的方针政策,宣传家务劳动社会化的新观念,传播家庭服务业的工匠精神,引导广大家庭及社会尊重家庭服务从业人员。加大家庭服务标识推广力度,及时总结宣传各地、各部门创造的好经验、好做法,营造支持家庭服务业发展的良好社会氛围。

2. 家政服务合同制不断推广

使用家政服务规范合同文本,已经成为行业企业、家庭用户的共识,全国大部分省(区、市)制定发布了《家政服务示范性合同文本》,积极向企业推广使用。家政服务企业在提供家政服务时,都能自觉与家庭用户签订家政服务合同,依据合同约定提供规范化服务。

3. 家政服务诚信建设逐步增强

2020年10月16日,湖北省家政服务诚信体系建设正式启动,届时每一位家政从业人员相关信息将纳入统一平台,拥有各自的信用档案。家政服务业是湖北省"三千亿元产业培育工程"确定的重点发展产业之一,行业规模居全国前列。家政服务诚信体系建设,依托商务部家政服务信用信息平台,全省所有家政从业人员个人基本信息、税务信息、银行征信、健康信息等将全部录入平台,为家政企业和家政服务员建立信用档案。通过该平台,不仅可以查询企业信用信息,也能查询家政服务员的信用信息,让消费者更安心挑选到所需的家政服务人员。2020年,湖北省已有9.29万家政服务人员信息录入该信息平台,其中2.7万家政服务员已完成身份验证和授权。据介绍，以该平台为基础，下一步湖北省将建立家政服务员和家政企业信用档案，加强行业技能培训，宣传和推广该信息平台进企业、进社区、进家庭。

4. 家政服务职业化稳步推进

家政服务的旺盛需求，以及家政服务中的"月嫂"等工种的高收入，正在逐步改变社会对家政服务的认识。近年来，北京、上海等一线城市家政服务人员平均薪酬快速增长，2017年，一线城市月嫂、母婴护理等岗位的月薪已经超过8 000元，比上年同期上涨1 000元左右，一些职业技能较高的"金牌保姆"，月薪甚至已经超过了白领阶层。居家保姆的平均月薪也从上年的4 000元左右上升到5 000元，吸引一大批家政服务从业人员长期稳定就业，提升了家政服务行业的职业化程度。家政学列入《普通高等学校本科专业目录（2012年）》以及《高等职业学校家政服务专业教学标准（试行）》印发后，不断加大家政服务从业人员职业技能培训力度。围绕就业优先政策，省妇联一方面联合人社、农业等部门开展家政、手工、电商、农业实用技能等培训，另一方面积极对接用工企业及就业服务平台，借助春风行动引导妇女主动就业。2020年，全省各级妇联通过线上或线下联办或自办，开展家政、手工、电商、农业、卫生辅助员等培训33.64万人次，帮助就业9.38万人次。

5. 家政服务市场监管逐步加强

结合"3·15"和其他新闻媒体曝光的问题和重大案件，积极协调力量，加大对家政服务市场的专项执法检查和日常执法检查力度，查处了一批违法行为和不诚信服务行为，不断规范家政服务市场经营秩序。依法加强家庭服务业市场的清理整顿和经常性监管，大力推行负面清单管理制度，坚

第七章 "十三五"时期湖北家政服务消费发展情况

决取缔非法职业中介、查处违法经营行为,规范家庭服务企业的经营行为。大力开展家庭服务机构诚信经营教育、家庭服务从业人员职业道德教育和家庭守信教育,将职业道德作为从业人员岗前培训的内容。积极探索建立家庭服务机构和从业人员诚信服务承诺制,以规范格式向社会公开承诺。建立健全家庭服务业考核评价体系和经营信用体系,实行激励与惩戒并重的约束机制和行业自律的市场退出机制,对严重违法失信的机构和从业人员建立"黑名单"并依法公开曝光,对家政服务领域失信责任主体依法实施联合惩戒。充分发挥市场在资源配置中的决定性作用,加快转变政府职能,推进简政放权、放管结合、优化服务,扎实开展"负面清单"试点,全面推行"先照后证"等商事制度改革,发展的内生动力不断增强。

(四)湖北家政服务业发展的政策环境

围绕"增加服务供给、提高服务质量"中心任务,着力落实和完善扶持家庭服务企业发展的政策体系,着力加强家庭服务行业规范化建设,着力加强家庭服务从业人员职业化建设,着力推进中心城市家庭服务体系建设,不断推进包括家政服务在内的家庭服务业发展。

1. 加大扶持政策力度

2019年,湖北省政府办公厅发布《关于加快发展家庭服务业的实施意见》(鄂政办发〔2019〕4号),鼓励各类人员到家庭服务业就业创业。对自主创业从事家庭服务业的人员,符合条件的给予创业补贴。加强了对家庭服务从业人员的职业技能培训,全面提升职业能力,按规定落实培训补贴。2020年,湖北省服务业工作领导小组关于印发《2020年推进全省服务业发展工作要点的通知》(鄂服务〔2020〕1号),高站位部署服务业疫后恢复发展工作，高标准编制服务业"十四五"规划，高质量推进服务业升级增效，高要求优化服务发展环境。进一步完善服务推进工作机制，推进家庭服务职业培训示范基地建设，优先支持省级家庭服务职业培训示范基地承担培训计划任务。鼓励家庭服务业从业人员参加相关职业技能鉴定或专项能力考核，对通过初次职业技能鉴定并取得相应等级职业资格证书或专项职业能力证书的，按规定给予一次性职业技能鉴定补贴。

2. 推进家庭服务业品牌建设

积极推进"五个一百工程"的重点项目和示范园区建设，以重大项目、重点企业、重点品牌、领军人才、示范园区为抓手，全力推进落实服务业"五个一百"工程，打造家庭服务劳务品牌。支持家庭服务企业建立和完善现代企业制度，开展技术、管理和服务创新，选择一批管理规范、运作良好、示范性强的企业进行重点培育，积极引导有条件的家庭服务企业规模化、网络化、品牌化经营。推进家庭服务规范化建设，加大对家庭服务业相关标准制（修）订经费的投入，逐步建立家庭服务行业标准体系。支持家庭服务机构探索建立符合职业特点的职业评价模式，落实先培训后上岗制度，完善技能水平与薪酬挂钩机制，引导居民家庭选择持有职业资格证书或专项能力证书的从业人员提供服务。鼓励家庭服务企业依据家庭服务标准提供家庭服务，推行服务承诺、服务公约、服务规范，努力创建服务品牌。

3. 加强经营管理和专业人才培养

建立健全人才培养和引进机制，强化家庭服务业中高级领军人才的培养，支持建立家庭服务业技能大师工作室。发挥各类培训院校与培训机构作用，加强家庭服务培训师资队伍建设。加大职业经理人师资培训工作力度，建立家庭服务人才实习基地。鼓励高等院校和职业技术院校开设家庭

第七章 "十三五"时期湖北家政服务消费发展情况

服务业相关专业，支持产教融合、校企合作，培养从事家庭服务的经营管理人才和中高级专业人才。将家庭服务业从业人员纳入湖北省技能人才奖励范围。

4. 加大资金扶持力度

鼓励和引导银行业金融机构创新金融产品和服务，加大对中小微家庭服务企业信贷支持力度。落实创业担保贷款政策，对符合条件的各类自主创办家庭服务企业或从事家庭服务个体经营的人员，可为其提供创业担保贷款，并按规定给予财政贴息。完善多元化投融资机制，充分发挥各级服务业发展引导资金作用，鼓励各地运用股权投资、产业基金等市场化融资手段支持家庭服务业加快发展。鼓励各种社会力量和个体经济组织提供家庭服务，引导社会资本参与养老、育婴等公共服务供给。各地可按照市场机制向社会购买家庭服务，用于贫困残疾人家庭、社会孤儿、烈属等困难群体与特殊帮扶对象。

5. 建设功能完善的信息服务平台

充分发挥公共就业信息服务、社区信息服务等平台的作用，支持家庭服务企业建立信息服务平台，为家庭、社区、家庭服务机构提供公益性服务，实现信息资源互联共享。鼓励家庭服务企业利用"互联网+"与物联网技术做大做强，实现线上线下同步发展，推动家庭服务业转型升级。引导鼓励互联网企业提供家庭服务，共同打造"互联网+家庭服务业"。完善统计调查方法和指标体系，逐步建立家庭服务业信息定期发布制度。

6. 切实保障和维护从业人员合法权益

家庭服务业从业人员可按灵活就业人员身份参加企业职工基本养老保

险和职工基本医疗保险，按规定缴费并享受相应待遇。对招用就业困难人员并缴纳社会保险费的家庭服务企业，按规定对其为就业困难人员实际缴纳的社会保险费给予补贴。推进家庭服务企业按照营业额的一定比例计算缴纳工伤保险费。鼓励用人单位实行员工制管理，员工制家庭服务人员可以实行不定时工作制。鼓励家庭服务从业人员投保人身意外伤害保险，支持商业保险机构开发家庭服务雇主责任保险、职业责任保险、意外险等保险产品，有效防范和化解家庭服务机构及其从业人员从业风险。加强家庭服务人员劳动保障监察执法力度，完善工资支付保障机制，畅通从业人员维权"绿色通道"，妥善处理服务纠纷和劳动争议。在家庭服务企业中依法建立工会组织，各级工会、共青团、妇联和残联等组织要发挥各自优势，通过政策咨询、法律援助、维权热线等方式，共同做好家庭服务从业人员权益维护工作。

7. 优化家庭服务业发展环境

完善价格政策，实行养老等家庭服务机构与居民用电、用水、用气、用热等同价。严格落实国家涉及服务业有关税收优惠政策，减轻企业税收负担。支持家庭服务企业实行连锁经营，设立直营连锁经营门店可直接到有管辖权的企业登记机关申请办理登记手续。各类投资者可采取独资、合资、合作、合伙等方式从事家庭服务业，实行家庭服务业内外资企业同等待遇。支持建立家庭服务业协会组织，发挥行业协会在沟通政府与企业、规范行业行为、反映企业诉求、服务纠纷调解等方面的作用。鼓励开展社区互助志愿服务活动，创新公益项目志愿服务方式。

三、湖北家政服务业发展面临的新形势和新挑战

（一）湖北家政服务业发展面临的新形势

1. 宏观政策支撑为服务业发展带来崭新机遇

当前，世界经济艰难复苏，中国经济已进入新常态，大力发展服务业已成为推动供给侧结构性改革、扩大有效供给的必然选择和"补短板"、调结构的重要内容。近年来，国务院相继出台了一系列支持服务业发展的政策措施，涵盖生产性服务业和生活性服务业多个方面，为服务业发展带来了重要的政策红利。同时，"一带一路"、长江经济带、中部崛起等国家战略叠加实施，有利于湖北充分发挥长江"黄金水道"优势和武汉特大城市的枢纽带动作用，为服务业加快发展提供新契机。

湖北省着力推进"一意见两计划两工程"（《湖北省人民政府关于进一步加快服务业发展的若干意见》《服务业提速升级行动计划（2018—2020年）》《湖北省"互联网+服务业"行动计划（2019—2022年）》《湖北省服务业"三千亿元产业培育工程"实施方案》《湖北省服务业"五个一百工程"实施方案》）落地落实，促进家政服务业高质量发展。

2. 产业发展阶段为服务业发展提供了内生动力

当前，湖北已经处于工业化中后期，强有力的制造业"底盘"和不断完善的交通、电信等基础设施为服务业特别是生产性服务业加快发展提供了重要的基础条件。同时，随着产业转型升级步伐和全面建成小康社会进程的加快，城乡居民的生活消费水平将不断提高，居民消费结构向多元化、高品质转变，进一步刺激了服务业加快发展的需求。这些都为湖北服务业加速发展提供了足够的发展基础和动能。

3.新型城镇化和新兴技术应用为服务业发展提供了新空间、新方向和新内涵

"十三五"时期是湖北省城镇化加速推进的时期,人口和产业的聚集效应进一步凸显,为服务业的发展提供新的空间。云计算、大数据、移动互联网、物联网等新技术的突破,给信息技术应用模式带来了深刻变革,为服务业发展提供了新方向、新内涵。新一代信息技术的运用和"互联网+"的快速发展,大力推动了服务业的产业创新和转型升级,极大地拓展了服务业辐射范围,同时催生了层出不穷的新兴服务领域和新业态,促进了服务业的智慧化以及经济附加值的增加。

4.数字化、智能化、绿色化发展潮流涌现

树立互联网思维和融合发展的新理念,积极推动新技术在服务业领域的应用,鼓励服务业新业态和新模式创新,以技术创新、绿色理念、文化价值提升服务业内涵和高度。促进产业融合发展,不断为服务业发展注入新的活力和动力。

(二)湖北家政服务业发展面临的新挑战

湖北省家政服务业存在有效供给不足、行业发展不规范、群众满意度不高等问题。加快补齐这块民生短板,不仅非常必要,也非常迫切。与此同时,湖北省服务业发展也面临着创新、升级、开放等诸多挑战,需要进一步破除体制机制障碍,增强发展动能,优化要素资源配置,培育领军企业,提升产业竞争力。总体来说,发展机遇与挑战并存,但机遇远大于挑战。

第七章 "十三五"时期湖北家政服务消费发展情况

1. 积极引导重点业态加快发展

适应经济社会发展和居民需求新变化，积极应对人口老龄化和计划生育政策调整，制定发展指导目录，重点发展家政服务、老年服务与管理、母婴护理、家庭健康管理、家庭医生、社区照料服务、病患陪护服务、家庭教育、家庭膳食营养、居家保洁服务等业态，满足家庭基本需求；因地制宜发展家庭物业管理、家庭高级管家、家庭用品配送、家庭理财、家庭法律事务、家庭保健与护理、家庭心理咨询、家庭电器维修、家庭安全智能管理服务、涉外家政服务等业态，不断拓展经营方式与服务领域，满足家庭特色需求。积极推动新技术、新模式、新业态、新项目进入家庭服务业，不断延伸家庭服务产业链。

2. 大力促进家庭服务到乡镇进社区

结合实施乡村振兴战略、推进新型城镇化建设，逐步发展面向乡村尤其是中心集镇的家庭服务业。加快居家养老、机构养老、社区健康养老和其他形式的养老服务体系建设，积极发展社区日间照料中心和医养结合的专业化养老服务机构，开展助餐、助洁、助护、助浴、助医等多样化养老服务；鼓励发展残疾人、失能老人等居家服务。将洗染、搬家、社区保洁、社区保安、家庭日用品修理、废旧物资回收利用等服务站点纳入社区服务体系建设范围。

3. 加大龙头企业培育和引进力度

发挥"千户百强"家庭服务企业的引领示范作用，以壮大产业规模、提升家庭服务产业竞争力为核心，加快培育和引进一批竞争力强、辐射带动作用大的大型龙头企业。鼓励有条件的地方以龙头企业为重点，规划布局家庭服务产业园，推进家庭服务业聚集发展。积极引导全省家庭服务龙头企业参与"一带一路"等国际交流合作。

四、促进湖北居民家政服务消费发展重点与对策

（一）转变人才培育工作

在《湖北省中长期人才发展规划纲要（2010—2020年）》中，现代服务业领军人才培养工程是湖北省首批六项重大人才工程之一。"领头羊"的培养，奠定了湖北省现代服务业新格局。2012年、2014年、2016年、2018年分别选拔，全省已培养省级服务业领军人才368名，市州级服务业领军人才900余人。学员重点在金融、现代物流、商贸服务业、旅游业、房地产等14个领域。其中，已为46名学员企业争取引导资金支持8 600余万元。对接家政服务业提质扩容的需要，完善专业目录，增补有关专业，引导和鼓励院校加强人才培养。高职扩招专项工作向家政等领域倾斜；扩大中高职贯通培养招生规模，支持家政服务从业人员通过高职扩招专项考试、专升本等多种渠道来提升学历。同时，引导院校提高家政服务相关专业人才培养质量，把相关专业列为职业教育教师教学创新团队建设重点领域之一。以国家规划教材建设为引领，扩大优质教材供给，组织院校和企业引进和借鉴国际先进培养培训经验。支持校企合作，会同国家发展改革委培育100家以上产教融合型家政企业，加强相关领域产教融合型实训基地建设，支持符合条件的家政企业开办家政服务类职业院校，优先支持家政服务紧缺领域建设产学合作协同育人项目、职业教育校企深度合作项目。

（二）推动数字化、智能化发展

大力发展基于互联网、物联网的智慧型服务，推动物联网技术在家政服务业中的开发与运用，鼓励有条件的企业建设跨行业物联网运营和支撑平台。加快形成全省统一的家政服务业公益性服务网站、呼叫中心平台，实现家政服务人力资源、信息资源、公共服务资源的优化配置。扶持建立家政服务网络中心，构建统一的信息平台。大力提升智能化水平，促进人工智能技术和设备在家政服务领域的广泛应用。

（三）壮大家政服务业产业规模

积极推动新技术、新流程和新项目进入家政服务业，不断延伸家政服务产业链。推动家政服务业规范化、职业化、信息化、产业化发展，重点发展社区照料服务、病患陪护服务等业态，满足家政服务基本需求；因地制宜地发展家政物业管理、家政心理咨询、家政电器维修、家政用品配送、涉外家政服务等业态，满足家政特色需求。结合新型城镇化与新农村建设，逐步发展面向农村尤其是中心镇的家政服务业。

（四）强化家政服务业能力建设

鼓励各类资本投资创办家政服务企业，建立家政服务业产业园。加快建设家政服务业实训基地和职业培训示范基地，实施社区服务体系建设工程，推进家政服务站点纳入社区服务体系建设。开展家政服务业全省"百户十强"创建工作，重点支持中心城市家政服务体系建设和龙头企业发展。实施家政服务业从业人员和管理人才专项培训计划，开展"巾帼家政服务员专项培训工程"，做大做强一批家政服务企业。

（五）促进家政服务业提质扩容

一方面，通过提高家政从业人员素质、保障从业人员和消费者的合法权益等措施，提高家政服务业的供给质量，让人民群众用得满意、用得放心。另一方面，通过各种支持政策，激发更多社会力量参与，吸引更多劳动力从事家政服务，扩大有效供给，解决"找不到""买不起"等问题。发展员工制家政企业和推动家政进社区是促进家政服务业提质扩容的两大关键，也是未来家政服务业的发展方向。要适应转型升级要求，着力发展员工制家政企业，比如员工制家政企业员工根据用工方式参加相应社会保险，灵活确定服务人员工时，实行企业稳岗返还和免费培训等。推动家政进社区，重点要解决税费、用房和水电三个难题。同时，培育一批家政服务示范社区，发挥引领带动作用，使更多的家政服务企业服务社区居民。

（六）提升家政服务的规范化水平

将优秀的家政服务员和企业纳入三八红旗手(集体)、城乡妇女岗位建功先进个人(集体)表彰范围，在全社会倡导诚实劳动、诚信经营、诚心服务的家政服务职业精神。要保障家政服务各方面的合法权益。完善家政服务行业的标准和规范，提升家政服务的规范化水平。

（七）强化家政服务劳务带动增收效应

第一，聚焦家政服务劳务对接扶贫行动目标，发挥家政服务业带动低收入劳动者增收效应。第二，扎实搞好对接服务，提供完善的家政服务需求信息。充分利用农村劳动力就业信息平台，主动提供精准就业服务，引导和帮助低收入劳动力转移到家政服务领域就业。建立健全对接工作长效

第七章 "十三五"时期湖北家政服务消费发展情况

机制,中心城市要建立健全岗位开发、技能培训、就业服务、权益维护"四位一体"的工作机制,广泛收集家政服务领域岗位信息,采取多种方式促进低技能劳动者与家政服务企业精准对接,促进其稳定就业、实现稳定增收。第三,充分发挥市场主体作用,充分调动家政服务企业和家协全面参与劳务对接扶贫行动的积极性。在家政服务企业自愿申报的基础上,遴选一批骨干企业作为家政服务领域的贫困劳动力转移就业基地,定向承接贫困劳动力的转移就业。第四,切实加强组织领导。各地家服办要加强组织领导,健全工作机制,制订工作计划,细化政策措施,明确责任分工,强化落实落地。发挥发展家庭服务业促进就业工作协调机制作用,把各方面力量动员组织起来,形成推进劳务对接工作合力。

第八章 "十三五"时期
湖北养老消费发展情况

扩大养老服务供给,促进养老服务消费,事关亿万老年人及其家庭幸福生活,对拉动内需、扩大就业、促进经济发展具有重要作用。"十三五"期间,湖北省养老消费水平得到显著提高,消费种类不断丰富,消费结构进一步优化,以适应老龄人口的需求变化。同时,养老产业获得快速发展,不论是产业规模和投入水平都具有明显的增长势头,养老服务体系进一步完善。

一、湖北养老消费面临的机遇

(一)湖北人口老龄化释放出潜在巨大的养老消费需求

"十三五"时期,湖北人口老龄化总体上呈现出总量增大、速度快的特点。2017年湖北省人口老龄化程度进一步加剧。截至2017年底,全省常住人口达到5 902万,其中60岁及以上人口1 107.85万,占总人口的

第八章 "十三五"时期湖北养老消费发展情况

18.77%,高出全国平均水平1.47个百分点;65岁及以上人口715.64万,占总人口的12.12%,高出全国平均水平0.72个百分点;80岁及以上的高龄老年人口129.05万,占总人口的2.19%;90岁及以上人口11.72万;100岁及以上人口2 091人,年龄最大的老人为114岁。2019年底,60年以上人口1 155.77万,占总人口比例为19.5%;65年以上人口784.14万,占总人口比例为13.23%。预计在2021—2030年,湖北省老龄人口将会继续增长。

虽然湖北省人均期望寿命从75.6岁增长到76.5岁,但是人口老龄化程度逐年加重,且呈现高龄化态势,对养老需求快速增长。从城市消费需求看,老龄人口对养老供给的多样化要求迫切,社区居家养老需求正旺。需求超过半数的服务类型分别是家政服务、医疗服务、餐饮服务和文化娱乐。湖北省统计局武汉调查监测分局发布《2020年武汉市社区居家养老专题调研报告》显示,费用支出方面,37.2%的55岁以上调查对象表示在社区居家养老服务上每月愿意承担2 000元及以上,2019年末武汉市55岁以上户籍人口261.65万,据此推算,全市养老需求得到有效满足,每年将带来233.6亿元的养老经济市场规模。

从农村消费需求看,2002—2017年16年间,湖北省农村人口老龄化问题显现,通过数据搜集与分析,湖北省农村老龄人口占比由8.81%增长至12.23%,老年人口抚养比由12.94%增长至17%。可以看出,湖北省农村人口老龄化水平与中国人口老龄化水平相近,湖北省农村地区老龄化程度在不断加深,这将对湖北省农村经济的发展、消费习惯和消费结构产生重大影响。其中交通通信消费增长最迅猛,文化娱乐教育与居住消费增加幅度也较大,而食品和医疗保健支出增加幅度较小。说明湖北省农村居民生活出行增多,更多人对文化教育更加重视,娱乐生活也较为丰富。

2017年，食品烟酒支出占比不到消费支出的1/3，而交通、教育文化娱乐支出已大幅提升，消费结构已发生巨大转变。

湖北省老龄人口的城乡结构不平衡。因此，在未来相当长的一段时间内，湖北省养老服务的需求在总量上将会出现持续的增长态势，同时在结构上也会出现多样化的格局。这种需求的变化将会促进湖北省养老产业的发展，并且养老服务供给量、供给水平和结构也将发生新的调整，以更好地适应养老需求的变化，从而进一步提高老龄人口的生活质量。

（二）新时期经济社会发展为养老服务业提出新的要求

湖北省在"十三五"规划中提出建立多层次养老服务体系，推动医养结合，全面放开养老服务市场，支持各类市场主体增加养老服务供给的基本要求。这一基本要求对这一时期养老服务业的发展确立了主要方向和任务。同时，在促进经济增长方面，2019年服务业占湖北省GDP比重达到49.3%，对经济增长的拉动率为3.7%，均超过第二产业。湖北省为抢占跨越性发展的战略机遇，率先在中部地区实现全面建成小康社会的目标，必须加大优化经济结构力度，释放新需求，培育发展新动力。着力加强供给侧结构性改革，加强需求引领，推动消费结构升级，充分发挥消费需求对经济增长的拉动作用。

养老消费需求从规模和种类上都显示出极强的增长潜力，同时养老消费的转型升级也是消费细分领域的趋势，如何利用新技术、机制创新和商业模式创新撬动"银发经济"成为未来一段时期经济增长的新动力。养老服务业是第三产业的重要组成部分，兼有劳动密集型和技术密集型的特点，既能吸纳就业，又能促进经济结构的转型升级，带动经济的高质量发展。从供给角度看，养老服务业既要适应和满足老龄人口的现实需求，又要引导和激发需求，使得以消费升级引领供给创新、以供给提升创造消费新增长点的循环动力持续增强，实现更高水平的供需平衡。为此，养老服务业应以供给侧结构性改革为主线，丰富产品种类、提高质量，扩大养老服务的有效供给，做大、做强、做精、做好养老消费市场。为此，政府一是要简政放权，激活市场，二是要兜住底线，巩固基本保障，更好地满足广大老年人多样化多层次养老服务需求。

（三）养老服务政策体系的逐步完善为养老服务业发展提供保障

民政部2019年出台《关于进一步扩大养老服务供给，促进养老服务消费的实施意见》（民发〔2019〕88号），从优化养老服务有效供给，加强养老服务消费支撑保障，培养养老服务消费新业态和优化养老服务营商与消费环境等方面提出一系列具体意见，由民政部、国家发改委、财政部、商务部、地方各级人民政府等组织实施。国家发改委2019年发布《加大力度推动社会领域公共服务补短板强弱项提质量　促进形成强大国内市场的行动方案》（发改社会〔2019〕160号），提出到2022年，全面建成以居家为基础、社区为依托、机构为补充、医养相结合，功能完善、规模适度、覆盖城乡的养老服务体系，养老床位中护理型床位比例不低于30%。主要任务是，健全基本养老服务体系，全面放开养老服务市场，加强老年人健康服务体系建设，提升养老服务质量。

为推动解决当前存在的养老服务有效供给不足、养老服务消费政策不健全、营商和消费环境有待改善等突出问题，贯彻落实国家促进养老产业发展的相关精神，湖北省人民政府2017年发布《关于全面放开养老服务市场　提升养老服务质量的实施意见》（鄂政办发〔2017〕44号）。提出从简化养老机构审批手续、放宽准入条件、优化市场环境等方面激发各类市场主体活力，并从用地保障、人才培养、财政和投融资等方面给予相应的政策支持。2017年发布的《湖北省老龄事业发展和养老体系建设"十三五"规划》（鄂政发〔2017〕22号）确立了"十三五"期间老龄事业发展和养老体系建设的发展目标、任务和保障措施。具体包括：全面建成医养结合的养老服务体系，养老服务能力大幅度提高、质量明显改善、结构更为合理，促进老龄产业健康快速发展，最大限度创造老龄产业发展的有效刚性需求，科技助老龙头企业和产业集群初具规模。初步建立综合养老服务信息平台，依托"互联网+"，实现80%的街道、60%的社区接入"互联网+"云平台，为老年人提供优质便捷的服务。2018年湖北省人民政府办公厅发布《关于制定和实施老年人照顾服务项目的实施意见》（鄂政办发〔2018〕12号）。要求在保障特定老年人群托底服务的基础上，统筹城乡居家养老、社区养老、机构养老资源，加大基础公共服务资源向农村倾斜配置力度，着力解决老年人照顾服务工作不平衡不充分等问题。从老年人医、养、用、住、行、教、娱等各方面明确了17项重点任务。总体来看，上述文件对养老服务的支持政策主要包括五大类，即养老服务设施规划和建设补助政策、养老服务设施运营补贴政策、养老服务用地优惠政策、养老服务人才培养政策和养老服务税费优惠和金融支持政策，为湖北省养老服务业的发展创造了良好环境。

二、湖北养老消费发展的新趋势

（一）养老服务供给增加，服务质量显著提升

养老机构和床位数增长较快。截至2018年底，湖北省共建有各类养老机构1 825家，城乡、社区居家养老服务设施分别达到3 562个和13 588

第八章 "十三五"时期湖北养老消费发展情况

个,覆盖率分别达到85%和55%,养老床位总数37万张,每千名老年人拥有养老床位33张,初步构建了以居家为基础、社区为依托、机构为补充、医养相结合的养老服务体系。全省养老服务供给能力逐步增强,结构日趋合理,养老服务质量明显提升。"十三五"期间,湖北省大力推进城乡公办养老机构设施建设,全省基本实现了"一县一院、一乡(镇)一院"的发展目标,重点为城乡特困老人、高龄失能半失能老人提供无偿或低收费的供养、护理服务。2017年以来,先后实施农村福利院"冬暖工程"和"平安工程",省级财政总投资5.2亿元,重点加强集中取暖房、适老设施环境改造、失能护理床位设置和基本康复辅助器具配备。"十三五"期间,湖北省提供住宿的社会服务床位数从2016年的25.7万张,增加到2020年的29万张。其中,可提供住宿的养老床位数从2016年的23.9万张增加到2020年的28万张,增加了4.1万张(表8-1)。其次,全省城乡公办养老机构总数达到1353家、养老床位17.65万张。全省已有40多家城市公办养老机构开展了改革试点,形成了护理服务外包、公建民营、合作经营、购买服务等多种改革模式。

表8-1 2016—2020年湖北省提供住宿的社会服务养老床位数(单位:万张)

	2016	2017	2018	2019	2020
总床位数	25.7	25.4	23.6	26.6	29.0
养老床位	23.9	23.6	22.4	25.5	28.0

注:2018年社会床位数不包括优抚(军休)床位数。

养老机构服务质量持续提升。2017年以来,根据国家统一安排部署,对养老机构服务质量进行大检查、大整治。湖北省先后制定《湖北省养老机构服务质量整治方案》(鄂民政发〔2017〕32号)和《湖北省2018年养老机构服务质量提升专项行动方案》(鄂民政发〔2018〕10号),并结合"一地一案"和"一院一策"的要求,对照问题清单中所列的养老机构,开展集中整治，对 16 家有重大火灾隐患的养老机构下达督办通知书。省民政厅会同质监局颁布四项养老服务省级地方标准，湖北省牵头起草《养老机构生活照料服务规范》《养老机构服务风险评估通则》等民政行业标准，各地组织辖区养老机构开展国家标准和省级地方标准等宣贯培训。连续两年委托第三方机构开展全省养老机构星级评定，82 家城镇养老机构被授予 3 至 5 星。2017 年，武汉市江汉区社会福利院被国家质监认证中心认定为全国首家五星级养老院。全省建立了养老护理员分级分层培训制度，2016 年和 2018 年，省人社厅等部门联合先后举办两届全省养老护理员技能大赛。截至目前，全省养老机构整改达标率为 93%，养老机构服务质量得到明显提升。

（二）社区居家养老服务快速发展，区域养老服务市场同步推进

湖北省政府办公厅印发《关于加快发展城乡社区居家养老服务的意见》（鄂政办发〔2012〕83 号），出台示范性城乡社区居家养老服务中心建设发展指导意见及城乡社区居家养老服务社会化运营指导意见等系列文件，并于 2017 年编制《居家养老服务通则》地方标准。湖北省政府连续三年（2013—2015 年）将城乡社区居家养老服务设施建设纳入十件实事，各地重点实行"四个依托"，多快好省建设社区居家养老服务设施，即依托城市社区建设养老服务设施；依托农村中心户建设农村老年人互助照料活动中心，依托现代信息技术手段建立居家养老服务信息网络和服务平台。自 2016 年以来，省级财政安排专项资金，每年确定 20 个县（市）开展城市社区居家养老服务省级示范，10 个县（市、区）开展农村幸福院建设试点，以点带面加快推进城乡社区居家养老服务建设发展。

推进养老服务供给侧改革，构建区域化协同发展的养老服务体系。

第八章 "十三五"时期湖北养老消费发展情况

"十三五"期间，湖北养老需求呈多元化发展，武汉市和宜昌市、黄石市先后被国家纳入居家和社区养老服务改革试点城市。武汉市初步总结出"社区嵌入式、中心辐射式、统分结合式"三种"互联网+居家养老"服务发展模式。为了推动养老供给侧改革，初步形成区域化协同发展格局，全省集中力量打造了武汉城市圈东部、南部片区温泉康养旅游区域和大别山、武陵山、神农架避暑康养旅游区域以及黄梅和大洪山禅修康养旅游、武当道家养生旅游、恩施州硒养生旅游、蕲春县艾草养生旅游等海内外知名康养旅游品牌，实现了区域养老服务供给协同发展。

（三）财政资金提高养老服务供给能力，智慧养老服务体系推动养老服务高质量发展

各级财政资金提高养老服务供给能力，"放管服"改革不断优化养老市场。"十三五"以来，全省共争取和安排中央、省级各类补助资金30多亿元，支持地方建设城乡养老服务设施，完善老年人福利制度。其中，安排中央和省预算内投资7.4亿元，争取国家养老专项基金4.66亿元，争取中央财政试点资金6亿元成立养老服务业发展引导基金，省级财政投入9.5亿元支持全省农村福利院建设改造。全省加快推进养老服务"放管服"改革，抓好政策落地落实，市场环境进一步优化。湖北省已全面建立80岁以上老年人高龄津贴制度，2017年发放津贴8.38亿元，惠及老人129.05万人。2018年和2019年，省级每年专项预算安排5 000万元，支持地方以县（市、区）为单位，全面建立经济困难的高龄、失能老年人补贴制度，补贴标准约为100元/人/月，部分地方提高了失能老人的补贴标准。全省2018年累计发放补贴资金1.4亿元，覆盖50%以上县（市、区），享受补贴人数4.5万余人。

积极扩展智慧养老服务，以信息化手段作为提升养老服务效率的新途径。湖北省政府正积极推进智慧养老体系建设，多举措推进养老服务业发展，打造全覆盖、多层次、多支撑、多主体的智慧养老服务格局。引导市场力量参与智慧养老产业，已有多个居家养老和互联网养老项目入选湖北省"30家养老服务业试点项目库"（表8-2）。武汉市连续三年实施"互联网+居家养老"行动计划，目前全市已建成13个"互联网+居家养老"区级平台、248个线下服务网点。为完善智慧养老服务关爱体系，湖北"守护佳"服务人群不断扩大，累计为逾1万用户提供定位服务，提供紧急呼援超过200人次，为7 000多名用户设置电子围栏。虚拟养老院是通过建立"信息服务+居家养老上门服务"智慧养老平台以及"智能养老信息化"管理平台，将分散居住的已注册老年人纳入信息化管理，通过大数据收集，为老年人提供及时准确的上门养老服务。虚拟养老院的创新主要体现在服务方式上，类似于养老机构和社区居家养老服务设施的"服务外延"，通过守护佳智慧养老网络平台，更加方便快捷地满足居家老年人阶段性、个性化的养老需求。湖北智慧养老解决方案提出的虚拟养老院方案并非对传统养老院服务功能的替代，而是一种探索性的补充。

表8-2 入选湖北省试点项目库的居家养老和互联网养老项目

项目名称	经营单位	属地	项目类别
养老服务综合产业体系和社区布点项目	湖北九州德康养老产业有限公司	武汉	互联网+养老信息平台、社区与居家养老服务
12349居家和社区养老服务平台项目	12349湖北天之盾智能科技有限公司	襄阳	互联网+养老服务
浓情夕阳智慧社区居家养老服务中心项目	湖北浓情夕阳康养产业发展有限公司	宜昌	互联网+养老信息平台、社区与居家养老服务
十堰太和养老服务项目	十堰太和健康服务有限公司	十堰	养老信息网络服务
福寿居养老服务项目	荆门市福寿居养老产业发展有限公司	荆门	互联网+养老信息平台、社区与居家养老服务

（四）医疗、健康和养老服务加速融合，养老产业规模不断扩大

医疗、健康和养老服务加速融合，医养结合推动养老服务高质量发展。"十三五"期间，湖北省鼓励各地区医疗卫生机构、养老服务机构开展多种形式的合作，促进医疗、健康和养老服务融合发展。随州市、咸宁市开展国家医养结合试点，初步形成了医疗机构提供"医养一体"服务、养老机构开展"以医助养"服务、养老机构与医疗机构合作开展医养结合服务、农村卫生室和互助照料中心"两室联建、医养结合"、社区探索开展"互联网＋居家养老＋签约服务"5种医养结合服务模式。荆门市作为国家首批长期护理保险试点城市，取得初步成效。2017年11月，市医疗保险管理局与泰康人寿保险有限责任公司湖北分公司签订《荆门市长期护理保险经办服务合同书》。武汉市2019年在全国率先实施城企联动普惠养老专项行动，与中国健康养老集团开展合作，将建设一批中心辐射模式居家养老服务网点，打造居家、社区、机构三位一体的养老服务综合体。截至2018年底，全省共有医养结合机构总数354个，床位近2万张。其中纳入医保定点的机构204个，医养结合机构中养老机构数量214个。"十三五"期间，湖北省着力构建以社区养老服务中心和互助照料中心为主要载体的农村养老服务体系。例如，京山大力推进"三社联动"居家养老服务，探索"医养结合"养老新模式，城市社区居家养老服务中心、农村老年人互助照料活动中心覆盖率分别达到100%和65%，养老床位总数4 759张，每千名老年人拥有养老床位40张，全市国办机构供养1 579名特困老人。

社会资本参与发展养老产业，养老产业规模进一步扩大。2016年3月，湖北省在中央财政安排试点引导资金6亿元基础上，设立湖北省养老服务业发展引导基金，并委托湖北省级投融资平台湖北高投公司管理。湖北高

投与九州通医药集团联合设立了总规模24亿元的基金,成为湖北省规模最大的健康医疗产业基金。目前湖北省大健康产业规模已超过4 500亿元,包括医疗卫生服务、医药制造与销售、健康养老、休闲养生和健康体育的大健康产业体系基本形成。依托社会力量建设养老服务设施,养老机构和设施逐步增加。2017年全省各类养老机构1 935家,养老床位总数34万张,每千名老年人拥有养老床位达到32张。城乡社区居家养老服务设施分别达到3 294个和11 176个,覆盖率分别提升到75%和46%。据湖北省民政厅统计,截至2019年2月,全省共有各类城乡养老服务机构1 825家,养老床位37万张。

(五)湖北养老产业领先中部、低于沿海,养老消费潜力仍需进一步释放

老龄化助推消费需求释放。通过比较中部地区的湖南省和沿海地区的江苏省的数据可以看出,截至2019年底,湖北省和湖南省60岁以上老龄人口占比较为接近,略高于全国平均水平,而江苏省老龄人口占比为23.43%,大大高于全国平均水平(表8-3)。《中国统计年鉴》在2018年对31个省市总人口及65岁以上人口的抽样调查样本数据(表8-4)显示,湖北省和湖南省的老龄人口和老龄化率比较接近,均低于江苏省,但高于全国平均水平。人口老龄化是三省面临的共同趋势,在此背景下,老龄人口对社区居家养老需求日益旺盛。需求的服务类型主要包括生活照顾服务、医疗保健服务、家政服务、紧急帮助服务和精神抚慰服务等领域。

表8-3 2019年湖北、湖南和江苏三省60岁以上老龄人口状况

	湖北省	湖南省	江苏省	全国
人口数	1 155.77	1 288.79	1 834.16	25 388
占总人口比例(%)	19.3	18.63	23.43	18.1

第八章 "十三五"时期湖北养老消费发展情况

表 8-4 2018 年 65 岁以上人口与老龄化率的抽样调查情况

	湖北省	湖南省	江苏省	全国
人口数	6 059	7 057	9 435	136 645
占抽样调查数比例（%）	12.49	12.49	14.30	11.94

养老消费供给能力仍需进一步提升。"十三五"期间，湖北、湖南和江苏三省在当地政府一系列政策的支持下，积极推进以居家养老为基础、社区养老为依托、机构养老为补充的社会养老服务体系建设，并取得显著成效。2018年底，湖北省共建有各类养老机构1 825家，养老床位总数37万张，每千名老年人拥有养老床位33张。截至2017年底，湖南省共有公办福利院所121家、社会办养老服务机构289家，敬老院2 065所，养老床位总数达到29.5万张，每千名老年人床位数23.67张。江苏省民办养老机构发展迅速，社会力量已成为养老服务的主力。2016年底，江苏全社会力量举办或经营各类养老床位达到34.7万张，占养老床位总数的56%，护理型床位占养老机构床位数37.1%，护理院达到98家，居全国首位。"十三五"期间，江苏新增养老床位16.3万张，总数达到74.3万张。2019年江苏省每千名户籍老年人拥有养老床位从35.2张增长到40张，排名全国第3，湖北和湖南分别为37张和25张，位列第4位和第23位。此外，从提供住宿的养老机构数和床位数看（图8-1），2019年湖北省可提供的住宿的养老机构数为1 622家，明显低于湖南省的2 238家，但养老机构的床位数明显多于湖南省。但与江苏省相比，无论是养老机构数还是床位数远低于江苏省，养老服务供给能力与发达地区差距还很大。

总体上，"十三五"期间，湖北省养老产业在一系列法规和政策的支持下获得稳步发展，养老服务市场环境不断优化，已培养一批影响力较高的民营养老企业知名品牌，养老产业规模不断扩大，产业呈现多样化趋势。

但是，湖北养老产业仍面临市场化规模偏小、养老服务结构失衡、供需矛盾突出和政策扶持的效果不佳等问题，与发达地区养老产业相比，还存在较大提升空间。

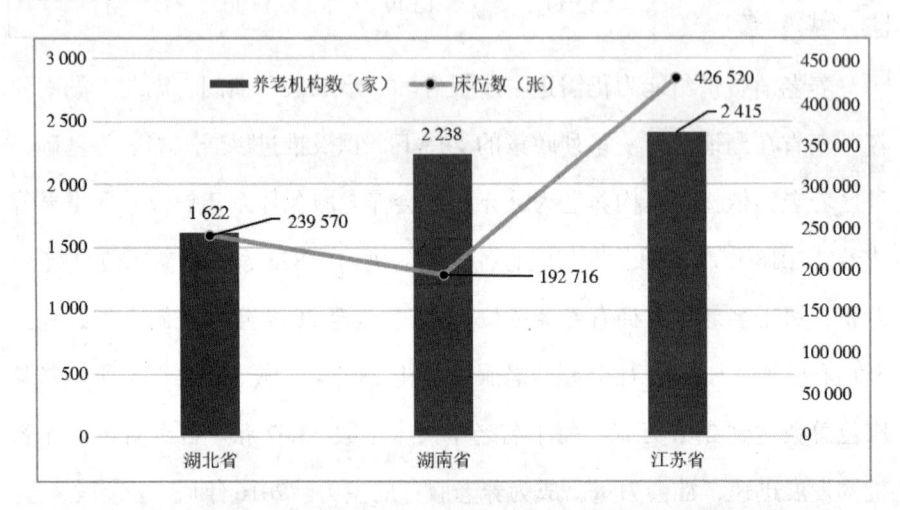

图 8-1　2019 年湖北、湖南和江苏提供住宿的养老机构数和床位数

三、湖北养老消费发展面临的挑战

"十三五"期间，湖北省养老服务体系已基本形成，服务质量逐步提高，但在面对更高层次和更多种类以及更多个性化、定制化的消费需求压力下，供需不平衡问题仍较突出。因此，在"十四五"期间，湖北省的养老消费仍然会面临诸多困难和挑战。

（一）养老服务仍无法满足老龄人口的多样化需求

在面对老龄化日趋严峻的形势下，无论是从规模上还是结构上现有的服务功能仍无法满足老龄人口的消费需求。人口老龄化程度持续加深，特别是高龄、空巢、失能、其他特殊家庭等特困老龄人口数量增加，因而需

第八章 "十三五"时期湖北养老消费发展情况

要为这些群体提供特殊的服务职能。此外,城乡老龄人口的养老需求也存在差异。面对庞大的、种类多样的养老服务需求,湖北省目前的养老服务供给仍显滞后。尤其是落后的农村地区,服务项目较为单一,居家养老服务还处于发展的起步阶段。尽管提供了一些日常的服务内容和项目,但实际上社区所支撑的服务项目还较少,服务面较窄。目前,除负责老年人日间照料活动外,绝大多数社区无力为老年人提供所需要的康复护理服务,更谈不上心理慰藉、患病治疗等高等级的服务项目。

(二)资金短缺制约养老产业的发展

"十三五"期间,湖北省出台了一系列政策措施,支持养老产业的发展,但省级财力受到限制,资金缺口较大,特别是农村偏远、贫困地区资金短缺问题突出,从而制约了很多养老项目的实施进展。社区居家养老服务设施建设的资金来源主要是政府拨款、财政补贴、慈善捐助、福利彩票等政府投入。到目前为止,大部分地区已启动居家养老服务工作,成立了居家养老服务站,并开展了针对老年人的一系列服务,但因筹资渠道单一,社会力量参与的极少,致使社区居家养老软硬件设施投入不足,设施不完善。所以,为保障社区居家养老服务的顺利开展,必须引导各种社会力量,拓宽融资渠道,保证资金来源,扩大服务范围。

(三)养老服务人员不足,人才培养难以适应消费需求

一方面,老龄专职人员急剧减少。据统计,湖北省老龄专职人员相比改革前减少幅度超过 2/3,城乡社区几乎没有配备老龄专职人员。与习近平总书记提出"城乡社区老龄工作有人抓,老年人事情有人管、老年人困难有人帮"的要求有较大差距。另一方面,从事居家养老服务行业的人员

普遍缺乏系统化和标准化的培训，导致专业化程度较低，同时，由于服务人员工资报酬低，因而许多专业人士不愿进入居家养老服务行业。居家养老服务的服务人员多为下岗职工和文化程度较低的"5060"人员，这些人员大多没有经过正规的培训，不具备从事居家养老服务的专业素质。社区居家养老服务人员的短缺和专业化素质低在一定程度上限制了社区居家养老服务业的发展。老年医学、康复、护理人才缺乏，特别是老年护理队伍严重不足；医养结合机构现有护理人员年龄偏大，知识结构较为落后，专业医护人员因为待遇偏低，发展前景不明朗，从而不愿意从事医养结合服务。此外，社工还没有得到足够的尊重，认可度较低，福利待遇低，专业人才吸引力不足。

（四）智慧养老还处于起步阶段，需要进一步改进和完善

能够体现智能的养老产品种类也很少，比较常见的只有智能手机和手环，无法针对不同老年人多样化和个性化需求进行有针对性的供应。与此同时，当前的养老产品所体现的"智能性"严重不足，很难与养老服务进行有效的联系，也无法满足老年人的实际需要。产品的设计没有完全切合老年人的实际需要。大部分产品并没考虑到老年人的使用场景和个人习惯，对于老年人的可操作性不强，导致老年人很大程度上产生抵触情绪而放弃继续学习和使用，不仅没提供有效的便利，反而造成了资源浪费。国内养老产业还没由分散转为集约，养老服务利用的资源不够节约，高低端产品的两极化严重，管理模式不够科学，人员储备不够充足，服务效能太低。新兴的智慧养老模式还并未真正形成智慧合理的产业链，没有统一的养老服务标准，缺乏科学的解释和操作的标准，因而在实践中的指导作用性不强。

（五）消费市场环境需要改进和完善

第一，经济增速逐步放缓不利于养老产业的发展。新常态下经济增速逐步放缓，影响居民收入的增长速度，从而直接和间接地影响养老产业发展。第二，养老产业市场化程度较低，从而不利于养老产业成长和壮大。政府公共部门作为养老产业市场的主要参与主体，其双重身份不利于市场竞争。同时，养老产业市场面临诸多运营风险，养老产业市场经营主体在建设前期投资过大，经营成本较高，加上缺乏竞争优势和政策扶持，盈利情况较差，基本处于亏损或微利状态。第三，投入不足是制约养老产业发展的现实问题。要推动养老产业长期可持续发展，单靠地方政府投入无法满足养老产业的资金需求。第四，监管制度不够完善。由于养老服务质量标准与评价体系尚未形成，因而缺乏统一的监管机构和行业标准，导致养老产业发展水平参差不齐。

四、促进湖北居民养老消费发展重点与对策

（一）健全和完善养老服务体系

继续加强居家和社区养老服务基础功能。扩大居家和社区养老服务人群覆盖面，在开展对老龄人养老消费需求进行系统性评估的基础上，探讨精准化和标准化的服务模式。探索多种形式的"互联网+"智慧养老在居家和社区养老服务方面的应用，通过技术培训使老龄人跨越"数字鸿沟"，享受数字技术带来的红利。探索居家社区养老服务与金融、医疗保健等产品的有机结合，建立品牌化、连锁化、规模化和标准化的养老龙头企业和社会组织。不断创新农村居家和社区养老服务模式。利用现有资源建立和

扩大互助照料中心、互助幸福院、托老所等形式多样的养老服务设施，以满足不同类型老龄人的养老服务需求。

深化养老服务业"放管服"改革，推动养老机构提质增效。进一步完善公建民营管理方式，以社会力量为主体，支持其通过独资、合资、合作、联营、参股和租赁等方式参与公办养老机构的改革，以多种形式实施公建民营。同时，各有关部门应进一步简化审批程序、提高效率，并落实对民办养老机构的投融资、税费、人才、土地等方面的优惠政策，为其进入养老市场，提供多层次多样化的养老服务创新条件。

（二）加快发展养老服务产业，形成完整的产业体系

养老产业已成为拉动内需、促进经济增长和转型升级的新动能。为此，需将养老产业、大健康产业纳入湖北省产业规划体系，完善行业标准，并进行分类指导和实施。着力促进具有老年特色的产品和生活用品的开发、升级换代，鼓励采用新技术、新工艺、新材料研发老年人易于接受和方便使用的智能产品，如智能家居产品、智能监测产品和看护设备、智能服务型机器人、家庭用医疗器械、康复辅具等，以满足老年消费者的多样化和个性化需求。同时，鼓励发展智慧养老服务新业态，创新养老服务模式，重点推进生活照料、健康管理、精神慰藉、物品代购、文体娱乐的多元化、全方位的社区居家养老服务。鼓励多种业态复合发展和新型经营模式，如"养老+医疗+保险"、健康养老综合体等，促进产业融合发展，合理延伸养老产业链条和扩展养老产业覆盖范围。

（三）不断优化养老服务业的发展环境

针对养老服务业存在的一系列问题，国家和湖北省出台了一系列支持政策，下一步便是加大部门的协调力度，推进各项政策措施落地见效。根

第八章 "十三五"时期湖北养老消费发展情况

据当地经济发展状况和老龄人口的增长趋势，继续完善实施促进养老事业发展的财政税收政策，通过政府资金引导，调动社会资本对养老事业的投入，形成财政资金、社会资本、慈善基金等多渠道投入机制。为确保政策措施的效果，通过第三方评估机制对实施进展和效果进行评估。建立养老行业信用评估机制，建立覆盖养老机构、从业人员等在内的行业信用体系，通过细化指标和信用信息数据，建立多部门参与的考核机制，加强行业自律和监管，以提高养老行业的服务质量和水平。

（四）强化人才培养，提高养老服务人员的服务能力和水平

提高养老服务人员的标准化和专业化程度是居家养老服务持续健康发展的重要保障。支持高等院校和职业技术院校健全和完善与养老服务和管理有关的专业和课程体系，培养老年医学、康复护理、心理健康等紧缺专业人才。同时，建立养老服务业从业人员培训基地，并与高等院校和职业技术院校联合培养人才。健全养老服务志愿者注册制度，形成专职社工与志愿者相结合的养老服务群体。完善老年健康相关职业资格认证制度和以技术技能价值激励为民导向的薪酬分配体系，支持"医养"结合机构中符合申报条件的医务人员参加当地卫生系列相应等级和专业的职称评审。根据国家职业标准，组织开展养老护理人员职业培训和职业资格认证工作，加快养老服务业人才培养，尤其是养老护理员、老龄产业管理人员的培养。对符合条件的老年人护理服务从业人员按规定给予社会保险补贴，为优秀护理人员提供居住落户、住房保障、子女就学等政策扶持；建立以品德、能力和业绩为导向的职称评价和技能等级评价制度，拓宽养老护理服务专业人才职业发展空间，推动各地逐步提高养老服务从业人员薪酬待遇。

第九章 "十三五"时期湖北健康消费发展情况

"十三五"期间,随着居民生活水平的提高,人们对健康问题更加关注,居民健康消费需求呈现多层次、多样化特点。湖北省作为中部大省,健康消费需求影响着全国健康消费规模。为促进全省健康服务业发展,根据《国务院办公厅关于进一步扩大旅游文化体育健康养老教育培训等领域消费的意见》(国办发〔2016〕85号),湖北省全面落实国务院促健康消费服务业发展的意见,加快推动医疗服务业体系建设和公立医院综合改革,推动健康养老服务业高质量发展,大力支持发展多样化健康服务,积极发展养生旅游服务,培养健康服务业相关产业等,持续完善健康消费发展的支持政策和保障机制。截至2020年底,湖北健康消费已经步入增长的"快车道",健康医疗和旅游、健康医疗与绿色消费有机整合的新型产业不断涌现,多元化的健康服务需求不断释放,健康类高品质产品和服务有效供给能力显著提高,促使湖北省居民健康消费规模持续扩大,健康消费结构不断优化升级。

第九章 "十三五"时期湖北健康消费发展情况

一、湖北健康消费发展趋势与特点

(一)健康消费规模不断增大,但人均保健消费支出占比仍较低

"十三五"时期,湖北省居民人均医疗保健消费支出快速增长,受疫情影响,各项消费指标在2020年有明显下滑,且下降幅度较大,但并未改变人均医疗保健和人均消费支出规模在"十三五"期间不断增加的总体趋势。不考虑疫情影响的2020年情况下,2016年湖北省城镇居民人均医疗保健支出1 792元,2019年增加到2 471元,增幅为37.9%,比人均生活消费支出高出15.1%(表9-1)。2016年湖北省农村家庭人均医疗保健消费支出1 213元,2019年增加到1 922元,增幅为58.4%,比人均生活消费支出高出18.3%。受新冠疫情的影响,2020年,无论是城镇居民还是农村居民,其人均生活消费支出和人均医疗保健消费支出均出现较大幅度的下跌。湖北省卫生与社会工作领域固定资产投资总额从2016年的269亿元增长到2017年的344亿元,增幅为27.9%,而同期全部固定资产投资增速只有8.1%。2019年施工项目为415个,新开工项目168个,项目建成投产率为56.9%。卫生与社会工作城镇从业人员2016年为44.7万人,其中国有经济单位39.6万人,城镇集体单位1.5万人,私营单位1.3万人,其他经济单位2.4万人;2018年为45.5万人,其中,国有经济单位39.7万人,私营单位1.7万人,城镇集体单位0.9万人,其他经济单位3.2万人。从业人员略有增长,非国有单位的从业人员明显上升。可以看出,这一时期,湖北省居民消费支出结构出现变化,温饱型消费支出占比增长幅度相对较小,而追求生活质量的健康型消费增长较快,居民消费已经从温饱型消费转向了健康型消费。消费热点的转换引导进入这一领域的投资稳步增长,

市场活力进一步被激发。

表9-1 2016—2020年湖北省居民人均医疗保健支出和消费性支出情况（单位：元）

	2016	2017	2018	2019	2020
城镇居民人均保健消费支出	1 792	2 165	2 163	2 471	1 922
农村居民人均保健消费支出	1 213	1 438	1 588	1 922	1 558
城镇居民消费性支出	20 040	21 276	23 996	26 422	22 885
农村居民消费性支出	10 938	11 633	13 946	15 328	14 473

与中部和沿海省份相比，湖北人均保障型消费支出占比仍较低，健康消费需求释放不足。从居民人均保健消费支出的比较中可以看出，"十三五"期间，除2020年以外，湖北、湖南和江苏三省的居民人均保健消费呈现出逐年上升的态势（表9-2）。从增幅看，城镇居民人均保健消费支出的增幅最高的为湖南省，达到69.1%，江苏和湖北的增幅分别为47.3%和37.9%；农村居民人均保健消费支出的增幅差距有所减小，湖南、湖北和江苏三省分别为63.6%、58.5%和45.9%。从城镇居民人均保健消费支出占比看，湖北仅从8.9%上升到9.4%，明显低于湖南和江苏；湖北和江苏省的农村居民人均保健消费支出占比变化相类似，均低于湖南省的变化。

表9-2 2016—2020年居民人均医疗保健支出和消费性支出情况（单位：元）

	省份	2016	2017	2018	2019	2020
城镇居民人均保健消费支出	湖北	1 792	2 165	2 163	2 471	1 922
	湖南	1 363	1 693	2 034	2 305	2 351
	江苏	1 638	1 574	2 273	2 412	2 174
农村居民人均保健消费支出	湖北	1 213	1 438	1 588	1 922	1 558
	湖南	987	1 172	1 386	1 615	1 707
	江苏	1 154	1 395	1 530	1 675	1 712
城镇居民消费性支出	湖北	20 040	21 276	23 996	26 422	22 885
	湖南	21 420	23 163	25 064	26 924	26 796
	江苏	26 433	27 726	29 462	31 329	30 882
农村居民消费性支出	湖北	10 938	11 633	13 946	15 328	14 473
	湖南	10 630	11 534	12 721	13 969	14 974
	江苏	14 428	15 612	16 567	17 716	17 022

（二）健康消费结构进一步优化，健康服务消费需求呈现多层次、多元化特征

湖北省居民健康消费需求逐步从传统单一消费方式向多元化、多层次消费方向转变。原来的健康消费方式基本以被动式疾病治疗为主，这一现象正向主动式疾病预防健康消费转变。一类是绿色健康食品的消费需求增长较快；二是健康休闲旅游、体育健身、健康体检、健康咨询与管理、医学美容等新兴健康消费需求呈现快速增长的态势。这些特征表明，人们不仅关注保健食品的消费，更注重健康的行为和生活方式。随着生活水平的提高，健康概念扩展到身心健康和生活方式健康等各个方面，维护健康的环节也逐步延伸到衣食住行等各个环节。而随着养生理念的不断拓展延伸，个性化的健康服务和优质的健康类产品，成为健康产业的新热点，线上问诊等新型诊疗模式也逐渐为人们熟知。养生年轻化在引领健康消费市场发展的同时，也加速了健康服务的转型升级。

"十三五"期间，随着居民健康消费需求出现多层次、多样化的特征，与此相适应，湖北、湖南和江苏三省的健康服务也日趋多样化，尤其是重点领域的健康服务发展迅速，但与中部的湖南和东部的江苏相比，还存在一定的差距。表9-3数据显示，卫生服务能力方面，2020年，湖北省、湖南省和江苏省卫生服务机构数依次为35 445家、56 042家和35 746家，床位数每千人依次为7.12张、7.82张和5.89张。此外，湖北省、湖南省和江苏省医生数每千人依次为2.77人、2.9人和3.16人，技术人员依次为42.9万人、50万人和66.6万人。总体来看，湖北省医疗卫生服务供给能力较中部的湖南低，且在医疗技术人员和医生数等方面远低于东部的江苏地区。

表 9-3 2016—2020 年湖北、湖南和江苏三省卫生服务能力状况

	省份	2016	2017	2018	2019	2020
机构数（个）	湖北	36 261	36 323	36 397	35 479	35 445
	湖南	16 717	16 500	16 262	57 232	56 042
	江苏	32 135	32 037	33 253	34 796	35 746
床位数（万张）	湖北	36.2	37.5	39.4	40.7	41.1
	湖南	42.8	45.2	48.5	50.6	52
	江苏	44.3	47.0	49.2	51.6	53.5
床位数/千人	湖北	6.14	6.36	6.65	6.86	7.12
	湖南	6.3	6.6	7.0	7.3	7.82
	江苏	5.19	5.46	5.97	5.97	5.89
医生数/千人	湖北	2.42	2.50	2.57	2.62	2.77
	湖南	2.4	2.5	2.6	2.8	2.9
	江苏	2.56	2.71	2.90	3.16	3.16
技术人员数（万人）	湖北	38.5	40.0	41.1	42.0	42.9
	湖南	39.3	41.6	43.8	50.2	50.0
	江苏	51.7	54.8	59.0	63.3	66.6

注：湖南省 2019 年卫生机构数为登记注册数，构成数包含村卫生室。

从医院业务开展情况看，湖北省医院诊疗总人次数高于湖南省，但远低于江苏省。表 9-4 统计显示，2019 年，湖北省医院诊疗总人次数仅占江苏省的 53.3%。但是，2019 年，湖北省的病床使用率明显高于湖南省和江苏省，三省依次为 92.1%、83.7% 和 81%，且在 2020 年均呈大幅下降趋势。总体而言，"十三五"期间，湖北省医疗总人次数大幅增加，病床使用率基本保持稳定。与其他省份相比，湖北省在医疗资源相对紧缺的条件下医疗服务能力有所上升，但总体的医疗服务能力显著低于东部的江苏省。

表 9-4 2016—2020 年湖北、湖南和江苏三省医院业务开展情况

	省份	2016	2017	2018	2019	2020
诊疗总人次数（万人次）	湖北	12 669	13 545	14 171	15 063	11 789
	湖南	9 573	10 259	10 884	11 537	10 408
	江苏	24 755	25 717	26 426	28 268	24 046
病床使用率（%）	湖北	91.9	92.8	92.7	92.1	72.1
	湖南	86.0	85.2	84.4	83.7	76.2
	江苏	87.3	87.0	86.0	81.0	76.1

（三）医疗卫生支出结构逐步改善，助推健康产业优化升级

湖北省 2014—2018 年的医疗卫生财政支出从 372 亿元增长到 535 亿元，年均涨幅为 10.5%，略低于全国年均涨幅 11.6%。医疗卫生财政支出占总财政支出的比例高于全国平均水平，处于全国中上游水平，表明湖北省对医疗卫生领域的投入力度逐渐加大。而从人均支出水平看，2014—2017 年从 690 元增长到 1 042 元，2018 年略有下降，处于全国中等偏下水平。这一时期，湖北省个人卫生支出占比从 36.7% 下降为 33.6%，但高于全国平均水平。

"十三五"期间，在湖北省政府系列政策措施支持下，充分发挥区位优势、人才优势、科教优势、医疗资源优势以及产业基础，大健康产业已初具规模，产业结构逐步升级和优化。2020 年湖北大健康产业规模已超过 4 500 亿元。涵盖医药制造与销售、医疗卫生服务、健康养老、休闲养生和健康体育的大健康产业体系基本形成。医药产业作为大健康产业的核心支柱，其规模和收益不断提升。规模以上医药工业企业无论是工业增加值，还是主营业务收入和利润，都实现稳定增长。2019 年，湖北规模以下医药制造业营业收入达到 1 197 亿元。相比而言，2019 年，湖南省规模以上医药制造业营业收入为 990 亿元，明显低于湖北省。此外，无论从龙头企业数量，还是产业规模，湖北省都大大低于江苏省，略高于中部地区的湖南省。2019 年，江苏省规模以上医药制造业营业收入达到 3 238 亿元。2019 年江苏连云港市共有规模以上医药企业 44 家，实现产值 589.5 亿元（恒瑞医药为龙头）。泰州产值达到 1 082 亿元，苏州为 1 728 亿元。

二、湖北健康消费发展的重要领域与现状

（一）公共卫生服务

第一，湖北省医疗卫生服务需求逐步增长。随着人们收入水平的提高，医药服务供给能力的提升，居民对健康服务的需求潜力被激发出来。2015—2019年，诊疗总人次数由1.2亿人次增长到1.5亿人次，出院人数由此780万增长到993万。

第二，卫生服务能力进一步增强。"十三五"期间，湖北省医疗机构总数在下降，但医疗卫生服务能力呈大幅增加趋势。数据显示，2016—2020年间，湖北省医疗机构数从2016年的36 261家减少到2020年的35 445家，减少了816家。但是，湖北省卫生医疗服务中的实际床位数从2016年的36.2万张增加到2020年的41.1万张，增加了4.9万张。每千人的实际床位数也从2016年的6.14张增加到了2020年的7.12张。卫生机构技术人员数从2016年的38.5万人增加到2020年的42.9万人。每千人口医生数从2016年的2.42人增长到2020年的2.77人。2017年，全省各类社会办医疗机构总数达到14 653家，共有床位4.5万张，其中社会办医院551家，共有床位4.31万张，比上年增加1.44万张，增长50.2%。

表9–5 2016—2020年湖北省卫生服务供给能力状况

	2016	2017	2018	2019	2020
机构数（个）	36 261	36 323	36 397	35 479	35 445
床位数（万张）	36.2	37.5	39.4	40.7	41.1
床位数/千人	6.14	6.36	6.65	6.86	7.12
医生数/千人	2.42	2.5	2.57	2.62	2.77
技术人员数（万人）	38.5	40.0	41.1	42.0	42.9

第三，基本卫生服务项目绩效显著。截至2019年年底，湖北省原12大类基本公共卫生服务项目共执行资金368 399万元，人均62.18元，超

出国家标准 2.18 元，项目资金执行率为 103.6%。通过基本公共卫生服务项目与家庭医生签约服务工作的有效结合，由粗放式运行逐步转向精细化管理，不断满足群众多层次健康服务需求。由于群众在基层医疗卫生机构享受到了免费、质量较高的基本公共卫生服务，促进了基本医疗的发展。2019 年，全省基层医疗卫生机构门急诊量达到 1.88 亿人次，较 2018 年增长 1.47%。全省医院业务开展取得较好效果。诊疗总人次数在 2019 年达到 1.5 亿人次，比 2016 年增加 2 394 万人次，出院人数 994 万人，比 2016 年增加 157 万人。出院者平均住院日有所下降，病床使用率保持稳定（表 9-6）。

表 9-6　2016—2020 年湖北省医院业务开展情况

	2016	2017	2018	2019	2020
诊疗总人次数（万人次）	12 669	13 545	14 171	15 063	11 789
出院人数（万人）	837	897	936	994	713
出院者平均住院日（天）	9.7	9.5	9.4	9.3	10.1
病床使用率（%）	91.9	92.8	92.7	92.1	72.1

（二）健康保险服务

基于湖北省商业健康险参保人数较少的状况，为贯彻落实国务院办公厅《关于加快发展商业健康保险的若干意见》（国办发〔2014〕50 号），2016 年湖北省政府办公厅印发《关于加快发展商业健康保险的实施意见》（鄂政办发〔2016〕47 号），以促进湖北省商业健康保险的健康快速发展，有利于与基本医疗保险衔接互补、形成合力。商业健康保险保费收入从 2016 年的 128 亿元增加到 2020 年的 347 亿元，增长 171%，年平均增长 34.2%（表 9-7）。其中，团体保险从 2016 年的 31 亿元增加到了 2020 年的 84 亿元，个人保险从 2016 年的 97 亿元，大幅增加到 2020 年的 263

亿元。这表明居民参与购买商业保险的意识日益增强，从而更好地发挥商业保险在满足多样化健康保障和服务方面的功能。

表 9-7　2016—2020 年湖北省商业保险保费收入（单位：亿元）

	2016	2017	2018	2019	2020
健康保险	128	173	238	312	347
其中：团体保险	31	40	55	75	84
个人保险	97	133	183	237	263

（三）健康养老服务

2016—2019 年，湖北省 60 周岁及以上人口从 1 072 万人增长到 1 156 万人，占总人口比例从 18.2% 增长到 19.5%；65 周岁及以上人口从 685 万人增长到 784 万人，占总人口比例从 11.6% 增长到 13.2%。预计到 2050 年，老龄人口规模达到峰值，占比达到 38.8%。而且高龄、空巢、失能、半失能等特困老龄人口数量将持续增加。相对于其他群体，老龄人口的健康消费需求更为迫切，从而给健康服务业带来了更大的机遇。

为适应这一需求，湖北省在不断完善老年人基本医疗保障制度，建立老年人常见病、慢性病就诊绿色通道，将经济困难的高龄、失能老年人补贴制度与长期护理制度进行有效衔接。同时积极推行医养结合试点工作。武汉市、咸宁市、荆门市、黄石市等积极探索老年特色医学中心、康复中心等健康养老融合发展企业等健康养老新模式。2020 年，工信部、民政部、国家卫健委公布第四批智慧健康养老应用试点单位中，湖北省 4 家单位上榜，湖北华颐爱晚养老产业发展有限公司获授"智慧健康养老示范企业"，武汉市武昌区杨园街道、武汉市武昌区粮道街道被授予"智慧健康养老示范街道"，武汉市江汉区智慧健康养老示范基地被授予"智慧健康养老示范基地"。在《关于建立完善老年健康服务体系的实施意见》（鄂卫发〔2020〕1 号）等一系列政策支持下，社会资本的逐步进入，老年健康管理、

第九章 "十三五"时期湖北健康消费发展情况

康旅结合、康养结合等多种形式的老年健康养老服务体系逐步形成。

（四）健康旅游服务

"十三五"期间，大众旅游需求持续释放，居民消费升级，国内旅游市场持续高速增长。2019年，湖北省旅游总收入6 927.38亿元，同比增长12.13%，2020年受新冠疫情影响，下降到了4 379.49亿元。2016—2019年间，旅游总收入增长率长期保持在12%以上增长水平，旅游对GDP的贡献度接近15%。2019年，湖北省旅游消费全国排名第八，湖北省人均旅游消费从2011年的411元上升为2019年的1121元。

2016年《湖北省旅游业发展"十三五"规划纲要》（鄂政发〔2016〕21号）和2017年《湖北省中医药健康服务"十三五"发展规划》（鄂政办发〔2017〕13号）相继出台，为湖北省健康旅游服务业的发展奠定了基础。2016启动湖北省首个硒+旅游健康体验展示中心——硒空间。2017年9月中旬，经过单位申请、地方初审推荐、专家评审、实地检查和公示等环节，蕲春县从国内近百家申报单位中脱颖而出，成为全国首批、湖北唯一入选国家中医药健康旅游示范区的15家单位之一。2018年，湖北省旅游委、湖北省卫健委联合发出通知，开展湖北省中医药健康旅游区创建工作，提出用3年左右时间，在湖北省建成10个中医药健康旅游区。这是湖北省首次提出中医药健康旅游区概念，将探索健康旅游发展的新理念新模式，推动中医药与旅游、养生、养老、康复等结合。湖北省自然资源丰富，中医药养生文化悠久，众多山区、林地、湿地为发展生态康养游提供广阔天地，是国内康养旅游资源最丰富的地区之一。目前，湖北省已开启8条康养旅游路线，初步形成几大康养旅游集中片区，如武汉城市圈东部和南部的温泉康养旅游区域，大别山、武陵山、神农架的避暑康养、武当道家养生和恩施的硒养旅游区域等。

（五）智慧健康服务

为促进智慧健康服务的发展，湖北省先后出台《关于加快推进人口健康信息化建设的实施意见》（鄂卫生计生发〔2015〕2号）、《湖北省医疗卫生服务体系发展规划（2015—2020年）》（鄂政办发〔2015〕86号）、《关于促进和规范健康医疗大数据应用发展的实施意见》（鄂政办发〔2016〕79号）等规范性文件，从制度上保障全民健康信息化体系的建立。2017年，全省智慧健康服务体系初具规模，基本实现省级平台与国家和各市（州）平台的互联互通，支撑三医联动、分级诊疗、绩效考核、健康管理等服务，开展医疗健康大数据深度挖掘和广泛应用。湖北已为全国23个省份、709例参保患者提供跨省异地就医直接结算服务，涉及医药总费用1672.4万元，统筹基金支付1074.3万元。湖北省异地就医定点医疗机构共有151家，涵盖省、市、县三级机构。除74家医疗机构已接入国家异地就医结算系统外，剩下77家正加紧系统改造与联网调试等工作，并可实行网上缴费。

对湖北省2018年116家二级以上综合医院病案科的网络调查显示，这些医院均使用电子病历系统，使用电子病历归档技术的占56.03%，通过病案贮存、病案质控和病案信息安全等环节增强医疗机构的信息化管理，提高了居民就医过程的效率。多部门联合启动居民健康卡，实现医疗卫生服务跨系统、跨机构、跨地域互联互通和信息共享，达到检查检验结果互认、健康信息和就诊信息共享。2016年湖北省农信社与湖北省卫生及计划生育委员会合作推出居民健康卡。咸宁、天门、潜江、秭归、武穴、通山、沙洋等18个农商行已成功发行居民健康卡，累计发卡740余万张。荆州、来凤等33家农商行与当地卫计部门签订居民健康卡合作协议。咸宁、荆州、三峡、汉川农商行启动与当地医疗机构的银医通项目。2019年腾讯公司与宜昌市进行合作，居民可通过微信申领电子健康卡。2020年华中科技大学同济医院附属同济医院与中国银行股份有限公司湖北省分行联合推出全国第一张加载金融功能的居民健康卡。

2019年，湖北省卫健委与中国电信湖北公司签定战略合作协议，双方将共同推进5G在线远程医疗、县域医共体、健康扶贫等领域的创新实践，推进卫生健康信息化发展，支撑健康湖北建设，缓解"看病贵、看病难"问题，让偏远地区的群众享受到大城市大医院优质医疗资源的服务。为落实湖北省《关于促进和规范健康医疗大数据应用发展的实施意见》（鄂政办发〔2016〕79号），武汉同济现代医药科技股份有限公司于2017年与武汉市硚口区人民政府以及中电数据服务有限公司签订框架合作协议，共同建立国家医疗健康大数据应用示范中心，通过医疗资源的配置和优化，促进"环同济健康城"形成跨区域、跨机构的健康医疗协同服务体系的形成，有助于加速以健康医疗数据为核心的科技创新与健康服务生态的组合。

（六）大健康产业服务

"十二五"和"十三五"期间，湖北省先后出台《关于促进健康服务业发展的实施意见》（鄂政发〔2014〕54号）、《"健康湖北2030"行动纲要》（鄂政办函〔2017〕50号）等文件，以促进大健康产业的发展。按营业收入核算，2018年湖北大健康产业达到4 220亿元。大健康产业已初具规模，产业结构逐步升级和优化。

作为大健康产业主要支撑的医药产业质量和效益明显提升。第一，医药产业规模和收益不断增加。2018年，全省规模以上医药工业企业完成工业增加值同比增长 9.2 %，高于全省工业 2.1 个百分点；实现主营业务收入 1 252.3 亿元，同比增长 16.8%，高于全省工业 8.6 个百分点；实现利润总额 116.4 亿元，同比增长 5.7%。完成出口交货值同比增长 47%，排全国第六位。第二，龙头企业竞争力进一步增强。2018 年人福医药集团进入全国医药工业百强榜单。全省有 14 家医药企业进入全国医药工业 500 强。马应龙药业集团、湖北共同生物、湖北省宏源药业等 7 家企业被评为省级细分领域隐形冠军示范企业，湖北恒安芙林药业等 14 家被评为省级科技小巨人。第三，高端医疗器械发展迅速，一大批医疗技术从创新走向应用（表 9-8）。康圣达、安翰光电、喜康生物、明德生物一批湖北本土高端医疗器械企业快速成长，成为行业领头羊，其中康圣达主营业务收入突破 5 亿元，安翰光电主营业务收入突破 3 亿元。安翰光电入选科技部"独角兽"企业名单。武汉生物制品研究所研发的国家一类新药肠道病毒 71 型灭活疫苗（Vero 细胞）成功上市，盛齐安生物科技有限公司的"载药囊泡靶向治疗胆道恶性梗阻技术"等医疗技术开展临床应用，可控式胶囊内窥镜、循环肿瘤细胞捕获仪、组织工程自体皮肤等一大批世界领先的创新成果进入市场。

表 9-8　主要高端医疗器械及其应用状态

公司名称	医疗器械	应用状态
安翰光电技术（武汉）有限公司	NU-I 型磁控胶囊胃镜系统	入选科技部《创新医疗器械产品目录（2018）》
华大制造科技有限公司	MGISEQ-200、MGISEQ-2000 高通量基因测序仪	优先审批通道注册上市
武汉唐济科技有限公司	硬性电凝切割内窥镜	优先审批通道注册上市
致众科技股份有限公司	医疗器械创新技术转化服务平台	已建成投入使用
友芝友生物科技有限公司	循环肿瘤细胞捕获仪	临床应用
明德生物科技股份有限公司	血清淀粉样蛋白 A（SAA）校准品	获得医疗器械注册证

第九章 "十三五"时期湖北健康消费发展情况

创新驱动成果显著。第一，创新药物品种研发获得进展。2018年，全省共获得药品注册批件17个，比去年多3个。完成第一类医疗器械产品备案862个，第二类医疗器械产品注册事项509个。友芝友注射用重组抗EpCAM和CD3人鼠嵌合双特异性抗体、滨会生物重组人GM-CSF溶瘤II型单纯疱疹病毒（OH2）注射液（Vero细胞）和人福医药间变性淋巴瘤激酶（ALK）抑制剂等4个国际首创一类新药获得临床批件。喜康生物2个单抗生物类似药获批开展三期临床。人福医药集团在海外产品申报方面取得突破性进展，共获13个ANDA批文。亚洲生物稀土磁材料创面修复产品获得美国FDA注册认证；喜康生物阿法链道酶生物类似药在欧洲获批进行临床试验；凯瑞康宁新型嗜睡症药物XW10172在澳大利亚获批进行临床试验。健民药业集团小金胶囊"基于整体观的中药方剂现代研究关键技术的建立及其应用"获得国家科技进步二等奖。第二，创新平台和技术服务体系逐步完善。2018年，新组建了"湖北省麻醉药物工程技术研究中心"等17个省级生物医药领域科技创新平台，共建有省级生物医药领域科技创新平台121个。人福利康抗癌药物CMO平台、亚太药业创新药物成果转化平台等创新平台正在加紧建设，即将投入使用。

健康产业项目投资保持稳定增长，一批重点项目开工建设或建成投产。2017年，全省医药产业全年完成固定资产投资556.93亿元，同比增长17.9%，其中，中成药制造、生物生化制品制造、化学药品制造、医疗器械制造分别完成固定资产投资63.48亿、97.62亿、121.64亿和131.5亿元，同比增长39.5%、15.4%、13.2%和5.7%。2018年，全省医药产业全年完成固定资产投资同比增长7.7%。投资10亿元奥美医疗医用材料项目、投资3亿元劲牌生物医药公司二期配方颗粒专用生产车间建设开工建设。投资1亿元的瑞法医疗器械有限公司低密度脂蛋白乙肝病毒等医用血液净化器械的产业化项目、投资 2.04 亿元湖北华强科技有限责任公司集体防护装备智能化空气过滤吸收器车间项目建成投产。投资 10 亿元的马丁院士"妇科肿瘤诊疗创新成果研发中心及生产基地项目"一期、投资 10 亿元的汪立宏院士"光声医学成像成果转化中心及生产基地项目"一期、投资 1 亿元的武汉华大智造公司"基因测序仪生产基地项目"部分建成投入运营。

三、湖北健康消费发展面临的挑战

（一）居民健康素养水平有待提升

"十三五"以来，湖北省健康促进工作取得明显成效。湖北全省共建设国家级健康促进县区 10 个，省级健康促进县区 74 个，占全省县区总数的 82%，数量超过全国平均水平。城乡居民健康素养水平稳步提升，从 2015 年的 10.73% 提升到 2019 年的 22.22%。全省打造健康促进医院 1 397 家，健康促进机关 5 279 家，健康促进学校 3 315 家，健康社区/村 6 808 个，健康促进企业 733 家。健康科普覆盖扩大，3 800 余人的省市县三级健康科普专家库，每年开展"进乡村、进企业、进学校、进机关、进军营"健康巡讲 9 000 场次以上。在 26 个国家贫困县和 11 个省级贫困县有序推进健康促进攻坚行动，在村镇打造健康小屋、乡村健康步道、健康广场、群众文化室、老年人日间照料中心等，引导农村居民养成健康生活方式。贫困地区全部中小学校开设了健康教育课。2019 年，全省贫困地区居民健康素养提高到 18.1%。但必须认识到，湖北省居民健康素养水平仍有进一步提高的空间，尤其是城乡居民健康素养水平差异较大，农村居民、文化程度较低居民等人群的健康素养水平值得关注。

第九章 "十三五"时期湖北健康消费发展情况

(二)卫生健康服务体系不平衡不充分

从产业分布看,湖北省健康服务业目前仍以医疗卫生服务为主,康养服务、疗养服务、健康管理服务等呈现分散性和碎片化状态,尚未形成产业集群效应,各相关产业之间缺乏联动和共享。从资源分布看,大多数资源集中在武汉、十堰、襄阳、宜昌等较大的城市,武汉市有三甲医院18家(不包括军队医院、中医院),占全省三甲医院总数的50%以上;基层卫生医疗机构34 742个,床位数8.9万张,仅占全省床位数的23.7%,卫生技术人员12.2万人,仅占全省卫生技术人员的30.5%,而偏远地区和贫困地区医疗养护服务水平明显偏低。从机构分布看,湖北省医疗卫生优质资源大多集中在综合性医院,而更贴近群众的社区卫生服务等基层医疗机构基础相对薄弱,健康服务能力相对较低,发展十分不平衡。

(三)医药产业创新发展不足

"十三五"期间,湖北省医药制造产业获得了快速发展,但无论从规模还是质量上看与沿海地区相比差距仍然较大,即使与中部其他省份相比也没有明显优势。湖北省规模以上医药制造企业460个,主营收入1 216亿元,湖南省和河南省分别是322个和499个,主营收入分别是1 077亿元和2 265亿元。湖北省医药产业层次以医药中间体和原料药为主,化学药品制剂制造、中成药生产和化学药品原料药制造业等中间制造环节产值占全部规模以上医药制造产业产值的比重为67.4%。生物药品制造、医疗诊断、监护及治疗设备制造等技术含量高、附加值高的企业偏少,缺乏行业领军企业,其产值分别为58亿元和7亿元,仅占全部产业的8.2%和1.1%。目前全省尚没有假肢、人工器官及植(介)入器械制造企业,医药产业创新发展明显不足。

（四）健康产品与服务质量有待提高

总体来看，湖北省健康产品和服务供给结构较为单一，与需求结构不相适应。商业健康保险产品较为单一，主要品种大多为大病保险，而针对健康和亚健康人群的专业性、规范化的健康咨询与管理服务仍处于起步阶段，需要进一步扩展。商业保险公司与医疗、护理等机构之间缺乏有效合作，使得商业保险、医疗服务、健康管理等健康服务业难以融合发展。优质健康产品供给同样不足，社会力量参与健康产业普遍以中低端医疗服务为主，综合实力和核心竞争力不强；先进产品以仿为主、以进口为主的局面尚未改变；健康产业缺少具有较强引领和带动效应的龙头企业，品牌效应不强。同时，健康产业缺乏产业链上下游之间的协作，产业集聚效应不明显，难以通过协同创新来提供质量高和种类搭配合理的健康产品和服务。

四、促进湖北居民健康消费发展重点与对策

（一）进一步强化健康促进工作，提高居民健康素养水平

一是着力抓好健康促进顶层设计。以健康湖北建设为引领，将促进居民健康消费纳入各级政府考核。坚持将健康促进与绩效考评相结合，将居民健康素养水平一系列健康指标纳入绩效考核。二是持续加强健康引导和健康干预。针对威胁居民健康的主要问题，研究制定综合防治策略和干预措施，依托专科专病联盟、发挥学会协会智力优势、利用基层医疗卫生机构力量，构建"政府领导、卫健主导、疾控指导、联盟引导"的防治体系。通过部门之间的多层次、多领域整合资源，相互协作推进健康促进工作。通过社会整体联动，形成共建共享格局。把预防为主摆在更加突出的位置，

进一步完善政府社会协同机制，加快健康中国行动建设。三是不断创新健康促进方式和载体。着力打造健康广场、健康长廊、健康教育宣传栏、健康俱乐部、健康教育栏目等五大健康教育基地，推动新闻媒体加大健康科普力度。四是在湖北省26个国家级贫困县和11个省级贫困县有序推进健康促进乡村振兴行动，在村镇打造健康小屋、乡村健康步道、健康广场、群众文化室、老年人日间照料中心等，引导农村居民逐步养成健康生活方式，推动乡村发展与振兴，持续改善农村居民健康状况。

（二）优化健康服务体系布局，提高有效供给服务质量

针对湖北省大城市和中小城市、城市与农村之间的卫生健康服务发展不平衡问题，需要进一步完善医疗服务体系，优化区域布局，实现区域均衡发展。充分发挥湖北省医疗机构、高等院校和科研院所的人才和资源优势，以医疗卫生服务为主体，积极引导社会资本和其他投资主体进入健康服务领域，建立涵盖专科治疗、慢病管理、老年养护服务、养生保健、健康咨询、医疗人才培养等全产业链的健康产业体系。优化政策环境，加快市场化、产业化，破除社会力量进入大健康产业的不合理限制和隐性壁垒。鼓励企业、商业保险机构、慈善机构、基金会等以出资新建、参与改制、托管、公办民营等多种形式投资医疗健康服务产业。支持健康保险服务业发展，推动非公立医疗机构向高水平、规模化方向发展，鼓励发展专业性医院管理集团，提高整体健康服务水平，打造一批具有全国影响力的综合性健康平台企业。

（三）推动产业结构升级，提升健康产业的创新能力

根据湖北省大健康产业链的规划，部署医药产业创新链，通过医药创

新平台建设、人才团队培养、新产品开发、新技术应用、成果转化等环节推进一批健康产业重大创新项目建设。通过创新驱动实现医药产业结构调整和企业转型升级，以武汉国家生物产业基地为龙头，以鄂州葛店经济技术开发区和宜昌高新技术产业开发区等高新技术开发区为支撑，创建区内园、区外园和园内园的产业集群，发展生物制药、现代中药、新西药制剂、生物医药技术服务和现代医药物流等产业。加大对生物医药和高端医疗器械前沿研究领域创新支持力度，构建一批技术创新载体，实现生物制药、新型制剂、高性能医疗器械、原料药等重点领域突破，以提高医药产业的核心竞争力，加快推进湖北省向医药强省转变。通过发展各类健康研发创新机构、建立重大健康科技联合攻关机制、加快发展临床试验机构等措施，进一步完善健康科技创新支持体系。

（四）充分利用资源优势，大力发展健康产业新业态

针对湖北省的区位、交通和资源优势，科学统筹规划具有湖北特色的大健康产业布局。积极探索健康服务新业态，促进健康产业与养老、旅游、休闲、食品、互联网等产业的融合发展，培育医疗养老、医疗旅游、智慧医疗、健身休闲、健康食品等健康领域的新兴产业；推动专业医学检验中心、医学影像中心和病理诊断中心等第三方服务机构的发展，鼓励发展个性化健康检测评估、咨询、调理康复等具有较大需求增长潜力的服务，进一步探索智能健康电子产品、可穿戴设备和健康医疗远程服务项目。

以东湖高新技术开发区作为生命健康产业的核心区，大力发展生物医药、医疗器械、生物农业等尖端产业，培育健康产业增长极；依托神农架、大别山、武陵山、秦巴山、幕阜山等优质生态资源，开发绿色生态旅游；建立中药现代化科技产业基地，形成集养生、保健、康复、健身和医疗于

第九章 "十三五"时期湖北健康消费发展情况

一体的健康旅游中心。同时，以此为基础创建中医药健康旅游示范区，并逐步向其他地区推广。推动中医药与养老服务深度融合，发展中医药健康养老服务，探索集健康管理、健康保险和健康文化为一体的中医健康服务保障模式；扩展户外健身休闲运动产业类型和规模。

（五）加快健康服务"放管服"改革，进一步优化营商环境

推进市场准入审批制度改革。完善社会办医疗机构审批制度，鼓励引入信誉良好、管理先进的高质量、高水平社会办医疗机构，并制定相应的管理办法。社会办非营利性医疗机构应当在民政部门按"先证后照"登记，营利性医疗机构应当在市场监督管理部门按"先照后证"登记。简化社会办医的审批流程，取消无法定依据的前置条件或证明材料，压缩审批时限。从注重事前审批转向强化事中事后监管，由分散的单项监管向多部门联合协同监管转变。鼓励社会公众参与行业监督，发展健康服务业行业组织，支持行业协会制定推广服务团体标准和企业标准。对新兴健康服务业，探索坚守"红线"与包容创新的审慎监管机制。建立和完善医疗市场退出机制。加强信用体系建设，建立完善医疗机构、医师不良执业行为积分管理制度、不良诚信医疗机构黑名单制度，强制严重违规医疗机构退出医疗服务市场。

第十章 "十三五"时期湖北消费环境建设情况

在"十三五"时期,湖北省坚持供给侧结构性改革,把握时代发展需要,顺应消费升级大趋势,深入推进质量强省建设,切实增强质量供给对消费需求的适应性,让消费者敢消费、能消费、愿消费,努力创造高品质消费环境,不断增强湖北省消费者的获得感、幸福感和安全感。进入"十四五"时期,消费在经济发展中的基础性和引领性作用日益增强,消费对经济增长的贡献率将不断上升。为此,湖北省仍需继续实施"十大扩大消费行动",即城镇商品销售畅通行动、农村消费升级行动、居民住房改善行动、汽车消费促进行动、旅游休闲升级行动、康养家政服务扩容提质行动、教育文化信息消费创新行动、体育健身消费扩容行动、绿色消费壮大行动、消费环境改善和品质提升行动。其中,消费环境改善是其他消费行动的有力保障,是全省促进幸福产业消费提质扩容,使消费新模式得以蓬勃发展的关键。本章结合湖北省"十三五"时期消费环境建设情况,主要从消费供给与消费选择、消费质量、消费品质量检测和标准制定、消费权益等多个角

第十章 "十三五"时期湖北消费环境建设情况

度展开,分析了"十三五"时期湖北省消费环境建设现状、发展趋势与进一步的优化路径等问题。

一、湖北消费环境建设现状与发展趋势

(一)各类促进消费的政策陆续出台,消费环境不断优化升级

"十三五"时期,为更好发挥新消费对经济发展的引领作用,加快培育形成经济发展的新动力,湖北省根据《国务院关于积极发挥新消费引领作用加快培育形成新供给新动力的指导意见》(国发〔2015〕66号)和《国家发展改革委印发〈关于推动积极发挥新消费引领作用加快培育形成新供给新动力重点任务落实的分工方案〉的通知》(发改规划〔2016〕1553号)精神,结合湖北省消费发展的实际,印发《省人民政府关于积极发挥新消费引领作用加快培育形成新供给新动力的实施意见》(鄂政发〔2016〕74号)。随后,湖北省人民政府制定了《湖北省养老机构服务质量整治方案》(鄂民政发〔2017〕32号)和《湖北省2018年养老机构服务质量提升专项行动方案》(鄂民政发〔2018〕10号),以及《省人民政府办公厅关于发挥品牌引领作用推动供需结构升级的意见》(鄂政办发〔2016〕81号)等系列政策,重点推动服务、信息、绿色、时尚、品质、农村等六大领域消费升级,丰富消费供给,满足多元化高品质消费需求。

"十三五"期间,湖北省资源节约型、环境友好型社会建设已经取得重要进展,产业结构轻型化、生产方式绿色化,低碳水平持续提升。在消费方面,居民绿色消费意识明显提高,绿色产业发展良好,绿色产品使用和绿色消费行为逐渐普及。消费环境上,完善消费维权机制和纠纷解决机制、强化消费者权益保护、健全相关产业政策、鼓励新业态新消费聚集发展,营造安

全放心的消费环境。此外，为认真贯彻落实2018年中央、省委一号文件和农村工作会议精神，湖北省把农村电子商务作为推进乡村振兴战略的重要抓手，以"农产品上行"为重点，积极推进电子商务进农村综合示范全覆盖，打造千亿级产业，湖北省制定《湖北省农村电商工程三年（2018—2020年）行动方案》，从农村宽带普及行动、电商物流通村行动、农村电商倍增行动、综合示范提升行动等方面，分别列出工作目标、主要措施和支持政策等，不断升级农村地区软硬件消费环境。截至2021年，湖北省六批电信普遍服务4G基站试点项目总投资29.2亿元，为9 867个行政村新建宽带网络和4G基站，行政村光纤通达率、4G网络覆盖率均达到100%，20户以上自然村光纤通达率、4G网络覆盖率均超过95%。

（二）品牌强省战略全面落实，消费品质量不断提升

湖北省围绕消费品质量合格率抽检，建设质量强省、修订消费品标准体系、检测标准、产品质量与品牌建设上不断提升消费质量。2015—2019年，产品质量国抽合格率均保持90%以上，连续5年高于全国平均水平。2019年，湖北产品质量国家监督抽查合格率91.7%，高于全国平均水平2.4个百分点。"十三五"期间，湖北省实施品牌强省战略和质量品牌提升专项行动计划。发挥长江质量奖、各地政府质量奖的标杆引领作用和湖北名牌评价的导向作用，加强地理标志产品保护，树立质量标杆，提升"湖北制造"和"湖北品牌"的竞争力。消费业态上积极引进数字消费经济龙头企业，打造线上线下融合发展的数字消费经济，发展"时尚+"产业体系，如打造汉正街云尚·武汉国际时尚中心，吸引消费者。消费活力上积极组织系列特殊消费促进活动，引进传统特殊业态和新兴消费业态，打造夜间消费聚集区，构建新型夜经济消费环境。

第十章 "十三五"时期湖北消费环境建设情况

2018年6月,湖北省委省政府出台《关于开展质量提升行动加快建设质量强省实施方案》,提出湖北质量提升"十大举措"。为帮助重点企业和产业集群破解突出质量问题,省市场监管局组织实施"万千百"质量提升工程,并选定黄石铝型材、十堰汽车铸锻、襄阳新能源汽车及零部件、宜昌柑橘、荆州汽车零部件、应城盐化工、蕲春蕲艾、咸宁智能机电、随州专用汽车、恩施硒产品、仙桃休闲女装、潜江小龙虾等12个区域产业集群,作为省级质量提升试点工程重点突破,以点带面。与此同时,培育和发展"湖北名优"品牌,定期发布《"湖北名优"品牌建设白皮书》,以特色品牌促进品质消费。促进农产品转型提质,引导和支持各地开展绿色、地理标志农产品认证,提升农产品品质和附加值。2020年,湖北省市场监管系统聚焦支柱产业,主动作为、担当奋进,深入推进"万千百"质量提升工程,消费品质量不断优化提升。

(三)消费品标准体系不断完善,"湖北标准"的国际影响力逐步凸显

"十三五"期间,湖北省逐步建立标准公开体系,不断规范地方标准工作,提升产品和服务质量,标准化管理制度引领湖北高质量发展。根据《国务院办公厅关于印发国家标准化体系建设发展规划(2016—2020年)的通知》(国办发〔2015〕89号)精神,为推动实施标准化战略,完善标准化体系建设,充分发挥标准化工作对于湖北经济社会发展"总量进位、质量升级"的基础性、战略性、引领性作用,全面提升"湖北标准"在国际国内的竞争力和影响力,2016年11月湖北省政府办公厅印发《省人民政府办公厅关于印发湖北省标准化体系建设发展规划(2016—2020年)的通知》,完善标准体系和创新机制,夯实标准化技术基础,增强标准化服务能力,充分发挥"标准化+"效应,为湖北在中部地区率先实现全面建成小康社会提供标准化技术支撑（表10-1）。

表10-1 湖北省"十三五"期间国家级检测技术中心建设任务分解表

责任单位	已建成国家中心名称	在建国家中心名称	"十三五"期间拟建国家中心领域
武汉市人民政府	国家红外及工业电热产品质检中心 国家饲料质检中心 国家油气田井口设备质检中心 国家医用超声波仪器质检中心 国家劳动保护用品质检中心 国家电线电缆产品质检中心 国家纺织服装产品质检中心 国家宽带网络产品质检中心 中南国家计量测试中心（计量院） 国家光电子信息产品质检中心（计量院） 国家无损检测设备质检中心（计量院） 国家城市能源计量中心（计量院） 国家太阳能热水器质检中心（质检院） 国家饮料及粮油制品质检中心（质检院） 国家棉花质检中心（纤检局） （共15个）	国家家用电器能效及安全质检中心 国家工业数字成像无损检测设备质检中心（特检院） 国家智能安防产品质检中心（电子院） 国家标准创新基地（标质院） （共4个）	智能制造 电动新能源汽车 新型工程材料 生命健康产品 集成电路 大数据产品 北斗导航终端 生物制品细胞系 精准医疗基因检测 海洋工程装备 生物质能源 激光产品辐射安全 激光加工设备（计量院） 氢燃料新能源动力系统（质检院） 产品认证技术机构（质检院） 产业用纺织品和服饰（纤检局） 智慧家庭系统集成（标质院） 智慧城市技术与服务（标质院） 标准验证中心（标质院） 体系认证技术机构（标质院） （共20个）
黄石市人民政府		国家特殊钢产品质检中心 （共1个）	
十堰市人民政府		国家汽车零部件质检中心 （共1个）	

第十章 "十三五"时期湖北消费环境建设情况

续表

责任单位	已建成国家中心名称	在建国家中心名称	"十三五"期间拟建国家中心领域
襄阳市人民政府	国家汽车质检中心（共1个）	国家动力电池产品质检中心（共1个）	高性能轴承（共1个）
宜昌市人民政府		国家磷产品质检中心（共1个）	智能电网设备制造（共1个）
荆州市人民政府			电子废弃物循环利用 包装机械 危化品包装物（特检院）（共3个）
鄂州市人民政府		国家节能建筑材料质检中心（质检院） 国家金刚石工具质检中心（质检院）（共2个）	物联网（共1个）
孝感市人民政府		国家纸及纸制品质检中心（共1个）	
黄冈市人民政府			建筑钢结构（共1个）
咸宁市人民政府		国家苎麻制品质检中心（共1个）	起重机械（特检院）（共1个）
随州市人民政府		国家专用汽车车载装置质检中心（共1个）	
恩施州人民政府		国家富硒产品质检中心（共1个）	
仙桃市人民政府			非织造布及制品(纤检局)（共1个）

· 247 ·

续表

责任单位	已建成国家中心名称	在建国家中心名称	"十三五"期间拟建国家中心领域
省质监局直属机构	中南国家计量测试中心（计量院） 国家光电子信息产品质检中心（计量院） 国家无损检测设备质检中心（计量院） 国家城市能源计量中心（计量院） 国家太阳能热水器质检中心（质检院） 国家饮料及粮油制品质检中心（质检院） 国家棉花质检中心（纤检局） （共7个）	国家节能建筑材料质检中心（质检院） 国家工业数字成像无损检测设备质检中心（特检院） 国家智能安防产品质检中心（电子院） 国家标准创新基地（标质院） （共4个）	激光加工设备（计量院） 氢燃料新能源动力系统（质检院） 产品认证技术机构（质检院） 产业用纺织品和服饰（纤检局） 非织造布及制品（纤检局） 危化品包装物（特检院） 起重机械（特检院） 智慧家庭系统集成（标质院） 智慧城市技术与服务（标质院） 标准验证中心（标质院） 体系认证技术机构（标质院） （共10个）
合计	16个	15个	29个

注：省质监局直属技术机构所建国家级检测技术中心除少数外，绝大部分位于武汉市。

资料来源：《湖北省人民政府办公厅关于加强检验检测公共服务平台建设的意见》。

消费品检查标准完善方面，湖北省政府积极搭建公共检测平台，提速标准修订进程，通畅信息共享机制，建立质量失信"黑名单"。根据《国务院关于加快科技服务业发展的若干意见》（国发〔2014〕49号）的要求，2017年湖北省政府办公厅发布《湖北省人民政府办公厅关于加强检验检测公共服务平台建设的意见》（鄂政办发〔2017〕2号）。基本目标是力争到2020年，基本建成适应湖北省经济社会发展的检验检测公共服务平台体系。此外，从2017年起，湖北省落实100%推行"双随机一公开"督导执法检查制度，加强进口消费品、进出口食品重点监管、后续监管，

第十章 "十三五"时期湖北消费环境建设情况

以及进出境动植物检验检疫、进出境卫生检疫。加强对企业执行标准情况的监督执法检查，强化企业责任意识和主体责任，全面落实质量责任企业约谈制度。完善监督抽查结果公开制度，加大不合格产品生产经营企业公开曝光的力度。从加强能力建设、强化技术创新、完善检验检测高技术服务产业链链条方面提升服务能力，为检验检测公共服务平台体系发展提供政策支持，营造诚信消费环境。"湖北标准"的国际影响力也逐步凸显。2019年中国光谷共主导和参与制修订国际标准47项、国家标准412项、行业标准524项，相比示范区建设前主导或参与制定的国际标准，研制数量增长85.3%。

（四）市场监管力度大幅提升，消费者权益保障机制不断完善

湖北省加快健全消费者权益保护机制、拓宽消费者投诉通道、规范完善退货规定、改善市场信用环境、营造安全消费环境，切实保证消费者权益。贯彻落实消费者权益保护法，加强执法宣传，推动地方性立法，建立消费者权益保护部门联席会议制度。开展"放心消费创建"活动，引导和督促经营者履行法定义务和社会责任，指导经营者落实进货查验记录、问题商品停售、退换货、经营者首问和赔偿先付等自律制度。完善落实消费领域诉讼调解对接机制，探索构建消费纠纷独立非诉第三方调解组织。落实和完善"12315"数据动态分析、综合分析、专项分析和案例分析制度，强化与"12358"价格监管平台的信息对接，深入研发消费维权大数据分析系统，加强大数据监测和分析。畅通消费者诉求渠道，推进消费维权快速反应机制和队伍建设，扩大基层消费维权网络的覆盖面。

为进一步深化消费环境建设，"十三五"期间，湖北省全面营造安全放心消费环境。全省稳步推进信用信息公共服务平台和行业信用信息系统建设，完善市场主体信用记录，加快构建守信激励和失信惩戒机制，实施企业经营异常名录、严重违法失信企业"黑名单"、强制严重违法失信企业退出和责任人员禁入等制度。创建省级放心消费示范点，"放心消费在湖北"活动连续三年被写入省政府工作报告。2019 年以来，省市场监管局等 28 个部门在全省联合开展以"商品无假冒、食药无伪劣、服务无欺诈、投诉无障碍"（以下简称"四无"）为主题的放心消费创建活动，在 14 个重点行业和领域培育自觉尊重和维护消费者合法权益的示范点。此外，湖北省消委采用互联网＋在线和解消费维权模式，依托微信公众号建立"湖北 315 消费投诉和解平台"和"投诉公示系统"，构建消费者在线投诉、经营者在线和解、消委在线督办、企业信息在线公示的消费维权共建共享共治新机制，全面推进消费维权社会共治，进一步提高全省消费环境安全度、经营者诚信度和消费者满意度，完善消费者权益保障机制，为服务经济高质量发展打造了良好的消费环境。

（五）大数据分析助力线上消费环境升级，线上消费潜力加速显现

从消费者权益保护的角度看，大数据思维和应用对消费者组织履行法定职责有深刻的影响。2018 年 10 月，国务院办公厅印发的《关于印发完善促进消费体制机制实施方案（2018—2020 年）的通知》（国办发〔2018〕93 号）要求，加强消费领域大数据应用，加强政府与社会合作，建立消费领域大数据分析常态化机制，提升大数据运用能力。基于消费维权大数据，湖北省消委联合湖北电视台《第 5 车道》、湖北省婚庆文化产业发展促进会、湖北省家电与网络信息产品服务行业协会、湖北省电子商务行业协会，发布了 2020 年湖北省消费维权大数据报告，旨在全面加强行业自治监管，凝聚起行业力量，找准消费痛点、打通消费堵点，营造安全放心舒心的消

第十章 "十三五"时期湖北消费环境建设情况

费环境。

2020年,据中国消费者协会线上调研发现,有73.1%的消费者最近一年"非常多"使用网络购物等在线消费模式,仅有25.9%的消费者处于"一般""比较少"或"非常少"不选择在线消费,线上消费规模不断扩大(图10-1)。"十三五"期间,湖北省全面落实"宽带中国"战略和网络提速降费任务,加快高速宽带网络建设,以满足居民在线消费规模不断扩大的发展趋势。全省各地区深入推进"三网融合",加大"光进铜退"改造力度,加快提升全省高速光通信能力。推进北斗高精度位置服务"一张网"与移动、联通等各类信息传输网络融合,加快智慧湖北时空信息云平台建设,促进线上消费潜力释放与显现。

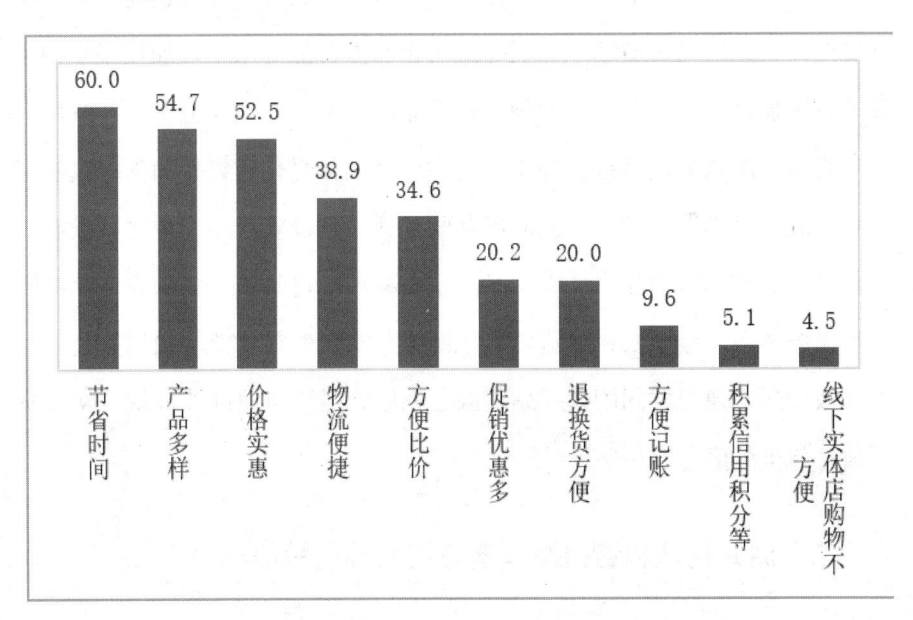

原因	百分比
节省时间	60.0
产品多样	54.7
价格实惠	52.5
物流便捷	38.9
方便比价	34.6
促销优惠多	20.2
退换货方便	20.0
方便记账	9.6
积累信用积分等	5.1
线下实体店购物不方便	4.5

图10-1 选择使用网络购物等在线消费的原因(%)

数据来源:中国消费者协会《2020年100个城市消费者满意度测评报告》。

（六）一体化现代物流体系基本形成，线下消费环境升级步伐加快

"十三五"期间，湖北省积极发展多式联运，实现铁、水、公、空多种运输方式的无缝衔接和零距离换乘。2019年11月，湖北省交通运输厅运管物流局推出"四化一调整"（城际班线公交化、城乡道路客运一体化、镇村客运公交化、运游一体化、调整长途客运班线结构）5项新举措，以市场需求为导向，以提升道路客运公共服务水平为目标，积极构建分工明确、衔接顺畅、安全便捷、经济高效的道路客运一体化网络。为了推进一体化的现代物流体系，助推线下消费环境升级，根据《省人民政府关于印发湖北省综合交通公路水运部分四个三年攻坚工作方案（2018—2020年）的通知》（鄂政发〔2018〕20号）要求，进一步优化长江、汉江运输，推动建立汉江口或运河口过驳基地，引导港航企业提升服务水平。加强城乡物流基础设施建设，推进全省商贸物流标准化示范及全省北斗卫星导航应用示范项目城市配送应用示范。加快推进物流企业信息化建设，加强多式联运信息系统建设推广，推进物流园区互联互通。建设农产品产地冷藏设施，创新推广农产品冷藏技术，支持龙头企业发展冷链物流，完善农产品冷链物流设施体系。健全农村物流的末端网络，实现农村物流"最后一公里"的高效配送。建设共同配送一站式服务系统，推广批量北斗终端，实现货源信息与车源信息的共享与对接。

二、湖北构建和谐健康消费环境面临的挑战

（一）消费环境建设的区域差距明显

中国消费者协会于2017年、2018年、2019年、2020年分别开展了4

第十章 "十三五"时期湖北消费环境建设情况

次城市消费者满意度测评工作，评价指标体系主要由消费供给、消费环境、消费维权3个一级指标，16个二级指标，24个三级指标组成。百分制下，2020年100个城市的消费者满意度综合得分为79.32分。根据本项调查对消费者满意度的定义，总体属于良好水平。该数据相比于2017年度71.75分、2018年度的73.68分、2019年度的77.02分，呈现出持续上升的趋势。构成消费者满意度的三个一级指标中，"消费环境"指标项得分相对居中，为80.62分，"消费维权"得分相对最低，为74.70分。

该调查中，2017年参与测评的是全国50个城市，湖北只有武汉参加。2018年的测评活动增加到70个城市，湖北武汉、襄阳参与调查。2019年开始，宜昌也参与其中。结果显示，湖北省消费者满意得分从2017年的69.46提升到2020年的79.38，连续4年提升。其中2020年武汉市消费满意度得分为77.93分，宜昌市消费满意度得分81.37分，襄阳市消费满意度得分为79.92（表10-2）。武汉市消费满意度得分在参与调查的10个特大城市中排名第6；在34个参与调查的三线城市中宜昌消费者满意度排名第8，襄阳排名第14。湖北省的消费满意表现在全国31个省中排名15，处于中游水平，且省内城市之间存在较大差距。湖北省消费供给满意度高于全国平均水平，但是武汉市的消费环境和消费维权指标低于全国平均水平。综合来看，湖北构建和谐健康消费环境面临着消费环境整体建设相较于全国水平处于中游，且存在省内发展差距，消费维权指标低于全国平均水平，消费者权益保障需要提升等问题。

表 10-2　华中城市消费者满意度得分

城市	2020年 得分	2020年 排名	2019年 得分	2019年 排名	2018年 得分	2018年 排名	2017年 得分	2017年 排名
洛阳市	81.8	1	70.36	8	71.85	2		
宜昌市	81.4	2	72.87	6				
襄阳市	79.9	3	73.57	2	70.54	5		
岳阳市	79.5	4	72.67	7	70.11	6		
武汉市	77.9	5	73.4	3	71.87	1	69.46	3
南阳市	77.6	6	75.64	1				
郑州市	76.9	7	72.99	4	71.65	3	70.11	1
长沙市	76.4	8	72.95	5	71.29	4	69.76	2
衡阳市	70.6	9	68.46	9				

数据来源：中国消费者协会《2020年100个城市消费者满意度测评报告》。

（二）新冠肺炎疫情带来了新挑战

受新冠肺炎疫情影响，人们消费方式急速变化，"宅经济"和线上消费迅速发展，以生鲜销售为主的"社区团购"迅速攻占市场，对重塑疫情后消费环境建设提出了新的调整。疫情期间，各领域消费环境面临着各种消费问题冲击，部分消费领域短时间内突增大量投诉。湖北省消费者委员会公布数据显示，2020年全省消费者投诉总量为9.3万余人次，同比增长126%，其中合同、质量、售后服务问题居前三位，成为制约消费环境建设的主要问题。旅游消费受到重创，居民对健康旅游、生态旅游和康养旅游等高质量消费需求增加，旅游消费环境有待进一步完善。2020年湖北省全年共接待游客43 729.64万人次，下降27.8%，旅游总收入4 379.49亿元，下降36.8%，高质量旅游消费品供给和消费环境提升成为疫情后旅游业发展的新方向。

（三）产业结构与消费发展不协调

"十四五"时期，预期湖北居民收入水平由中高收入等级迈入高收入

第十章 "十三五"时期湖北消费环境建设情况

等级,湖北居民消费水平年均增长有可能在6%左右,继续成为经济增长和经济发展的主要推动力,为居民消费实现高质量增长打下厚实的经济基础和物质基础。然而,湖北省消费品供给品种、品质和品牌却很难满足不断升级的消费需求。并且,湖北省高质量消费品供给与经济更发达地区、与发达国家相比仍然存在差距,无法满足居民中高端消费需求。湖北省国际,甚至全国知名品牌较少,缺乏自主品牌,中低端产品多、中高端产品供给较少,缺少核心技术,消费需求与消费环境不协调、发展不充分问题明显。为此,湖北产业结构将在"十四五"时期进一步优化升级,推进互联网、云计算、云消费、大数据、人工智能、虚拟现实、低碳环保、共享经济等为代表的产业新技术与消费新模式、消费新场景的融合加深,产业结构的优化升级将提供更丰富更高质量的产品和服务,提升和优化消费结构,改变居民的消费方式。产业结构和消费结构良性互动,为湖北居民消费高质量发展提供产业基础,才能有效促进消费环境的优化改善。

(四)消费者质量保障体系不健全

"十三五"时期,湖北居民可支配收入逐年提高,消费能力和消费水平不断上升,消费规模和消费范围不断扩大,消费层次和消费结构不断升级,消费环境和消费体验不断优化,消费发展的体制和机制不断完善,但当前消费品质量保障体系发展相对滞后,无法满足消费者对高质量消费品需求的变化。如产品召回制度、消费品质量安全风险预计体系等还需要进一步的完善建设。消费品质量检测和信息共享平台建设需加速推进,质量监管与互联网新技术结合还不紧密,检验检疫检测技术保障体系需要完善,消费品质量提升工程仍需进一步落实。

（五）农村消费环境建设任重道远

一直以来农村居民消费水平与城市居民相比明显滞后，扩大农村消费市场有助于扩大内需，激发消费潜力，丰富农村居民生活和提升农村居民幸福感。滞后的农村消费一方面与农村居民收入相较于城市居民收入而言较低，另一方面与农村居民消费环境密切相关。在农村消费环境上，农村消费市场存在着消费集贸市场分散、规模小、假冒伪劣和三无产品泛滥、农村消费监管和保障不健全、物流网络发展不完善等问题。中国消费者协会2018年对中国31个省市开展了155个农村集贸市场调研，2019年对2018年调研组排名较后的60个集贸市场展开新一轮调研。结果显示，农村集贸市场存在比较严重的"三无产品"、涉嫌假冒伪劣产品和过期产品问题。政府需要加强对农村消费市场的有效监管，提高公共服务水平，提升居民消费意愿，加强农村道路基础设施建设，促进物流网发展，便利线上消费，改善农村消费环境。

三、促进湖北消费环境发展的重点与对策

（一）信息化大数据革新消费环境，推动线下服务消费加速触网

信息化大数据在消费权益保障方面大有作为。充分利用信息化技术构建消费者维权更便利、各部门处理消费者维权投诉效率也将提升。信息化大数据平台建设能有效拓宽消费者维权渠道，提高消费者维权效率，进一步提高全省消费环境建设。有效利用大数据分析消费者消费满意度状况、消费安全反馈、消费投诉状况、消费维权状况等，利用大数据分析消费环境建设中存在的问题，如分析消费者投诉的主要问题类型、所处行业，经营者诚信度和消费者满意度，能促进消费环境高质量发展。

第十章 "十三五"时期湖北消费环境建设情况

"十四五"期间湖北居民的消费环境向着虚拟化、智能化方向转变。"网购"就是居民消费环境从实体转为虚拟化的特征,从消费品的信息搜寻、比较、订购、支付、消费以及售后等环节,消费者逐渐突破现实经济中实体环境的约束,日趋网络化和虚拟化。不仅是对实体商品而言,对服务业也会出现虚拟化的特点。如居民可以在网络上看房,以三维视角体验和感受房屋的各项特征。并且,湖北居民消费结构升级优化的整体态势有向智能化转变的新特点。新兴产业中的云计算、大数据和人工智能快速发展,高科技产品推陈出新,高新技术产业发展将渗透到居民日常工作和生活以及消费的各个方面。初级和中级智能产品将飞入寻常百姓家中,例如,智能在线教学辅助工具、基于大数据的教育分析系统与管理系统等,满足高校购买及使用需求,助力提升高校教育信息化水平;全国性智能体育大赛,将智能滑雪、智能足球、智能赛车、智能骑行等更多内容纳入赛程,结合拓宽5G应用场景,带动健身器材和5G终端产品快速销售等。虚拟化、智能化等消费方向和环境转变,湖北居民的消费理念和消费认知也会随之发生改变,进而加深和增强购买各种生活智能化产品的意愿,有力推动居民线下消费的加速触网,实现线上线下消费的融合发展。为此,"十四五"期间,湖北省需加强信息网络基础设施建设,完善商贸流通基础设施网络,大力推动智能化技术集成创新应用,安全有序推进数据商用,规划建设新型消费网络节点等,加快新型消费基础设施和服务保障能力建设,升级完善线上消费环境。

(二)发挥武汉消费环境建设的示范效应,推动省内消费环境建设全面发展

武汉作为湖北省会城市,九省通衢,武汉在消费引领示范上举足轻重,充分发挥武汉的带头作用，大融合，大贯通，以点带面，辐射分化扩散武汉城市居民的消费影响力和聚集力。支持武汉创建国际消费中心城市，打造一批以文化消费、旅游消费、养生消费为特色的消费示范试点城市。消费中心是以中心城市为依托、辐射周边、综合承载能力强的消费高地或者说是集聚区，具有服务体系健全、配套设施完善、内外循环畅通、供给业态丰富、引领集聚突出等特征。区域性消费中心主要是省会城市武汉市和综合实力比较强的地级市，消费服务体系比较健全，某些标准达到国内外先进水平，对周边地区的辐射带动能力强，是区域性的消费高地或者说是集聚区。地方特色消费中心包括一些中小城市和一些县（市），通过打造人气活跃、亮点突出的若干消费集聚区，在地域和部分行业领域、发挥特色优势和较强影响力。加强对消费中心建设的统筹布局，进一步发挥各方面的优势，培育建设多层级消费中心，引导各地区更好发挥比较优势，有效促进供给体系、需求结构、流通网络和发展环境提质升级。着力建设辐射带动性强、资源整合有优势的区域消费中心，加强中小型消费城市的梯队建设，做好区域布局，形成各具特色、优势互补、协同发展的区域格局。

在发挥武汉国际消费中心城市示范效应中，需进一步优化消费环境建设，需要对消费环境发展现状、发展趋势、发展挑战有深入了解。科学开展消费环境评价，委托第三方机构组织实施，积极推进消费环境指数构建工作，对认识区域消费环境差距具有重要意义。因此，整理消费环境发展数据，并在横向和纵向对比湖北省及各市消费环境建设非常必要。而进行消费环境建设横向和纵向对比，则需要构建消费环境指数。湖北省一方面可以积极参与中国消费者协会消费者满意度测评调查，让湖北省更多的地级市加入调查，以此了解湖北省消费环境建设在全国的水平以及省内消费环境建设差距。另一方面可与高校展开深入合作，进行湖北省各市消费环境测评工作，了解本省整体及各地级市消费环境建设状况。根据消费环境指数调查情况，聚焦消费环境建设存在的问题，促进消费环境的整体改善。

（三）积极应对新冠肺炎挑战，有效提升消费潜力与活力

贯彻落实《国务院办公厅关于加快发展流通促进商业消费的意见》（国办发〔2019〕42号）精神，统筹推进新冠肺炎疫情防控和经济社会发展，积极应对疫情对商贸流通行业的不利影响，推动商业消费提质扩容。根据湖北省制定《应对疫情影响进一步促进商业消费若干措施》（鄂政办发〔2020〕31号），在保障公共安全、不影响交通通行、不侵害他人利益、落实疫情防控措施前提下，在指定时间段和特定区域，允许餐饮企业室外开设餐桌和"外摆位"，允许临街店铺出店占道经营，允许大型商超临时占道促销；对出于消费需要的临时性停车实施包容性管理；鼓励公务接待进餐企，提振餐饮消费信心；倡导个人消费、美食品鉴进门店；鼓励互联网平台对个体工商户下调平台服务费。联合研究机构，分析"与爱同行、惠游湖北"活动和"武汉消费券"政策的经济效益，充分利用现有工作经验，积极推进新的消费刺激活动，提升消费活力。规范新兴消费市场发展，提升服务质量。

（四）优化消费市场的监管执法，强化消费者权益保障

中国消费者协会《2020年100个城市消费者满意度测评报告》显示，湖北省消费环境在"交易安全""消费执法""维权渠道""维权效率""维权结果""消费警示提示"和"消费知识法制宣传"等方面仍需要继续提升。这些内容主要与消费者权益保障密切相关。第一，需要着力升级消费者权益保障渠道，完善消费者权益保障体系，尤其关注"交易安全问题"，为消费者提供安全的消费环境；第二，关注"消费执法"工作状况，加强市场监管力度、提升"消费执法"效率和消费者满意度；第三，丰富"维权"渠道，提升维权效率，为消费者构建便利的"消费维权"平台；第四，革新消费维权手段，构建信息化消费维权平台，并采用信息化大数据手段分析消费维权数据，加强对检测结果的跟踪和使用，及时对检测结果进行反馈并改进跟踪机制建设，切实保障消费者权益；第五，加强法制宣传工作，在更多地方布置"消费警示提醒"。此外，优化消费市场监管执法，加强防疫物资价格、重要民生商品价格、团购、网购商品价格和配送收费行为监管，将重要消费品列入《重点工业产品监管目录》重点监管，将消费者权益保障放在首位。

（五）完善消费的软硬环境，提升中高端消费品的供给能力

优化新消费发展环境，需从消费的"软环境"与"硬环境"同时发力，从而有效提升中高端消费品的供给能力，满足当前消费升级的大环境。加大新型消费政策支持力度，强化财政支持、优化金融服务、完善劳动保障。消费的"软硬环境"建设方面，需加快新型消费基础设施和服务保障能力建设，加强信息网络基础设施建设，完善商贸流通基础设施网络。进一步扩大电力市场化交易、推动转供电改直供电、加强转供电环节价格监管等措施，进一步降低5G基站运行电费成本，加强5G网络和基站建设。并且，支持在站址资源获取、资金补贴等方面加大对5G网络建设的支持力度，为消费信息快速便捷低成本交流提高底层支撑。此外，推进消费信用体系的建设，创造一个良好的消费环境。积极实施消费品质量提升工程，持续开展"万千百"企业质量提升工程，定期发布《"湖北名优"品牌建设白皮书》，培育"湖北名优品牌"。深化供给侧结构性改革，为人民群众日益增长、日益多样化多层次的消费需求提供有效的回应，壮大中等收入群体，创造更好的消费环境，使内需潜力得到最大释放，为经济长期持续稳定健康发展奠定坚实基础。

（六）优化农村消费环境，激发农村消费市场潜力

完善农村消费市场的流通体系，优化农村消费环境。第一，需要以扩大县域乡镇消费为抓手带动农村消费，加强县域乡镇商贸设施和到村物流站点建设。打造县域电商产业集聚区，拓宽农产品进城渠道。发展县乡村共同配送，推动降低物流成本；第二，强化农村电商主体培育，推动农产品供应链转型升级，完善农产品流通骨干网络；第三，建立健全跨部门协同监管机制，下沉执法监管力量，依法打击假冒伪劣、虚假宣传、价格欺诈等违法行为，规范农村消费市场秩序；第四，依托乡镇人民政府健全基层消费维权网络体系，引导设立消费维权服务站，及时调解处理消费纠纷；第五，加强信用体系建设，保障消费者的基本权益，保证市场交易双方平等和公平，提升居民消费意愿；第六，适应大数据发展趋势，加强对落后地区现代物联网设施的建设，引导农村商贸企业与电商深度融合，优化工业品下乡网络。总体而言，农村消费市场潜力巨大，但农村消费环境还需进一步优化与提升。"十四五"时期，集中力量补农村消费市场短板，加大对农村、偏远地区基础设施和公共设施建设的投入，完善社会保障制度和缩小收入差距，提高中低收入人群的消费保障水平。并且，基于大数据算法实施更精准和精细化的重点补贴人群、企业识别和差异化补贴政策，提高农村消费者与产品的匹配度，提升居民整体消费水平，充分激发农村消费市场潜力。

附 录 "十三五"时期湖北消费统计数据资料

附表1 1978—2020年湖北省社会消费品零售总额（单位：亿元）

年份	全省	市	县	县以下
1978	59.84	19.24	16.56	24.04
1980	81.91	28.98	17.01	35.92
1985	181.17	75.26	31.64	74.17
1990	326.36	166.44	45.62	114.3
1995	938.88	543.89	128.73	266.26
2000	1 825.84	1 151.48	181.27	493.08
2001	2 020.53	1 296.20	198.67	525.66
2002	2 183.80	1 466.37	205.82	511.61
2003	2 425.08	1 610.79	223.90	590.39
2004	2 711.28	2 105.44	284.86	320.99
2005	3 099.23	2 160.36	290.04	648.83
2006	3 601.89	2 528.90	338.91	734.07
2007	4 294.36	3 014.43	410.45	869.48
2008	5 346.00	3 753.37	514.16	1 078.46
2009	6 216.20	4 328.55	615.30	1 272.35
2010	7 365.72	（城镇）6 235.18	（城区）5 282.73	（乡村）1 130.53
2011	8 792.13	（城镇）7 453.26	（城区）6 216.18	（乡村）1 338.87

附 录

续表

年份	全省	市	县	县以下
2012	10 199.52	（城镇）8 680.56	（城区）7 139.30	（乡村）1 518.96
2013	11 649.55	（城镇）9 855.37	（城区）7 624.26	（乡村）1 794.18
2014	13 164.47	（城镇）11 170.41	（城区）8 632.97	（乡村）1 994.06
2015	14 847.88	（城镇）12 588.85	（城区）9 636.71	（乡村）2 259.03
2016	16 601.88	（城镇）14 088.49	（城区）10 685.95	（乡村）2 513.39
2017	18 519.65	（城镇）15 729.03	（城区）11 825.29	（乡村）2 790.62
2018	20 598.16	（城镇）17 501.70	（城区）13 035.36	（乡村）3 096.45
2019	22 722.31	（城镇）19 311.04	（城区）14 245.87	（乡村）3 411.27
2020	17 984.87	（城镇）15 284.69	（城区）10 668.04	（乡村）2 700.18

数据来源：湖北省统计年鉴。

注：1996年及以后社会消费品零售总额及各分组指标中不含售给城乡居民生活用住房的零售额；2010年起采用国家新制定的城乡划分标准：城镇（其中：城区）、乡村。

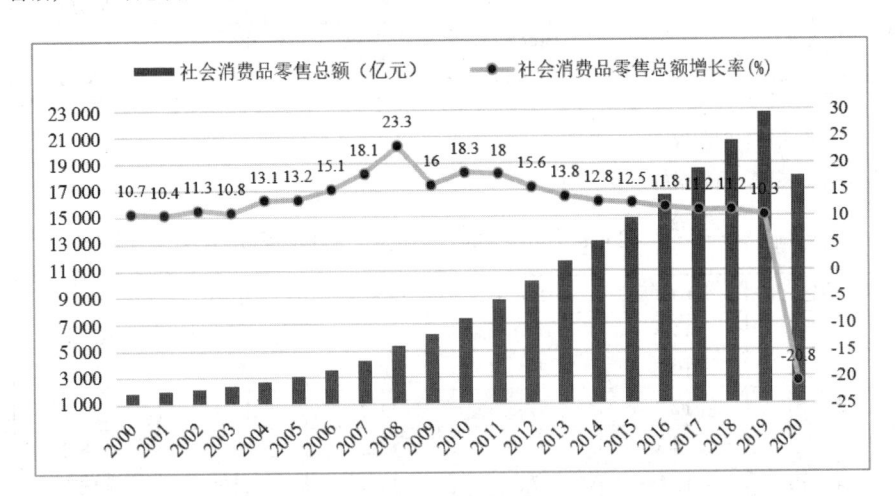

附图1　2000—2020年湖北省社会消费品零售数据变动趋势

数据来源：湖北省统计年鉴。

附表2　"十三五"湖北省分市、州社会消费品零售总额（单位：亿元）

地区	2016	2017	2018	2019	2020
全省	16 601.88	18 519.65	20 598.16	22 722.31	17 984.87
武汉市	5 843.66	6 493.24	7 169.70	7 774.49	6 149.84
黄石市	735.40	827.02	921.34	1 026.38	758.81

续表

地区	2016	2017	2018	2019	2020
十堰市	832.28	948.85	1 064.33	1 193.01	974.01
宜昌市	1 273.20	1 373.13	1 530.34	1 710.43	1 391.12
襄阳市	1 388.75	1 562.75	1 747.86	1 955.18	1 567.26
鄂州市	321.05	365.01	411.03	455.72	326.57
荆门市	649.14	732.09	822.03	917.06	779.31
孝感市	929.39	1 030.35	1 148.46	1 278.66	981.24
荆州市	1 208.61	1 350.77	1 505.48	1 671.47	1 284.49
黄冈市	1 068.03	1 197.65	1 334.86	1 470.72	1 150.13
咸宁市	499.03	566.02	634.74	708.40	604.04
随州市	482.68	535.80	595.24	654.64	519.53
恩施自治州	553.63	620.94	689.59	763.78	562.59
仙桃市	315.40	355.37	398.74	445.25	381.93
潜江市	208.38	233.20	260.54	291.35	248.90
天门市	277.47	309.82	344.33	384.96	289.76
神农架林区	15.77	17.64	19.56	20.83	15.34

数据来源：湖北省统计年鉴。

注：各市、州数据包含了"其他"部分的全口径数据。

附表3　"十三五"湖北省分市、州社会消费品零售总额增长率（单位％）

地区	2016年	2017年	2018年	2019年	2020年
全省	11.8	11.6	11.2	10.3	−20.8
武汉市	10.2	11.1	10.4	8.4	−20.9
黄石市	12.2	12.5	11.4	11.4	−26.1
十堰市	14.1	14.0	12.2	12.1	−18.4
宜昌市	14.0	7.8	11.4	11.8	−18.7
襄阳市	14.0	12.5	11.8	11.9	−19.8
鄂州市	14.4	13.7	12.6	10.9	−28.3
荆门市	13.8	12.8	12.3	11.6	−15.0
孝感市	11.2	10.9	11.5	11.3	−23.3
荆州市	12.3	11.8	11.5	11.0	−23.2
黄冈市	11.1	12.1	11.5	10.2	−21.8
咸宁市	11.0	13.4	12.1	11.6	−14.7

附　录

续表

地区	2016年	2017年	2018年	2019年	2020年
随州市	12.1	11.0	11.1	10.0	−20.6
恩施自治州	12.7	12.2	11.1	10.8	−26.3
仙桃市	12.0	12.7	12.2	11.7	−14.2
潜江市	12.1	11.9	11.7	11.8	−14.6
天门市	11.6	11.7	11.1	11.8	−24.7
神农架林区	10.8	11.9	10.9	6.5	−26.4

数据来源：湖北省统计年鉴。

附表4　"十三五"湖北省分市州城镇、农村常住居民人均可支配收入（单位：元）

地区	2016年 城镇	2016年 农村	2017年 城镇	2017年 农村	2018年 城镇	2018年 农村	2019年 城镇	2019年 农村	2020年 城镇	2020年 农村
全省	29 386	12 725	31 889	13 812	34 455	14 978	37 601	16 391	36 706	16 306
武汉市	39 737	19 152	43 405	20 887	47 359	22 652	51 706	24 776	50 362	24 057
黄石市	29 906	12 925	32 535	13 972	35 327	15 125	38 725	16 516	37 912	16 549
十堰市	26 030	8 514	28 518	9 373	30 771	10 295	33 577	11 378	32 771	11 731
宜昌市	29 735	14 057	32 316	15 253	35 011	16 514	38 463	18 134	37 232	18 515
襄阳市	28 794	14 762	31 316	16 005	33 947	17 305	37 297	18 933	37 707	18 422
鄂州市	26 986	14 813	29 399	16 168	31 742	17 609	34 541	19 313	35 025	18 792
荆门市	28 920	15 811	31 317	17 167	33 779	18 776	36 805	20 556	35 958	19 980
孝感市	27 939	13 554	30 264	14 744	32 685	15 988	35 695	17 510	35 374	17 090
荆州市	27 666	14 707	29 973	15 962	32 590	17 300	35 910	18 893	34 474	18 817
黄冈市	24 796	11 076	26 884	12 116	28 978	13 238	31 812	14 490	30 826	14 693
咸宁市	25 839	12 812	28 053	13 925	30 337	15 116	33 191	16 591	32 394	16 359
随州市	24 799	14 077	26 959	15 268	29 237	16 538	31 961	18 094	30 587	17 624
恩施自治州	24 410	8 728	26 766	9 588	28 918	10 524	31 561	11 620	30 930	11 887
仙桃市	26 845	15 462	29 266	16 736	31 672	18 177	34 541	19 891	35 750	20 647
潜江市	26 985	15 113	29 284	16 397	31 574	17 797	34 627	19 494	33 623	18 948
天门市	24 475	14 107	26 528	15 367	28 825	16 598	31 753	18 138	31 308	18 356
神农架林区	23 452	8 342	25 767	9 205	28 176	10 091	30 728	11 171	32 203	11 417

数据来源：湖北省统计年鉴。

附表5 "十三五"湖北省城镇居民家庭人均收入或消费支出（单位：元）

年份	总收入	可支配收入	总支出	生活消费支出	食品支出
2016	32 239.8	29 385.8	27 376.3	20 040.0	4 262.6
2017	34 972.3	31 889.4	28 784.6	21 275.6	4 244.0
2018	38 860.2	34 454.6	35 600.7	23 995.9	3 883.4
2019	42 207.9	37 601.4	40 544.4	26 421.8	4 154.2
2020	40 196.3	36 705.7	31 006.2	22 885.5	7 112.4

数据来源：湖北省统计年鉴。

附表6 2020年湖北省城镇居民家庭收支情况（单位：元）

项目	总计	低收入户	中低收入户	中等收入户	中高收入户	高收入户
平均每人总支出	31 006.2	19 332.7	21 673.7	28 529.2	38 395.5	54 085.3
生活消费支出	22 885.5	13 847.9	16 579.5	22 451.4	28 340.0	38 073.6
食品烟酒	7 112.4	4 878.4	5 873.1	7 241.6	8 688.4	9 922.6
衣着	1 472.3	837.0	1 101.3	1 474.7	1 819.5	2 444.2
居住	5 774.3	3 035.8	3 748.3	5 822.1	7 394.6	10 352.4
生活用品及服务	1 316.0	728.1	823.3	1 137.0	1 778.1	2 476.5
交通通信	2 852.5	1 849.8	1 870.7	2 964.7	3 075.1	5 130.2
教育文化娱乐	2 040.8	1 317.7	1 695.6	1 883.8	2 369.3	3 304.1
医疗保健	1 922.3	1 004.4	1 258.4	1 586.0	2 716.4	3 584.2
其他用品和服务	394.8	196.8	208.7	341.5	498.5	859.4

数据来源：湖北省统计局。

附表7 "十三五"湖北省农村居民家庭人均收入或消费支出（单位：元）

年份	总收入	可支配收入	总支出	生活消费支出	食品支出
2016	16 807.81	12 724.97	19 372.81	10 938.30	3 295.30
2017	17 927.34	13 812.09	19 739.32	11 632.51	3 332.38
2018	20 158.66	14 977.82	23 946.03	13 946.26	3 928.22
2019	22 524.84	16 390.86	26 484.28	15 328.02	4 163.70
2020	21 908.75	16 305.91	24 232.53	14 472.50	4 304.48

数据来源：湖北省统计年鉴。

附　录

附表8　"十三五"湖北省农村家庭人均生活消费支出（单位：元）

指标	2016	2017	2018	2019	2020
全年总支出	19 372.81	19 739.32	23 946.03	26 484.28	24 232.53
生活消费支出	10 938.30	11 632.51	13 946.26	15 328.02	14 472.50
一、食品消费	3 295.30	3 332.38	3 928.22	4 163.70	4 304.48
二、衣着消费	568.71	626.40	783.07	825.71	780.44
三、居住消费	2 407.90	2 512.27	2 954.25	3 277.95	3 197.57
四、家庭设备用品及服务	669.01	706.20	852.22	839.58	790.90
五、交通通信消费	1 381.37	1 384.68	1 933.05	2 228.83	2 175.32
六、教育文化娱乐	1 156.60	1 330.67	1 551.43	1 807.64	1 382.30
七、医疗保健消费	1 213.47	1 438.32	1 588.03	1 921.78	1 558.47
八、其他商品和服务	245.94	301.59	355.99	262.83	283.01

数据来源：湖北省统计年鉴。

附表9　2020年湖北省按国民经济行业分限额以上零售业商品销售总额（单位：亿元）

指标	零售总额
总计	4 385.44
综合零售业	1 025.89
百货零售业	444.91
超级市场零售业	523.97
食品、饮料及烟草制品专门零售业	197.03
纺织、服装及日用品专门零售业	99.07
服装零售业	62.24
文化、体育用品及器材专门零售业	62.60
体育用品及器材零售业	1.76
图书报刊零售业	8.57
医药及医疗器材专门零售业	183.42
汽车、摩托车、零配件和燃料及其他动力销售	1 618.26
汽车新车零售业	1 287.83
机动车燃油零售业	280.36
家用电器及电子产品专门零售业	317.44
家用视听设备零售业	107.71
计算机、软件及辅助设备零售业	33.83
通信设备零售业	68.61
五金、家具及室内装修材料专门零售业	87.23
货摊、无店铺及其他零售业	794.49
互联网零售	763.10

数据来源：湖北省统计年鉴。

附表10 "十三五"湖北省网上零售总额（单位：亿元）

年份	指标	网上零售额	其中：实物商品网上零售额
2016	绝对额	1 121.2	827.7
	增速（%）	22.7	28.5
2017	绝对额	1716.6	1 131.8
	增速（%）	37.2	30.0
2018	绝对额	2 533.5	1 963.6
	增速（%）	23.5	33.9
2019	绝对额	2 860	2 384.4
	增速（%）	10.1	17.7
2020	绝对额	2 866.6	2 448.9
		1.6	4.6

数据来源：历年湖北省国民经济和社会发展统计公报。

附表11 2000—2017年湖北省最终消费率（单位：亿元）

年份	支出法GDP	最终消费支出	资本形成总额	货物和服务净出口	最终消费率(%)
2000	3 760.48	2 030.07	1 882.47	−152.06	51.68
2001	4 102.08	2 262.67	1 884.57	−45.16	55.2
2002	4 416.88	2 499.95	1 905.92	11.01	54.9
2003	4 910.53	2 819.24	2 037.19	54.1	57.4
2004	5 633.3	3 174.18	2 538.77	−79.65	56.3
2005	6 631.65	3 623.71	3 006.58	1.36	55.9
2006	7 670.83	4 221.68	3 711.13	−261.98	56.7
2007	9 396.62	4 968.66	4 544.25	−116.29	52.4
2008	11 413.87	5 862.03	5 831.36	−279.52	50.2
2009	13 082.03	6 305.15	6 968	−191.12	47.8
2010	16 114.59	7 363.8	8 684.17	66.62	45.7
2011	19 815.57	8 902.48	11 239.27	−326.18	44.287
2012	22 659.4	9 982.8	12 554.7	−286.8	44.1
2013	25 064.92	11 134.21	14 545.35	−614.64	43.9
2014	27 693.04	12 535.76	16 450.59	−1 293.31	43.7
2015	29 882.83	13 773.7	17 791.4	−1 682.27	44.2
2016	32 665.38	15 254.99	18 786.27	−1 375.88	46.7
2017	35 478.1	17 171.8	20 853.6	−2 547.3	48.4

数据来源：国家统计局。

注：缺少2018—2020年相关数据。

附　录

附表 12　2000—2017 年中国长江经济带沿线省份最终消费率（单位：%）

省份	2010	2011	2012	2013	2014	2015	2016	2017
湖北省	45.7	44.287	44.1	43.9	43.7	44.2	46.7	48.4
上海市	54.9	56.373	57.1	57.9	58.8	59.1	57.4	57.3
江苏省	41.6	42.046 8	42.0	44.7	47.7	50.0	51.0	50.1
贵州省	63.7	60.3	57.7	55.9	56.9	56.5	57.3	55.4
浙江省	45.7	46.5	47.6	47.2	48.2	48.8	48.2	49.2
安徽省	50.1	49.5	48.7	47.9	48.2	49.4	49.8	50.0
江西省	47.2	47.4	48.8	48.8	49.3	50.0	50.6	51.1
湖南省	50.4	48.3	45.9	49.9	52.9	53	55	56.6

数据来源：国家统计局。

注：绝大部分省份缺少 2018—2020 年数据。

附表 13　2016—2020 年长江经济带沿线省份农村居民人均消费支出规模（单位：元）

省份	2016	2017	2018	2019	2020
湖北省	10 938.3	11 632.5	13 946.3	15 328.0	14 473.0
上海市	17 070.8	18 089.8	19 964.7	22 448.9	22 095.0
江苏省	14 428.2	15 611.5	16 567.0	17 715.9	17 022.0
贵州省	7 533.3	8 299.0	9 170.2	10 221.7	10 818.0
浙江省	17 358.9	18 093.4	19 706.8	21 351.7	—
安徽省	10 287.3	11 106.1	12 748.1	14 545.8	15 024.0
江西省	9 128.0	9 870.4	10 885.2	12 496.7	13 579.0
湖南省	10 629.9	11 533.6	12 720.5	13 968.8	14 974.0
重庆市	9 954.4	10 936.1	11 976.8	13 112.1	14 140.0
四川省	10 191.6	11 396.7	12 723.2	14 055.6	14 953.0
云南省	7 330.5	8 027.3	9 122.9	10 260.2	—

数据来源：国家统计局。